芜湖历史文化名人

报业先行者 张九皋

中共芜湖市委党史和地方志研究室 编著

安徽师范大学出版社
ANHUI NORMAL UNIVERSITY PRESS
·芜湖·

图书在版编目(CIP)数据

芜湖历史文化名人. 报业先行者张九皋 / 中共芜湖市委党史和地方志研究室编著. —芜湖 : 安徽师范大学出版社, 2021.11

ISBN 978-7-5676-5336-8

Ⅰ. ①芜… Ⅱ. ①中… Ⅲ. ①张九皋(18871963)—生平事迹 Ⅳ. ①K820.854

中国版本图书馆CIP数据核字(2021)第226760号

芜湖历史文化名人·报业先行者张九皋

中共芜湖市委党史和地方志研究室◎编著

WUHU LISHI WENHUA MINGREN • BAOYE XIANXINGZHE ZHANG JIUGAO

责任编辑：胡志立

责任校对：胡志恒

装帧设计：丁奕奕

责任印制：桑国磊

出版发行：安徽师范大学出版社

安徽省芜湖市北京东路1号安徽师范大学赭山校区

网　　址：http://www.ahnupress.com/

发 行 部：0553-3883578　5910327　5910310(传真)

印　　刷：江苏凤凰数码印务有限公司

版　　次：2021年11月第1版

印　　次：2021年11月第1次印刷

规　　格：700 mm × 1000 mm　1/16

印　　张：15.25

字　　数：245千字

书　　号：ISBN 978-7-5676-5336-8

定　　价：59.80元

中共芜湖市委党史和地方志研究室

主　　任：刘　萍

副 主 任：谢迎春　龙遗华

二级调研员：沙　崙

综 合 科：胡道宝　严洛君

党史编研科：周　芳　赵　凯

方志编研科：赵朝兵　尹　澍

宣传教育科：曹年明　冯晓鹏　胡志宏

《芜湖历史文化名人·报业先行者张九皋》编辑人员

主　编：刘　萍

副主编：谢迎春　龙遗华

编　著：张孝祥

编　辑：赵朝兵　尹　澍

序

习近平同志指出：“城市历史文化遗存是前人智慧的积淀，是城市内涵、品质、特色的重要标志。”坚定文化自信，增强家国情怀，要注重延续城市历史文脉，让人们记得住历史、记得住乡愁。

芜湖襟江带河，区位优越，人文荟萃，历史悠久。近年来，中共芜湖市委党史和地方志研究室远追古代典籍记载，近考二十世纪史章，上承前贤精华，下集各方灼见，对芜湖传统文化进行深入挖掘，组织编纂了系列芜湖史志文化丛书。丛书既是芜湖文化建设的重要载体，也是一项文化建设工程，呈现给读者的是一幅幅浓墨重彩的芜湖文史画卷。

道阻且长，行则将至；行而不辍，未来可期。借力优秀地域文化，留住乡愁，记住乡音，不忘乡思，事关城镇化进程的人文关怀和文化保护，事关文化血脉的传承。当前，芜湖正迈步走在加快打造省域副中心、建设人民城市的新征程。寄望丛书对人们了解芜湖、研究芜湖，并为芜湖的经济建设、政治建设、文化建设、社会建设、生态文明建设起到促进作用。

值《芜湖历史文化名人·报业先行者张九皋》出版之际，是为序。

中共芜湖市委党史和地方志研究室

2021年7月

前　言

张九皋（1887—1963），原名张可铣，号鹤影。安徽地方历史文化名人，是安徽新闻界中颇具影响的爱国民主进步人士，安徽第一张大报《皖江日报》的创始人，后自创芜湖《工商日报》并担任社长，他的名字和芜湖地方新闻史紧紧地联系在一起。

在芜湖历史上，《皖江日报》《工商日报》这两张报纸从宣传辛亥革命到响应五四运动，在新文化运动等一系列重大的历史变革和事件中具有鲜明的公众舆论特征，承担了引导社会舆论的重任，同时具有较强的道德和政治水准。这与张九皋先生的办报思想不无关系，他曾说过："我办报就是为了后来热心新闻事业的人，开辟一条平坦而光明的道路。""争取一分一秒的时间，报告社会上的新闻，为社会大众服务，以尽我们报人的天职。"中华人民共和国成立后，张九皋先生将报社的所有财产交给了当时的军管会，他说："我办报纸一是为芜湖地方新闻事业的发展，二是为了人民大众，将器材交给人民大众使用，我是很乐意的。"

从晚清到辛亥革命、民国，直到中华人民共和国成立后社会主义建设等各个时期，张九皋的一生历尽艰难曲折，极富传奇色彩。

张九皋先生不仅是一位老报人，也是一位谙熟史学和古代哲学的学者，被誉为报界的"巨子"和"鲁灵光"。他洁身自好、情趣逸远，常以云鹤自比，对淡泊的生活甘之如饴，始终怀着积极乐观向上的人生态度，1954年5月成为安徽省文史馆馆员，1956年11月16日加入民革，1958年为芜湖首届政协委员。晚年他从事古代先民哲学思想的研究，并写下了二十万余字的《中国古代宇宙思想史》书稿和大量有价值的地方文史资料。晚年，他与疾病作顽强的斗争，临终前还坚持写日记。1963年6月9日，他用颤抖的手写完了他生命的最后一页。

作为芜湖地方新闻事业的开拓者，作为芜湖地方历史文化名人，张九皋先生在相应的历史阶段发挥过重要的作用。他的历史足迹、家国情怀，他的有关芜湖地方文化遗产的探究，他的对古代哲学思想的孜孜不倦的探索精神，无疑都在芜湖文化建设上留下了厚重的一笔，而这一切是值得我们后人纪念并学习的。

目　录

上篇　张九皋小传

上篇　张九皋小传

第一章　步入报人生涯

我的性格、知识初步是从家庭中模仿学习来的。——张九皋

一、不幸童年

坐落于长江三角洲西部，苏浙皖三省交界处的溧阳，是一座有着千年悠久历史的古城。一条“溧水”，由西向东横贯溧阳，这是一个典型的江南水乡。

1887年1月，溧阳城上空虽然云层低暗，阵阵寒风不时刮过，但接近年关，年味越来越浓，儿童玩耍的鞭炮声更增添了过年的气氛。溧阳西门外河沿街，这条平时冷清的商业街里的商家店铺生意也开始明显忙碌起来，这条街上有一家以批发为主的溧阳首屈一指的“久和杂货号”杂铺店，这时生意就格外忙碌，店里的一位面貌清癯、二十五岁上下的内账先生是江苏江宁县人，名叫张世炀，他是家中独子，从小就随着父亲离开老家江宁县东山淳化镇东焦村，在溧阳城安了家。张世炀自幼聪颖、勤勉好学，跟在父亲后面学会了算盘和管账，并由父母做主和江宁县东山镇郭村的一位郭氏女子结婚。这位女子节俭勤劳、十分能干，是一位具有典型传统道德的中国农村妇女，为人做事里里外外都是一把好手。1887年1月19日（农历十二月二十日），一个

男婴的啼哭声划破了溧阳城南凌晨寒冷的上空，一个新生命的诞生给全家带来了欢乐。这个新生命就是张九皋。

九皋的祖父锡龄公在溧阳城南河沿街一家藤店里管账，加上父亲世炀在杂货铺里的收入，全家包括奶妈六人有了一个短暂的温饱时期。九皋三岁时承继给三祖父荫棠公做孙子，因为过继的父母都已经去世，荫棠公很喜爱九皋，但是一年不到荫棠公去世。在六岁时，全家迁到水关洞附近的梅家弄，九皋被送到私塾去读书。

1893年，有经营经历，又有相当才能的九皋父亲张世炀一直在盘算如何单独开门面自己做生意，不久他筹措了一点资金，就在西河沿街开了一片杂货糕饼店，招牌叫“彙康”。然而此时父亲已有肺病，精力不够，加上资金少，用人不当，所以糕饼店开了大半年就倒闭了，不但血本蚀尽，而且还欠了许多债，变卖所有的衣物还不够。于是父亲离开溧阳外出谋生，母亲和九皋被外祖父接到南京南乡郭村住了三年。

1897年，九皋父亲在上海新开的久和杂记货糖号管账，这个号家和溧阳的久和是联号，因为九皋父亲对于信札写算都很精工，又错误很少，所以待遇优厚。母亲接到父亲从上海的来信欣喜非常，决定搬家到上海。母亲雇了一只木船，经宜兴、无锡、苏州、昆山然后到达上海，一家人住在法大马路升平里，由散而团聚。九皋的祖母长年吃斋念佛，从无“疾言厉色”，祖父一生忠厚，遇事吃亏忍让，父亲的智慧很高，因为身体孱弱，生活压迫，没有发展的机会，母亲性格坚强，能吃苦耐劳，持家待客都很合理，所以九皋综合了祖父母和父母亲的性格，他一生事业，也是从这个综合的性格上出发的。

虽在上海住了三年，但九皋在私塾里却只读了一年多的时间，知识上收获甚微。九皋常常到父亲店里去，一路上父亲会教他一些知识和识字的方法，主要的是“金木水火土”偏旁的字和其他常用的字，再用“之乎者也”这些虚词连贯起来，就是文章。又告诉九皋，上海的《申报》《苏报》上的论说非常好，要好好看，不要贪玩。这些话深深影响了九皋的一生。

1899年，九皋父亲兼任代理溧阳久和号驻申庄客的职务，收入增长，家庭生活渐入佳境，母亲为父亲专门做了一件狐皮袍子，并预备送九皋到洋学堂读书，全家愉快地过了农历年。

1900年，正月底的一天，父亲坐了轿子回家，脸上颜色很难看，因为劳累过度，肺病复发吐了很多血，虽然延医服药，但身体已经支持不住，回家后医药总不见效。虽然在病中，但他对于家庭生计仍然十分注意，并决定在附近的巷子租一大间楼上楼下的门面房子，准备农历三月份搬过去。孰料3月21日，父亲病势发生突变，延至半夜以后，就与世长辞，时年仅三十九岁。

个性坚强的母亲，极有条理、非常冷静地将父亲的丧事办了。她先将父亲的灵柩暂寄江宁会馆殡所，等过了两个月，河水已涨，就和九皋带着父亲的灵柩，乘坐来往南京南乡的信货物船回到南乡，并在郭村双子庙前面买了一块地，择日将九皋的父亲和过继的三祖父荫堂公的棺柩一并安葬。办好这些事情后母亲内心感到非常安慰，她说："活人固然要求生，死人也要能安。"各事情安排料理妥当，祖父回到乡间后不久，她即回上海代人缝纫做衣服谋生，这样才使得全家不至于走到饥饿线上去。

这时候，九皋又有了机会去私塾里读书。私塾老师是一个清末老秀才，书教得很好，九皋从他那里得到不少学问。在十月里的一天，老师出了"梅花岭"三个字，叫私塾里的学生们作对，并说明这是一句古诗"十月先开岭上梅"，九皋对了"草长湖"三个字，这是九皋生平第一次作对子，并说明是一句古诗"草长平湖白鹭飞"。有人说，人第一次作诗作对的词句，会变成这个人一生过程的谶语。

二、学徒少年

1901年，九皋在私塾里学习快一年了。一天，母亲从上海带信来说五姨夫时松年，已经帮他在上海找好师傅当学徒，要他赶快到上海来。九皋不敢怠慢便跟着进城，在南京下关萧家饭店住了一宿，便搭上了去上海的轮船。这是他生平第一次乘坐轮船，看着宽阔的江面，内心涌动着一种莫名的兴奋。到了上海，他随母亲寄住在五姨夫家，母亲专替人家缝制衣服，他在东洋服装店当学徒。这家服装店老板对学徒非常苛刻，小九皋每日除了伺候老板、老板娘之外，他还要做些家务杂事，老板稍有不如意的地方就打骂并举。一次他不小心碰损了店里的瓷器，老板一阵叫骂，并用铜尺敲打他，他的脑袋随即鼓起几个大包，他不愿受此虐待，偷跑回家，再也不愿意去。之后，他又到了上海五马路靠近棋盘街的东洋庄，开东洋庄的买办姓关，南京城里人。可没有多久，这个关买办在茶会上做火油（火油是一种黏稠的青黑色液体，几乎是一点就燃，非常方便实用）和报机的生意失败了，于是东洋庄换了一个买办，九皋的饭碗再次砸了。母亲叫没有事做、闲得发慌的九皋看看书，但是九皋总是一溜烟地跑到上海城隍庙里听说大鼓书，他感到听说书比起念"四书"的趣味不知道高了多少倍。

转眼又是一年过去了，一天晚上九皋听说书回来，母亲告诉他，已经给他谋好了在芜湖恒益参号学生意，过两天就要动身。原来母亲一直在托人为九皋找事，这次她找的是上海养真参号在行业里很有影响的人物袁伯。九皋会见了袁伯，袁伯又带他会见了恒益的管事李宾如。第二日，九皋便辞别了母亲，带好行李于当晚就随李宾如到上海的金利源码头上了轮船，开始了新的人生旅途。他们乘坐的是招商局的老江孚，在农历送灶这一天到达芜湖。在徽州码头登岸，师兄谈尹耕来接九皋，并代他肩着行李到了店里。这时恒益参号开设在长街状元坊口，张恒春国药号对门。还有一个星期就要过年了，所以九皋除了帮忙办年事以外，暂没有别的事情。这个时候的芜湖长街道路没有修整，也没有电灯，街上有一道木栅，一个木制的更棚靠着张恒春的高墙，状元坊巷口也有一道木栅防备盗贼，完全保留着古老城市的状态。

这个对于少年九皋完全陌生的芜湖，是一个有着悠久历史的古城。春秋时名鸠兹，汉称芜湖。春秋时，因“湖沼一片，鸠鸟繁多”而见于史载，名“鸠兹”，属吴国。战国时，先属越，后属楚，秦时属鄣郡。西汉元封二年（前109），改鄣郡为丹阳郡，芜湖为所辖十七县之一。因其治旁有“蓄水不深而多生芜藻，因以名县”，芜湖县名即始于此。直到东汉末年，魏、蜀、吴三国鼎立，为拱卫都城建邺（今南京）的安全，孙权于黄武二年（223），县治由鸠兹故地（今属芜湖县花桥镇）迁至青弋江北岸鸡毛山一带，仍属丹阳郡。这是芜湖作为“城”的最早年代，也是“芜湖古城”的雏形。东晋宁康二年（374），上党百姓南渡，于芜湖县侨立上党郡，置襄垣县。东晋义熙九年（413），芜湖县治被撤，为襄垣等所代达五百余年。隋文帝开皇九年（589），并襄垣、于湖、繁昌等县入当涂，原芜湖（城）降为当涂属镇。唐代，芜湖仍为当涂属镇。南唐李昪元年（937），复置芜湖县，属江宁府。宋太平兴国二年（977），芜湖属江南路太平州。北宋政和年间（1111—1115），芜湖建造了宋城。以后以县名载于史册，元至正十五年（1355），芜湖属太平府。明永乐十八年（1420），芜湖属南直隶太平府。清顺治二年（1645），芜湖属江南布政使司太平府。清康熙六年（1667），芜湖属安徽省太平府。自宋以后，元、明、清至民国七百余年，由于芜湖城位于长江和青弋江的交汇处，在以农业为主、以水运为主要运输方式的时代，依托长江黄金水道和沿青弋江的皖南农作区的广阔腹地，芜湖城得以生存、发展并扩大。第一次鸦片战争之后，1876年清朝与英国签订《烟台条约》，芜湖成为对外开放的通商口岸之一，打开了芜湖对外开放的大门，逐步开放成为长江通商的巨埠。以李鸿章家族为背景的“芜湖米市”的兴起，外来文化和芜湖的社会经济迅速交融，使得芜湖城迅速扩张，逐渐成为安徽沿江地区最繁华的城市之一，享有“长江巨埠”“皖之中坚”和“江东首邑”美誉。这样一个开放而不断涌入新的思潮和观念的开放城市，直接影响着少年九皋的命运。

1902年，对于九皋来说意味着新的生活开始了。九皋所在学徒的恒益参店地处的芜湖十里长街，历史上也经历了几次重大的变化，在明初，江南地区生产发展，货物聚集于芜湖。据明史记载：“成化七年设芜湖、杭州、荆州关，征竹木钞，后改银。”芜湖关设在泗关街，其时芜湖商埠地位已在杭州、荆州之上了。在明天启年间（1621—1627）设征收货物税机关。至崇祯年代，芜湖关银，年达七万两。嘉庆二十四年（1545）向长街市面计间（即按店屋房间数量）排征“江夫河蓬差银”，年达两千三百零四两，说明长街此时已经是很繁茂的市场了。万历三年（1575）重建芜湖县城，“弼赋门西接长街大市”，此时长街店房林立，并已延至江口。到了清咸丰年间（1851—1861），十里长街毁于太平天国之战。光绪二年（1876）中英签订《烟台条约》，芜湖遂成为闻名全国的四大米市之一，商业大兴。在此期间，李鸿章家族先后来芜，大量投资房地产，兴建房屋，开辟新街道，其中长街店房中属于“李府”的占有很大比重，长街原来的富有绅商，也在长街修建房屋店房，出租或者自有营业，因而长街商业得到迅速恢复和发展，县志记载：“繁盛视昔日有加。”

长街两边店房并立，讲究店面装潢，美轮美奂、争奇斗盛，以广招揽，门楼大都高耸，飞翠流丹。不少大店的招牌横匾都出自名家手笔，如武进唐驼写的颜柳体，于右任写的行书，最引人注目。谭延闿之弟谭延泽写书的“魁陛斋”尤令人称颂。招牌、门面宏伟，是显示财力雄厚、货物充足的重要方式。商家懂得这点，顾客重视这点。店堂之内，货物山积，货架之上，琳琅满目。由于街道长而狭窄，来往顾客如云，人头拥挤，更显长街之长之远，店房之高之大，其人声嘈杂，场面之壮观，不愧为“甲于江左”的闹市。当时长街集中了“北连牛渚，历淮阳而达燕蓟”“西接秋浦、为荆、囊、闽、粤”的财货，生意兴隆、财源茂盛者极多，人们在这里进行交易，经常是“肩摩毂击”“市声如潮，至夕不休”，其繁荣程度已达到了封建社会后期的高峰时期。

长街虽很热闹，九皋却很少去游玩，因为店里还有一份《申报》，这给了九皋一个极好的学习机会，九皋每天总要从头至尾浏览一遍，连广告都要看。什么“上谕”“宫门抄”“论说”“各地新闻”“本埠新闻”，副刊里的“笔记”“小说”“诗词”等等。虽然那时的语体比起白话文要难懂，但感觉兴趣十分浓厚的九皋常常在夜晚将灯光掩蔽，总要看到半夜甚至快到天亮才睡。

恒益参店里的店东李心源，精书法、能文章，对围棋、象棋亦有研究，闲暇的时候总是看书写字，这对少年九皋无疑起到了非常积极的模范作用，与恒益同门面翁鼎兴竹布坊的老管事、徽州人汪绮，可算得上芜湖商界的雅人，精于绘画，他的书架上堆满了一卷一卷的宣纸，春秋两季天气好的时候就在大厅里绘画。此外，汪绮还能弹七弦琴（古筝）。他与李心源合起来，可说是琴棋书画俱全了，九皋常常在旁边呆看，日久也明了一些绘画着色的方法，也曾试着模仿安和的泼墨山水，很自鸣得意。之后李心源的女婿唐诚拜汪绮为师学琴，老人逐日在厅上教授，九皋也时常站在旁边学会一些操琴的手法，并认识了琴谱。后来老人回徽州，不再复出，九皋也就此失去了兴趣。

李心源因为年老，眼睛不太好，所以不能看铅印小字的报纸。勤奋好学的九皋常常将报上的新闻论说读给他听，遇到不认识或者不懂的字词句就问。九皋进步很快，这时候已经能够写点短文了。1903年下半年，九皋突发奇想，想做报人！恰巧看到《申报》上一条广告，上海一家时报招请各地访员。九皋在半夜里写好两封信投寄出去，但是石沉大海，渺无音讯。他深感自己文化程度不够，功底浅薄，文字幼稚。但是九皋并不气馁，他开始更加刻苦的看书读报，把李心源房里的两大木橱的木版书和少数铅印的书，一部一部地全部看完了。但让九皋感到惭愧的是他不了解的词句太多，许多文章也是囫囵吞枣，并不解其中味。就在他一边学徒做生意，一边潜心学习的时候，发生了恒益参店被迫搬家的事件，该店所住的店屋是南陵诗人徐积余家所有，不久卖给了芜湖劣绅崔国因，崔国因是翰林，做过日斯巴利亚国（即西班牙，当时称“日斯巴利亚”）的钦使，因为贪污被革职，上海《神州日报》曾经刊登过一部长篇小说《真因果》，就是描写他的种种丑恶。他急于要开汇融钱庄，立时逼着恒益参店搬家，恒益所有的装修既不许拆动一块板，也不给一文钱。临时寻找房屋，显然是很麻烦的。等搬到井儿巷下首安定下来后，九皋又突然生了疥疮，十分痛苦，双手肿得不能吃饭，隔了两个多月没有看书读报，而躺在床上的九皋思想却非常活跃，通过对自己前段时间的经历的思考和分析，他对未来的人生道路已有了清晰的规划。

三、心坚是报狂

1906年，对于九皋来说是幸运的一年，也是他从事报人生涯正式开始的一年。这一年，他已由学徒开始过渡成了小店员，这时母亲来信告诉他已经给他订婚了，岳家王树棠是永安村人，距离九皋母亲家的郭村仅三里路。王树棠在芜湖长街井儿巷上首元和廉货店执批发，他的女儿王萃瑛后来成为九皋先生创办报纸的忠实伴侣。

1906年，戊戌变法虽然失败，但它打破了封建专制主义的思想禁锢，开了中国思想解放的先河，对当时社会发展起了一定的积极作用。在经济上，光绪接受了维新派发展民族资本主义的主张，为中国民族资本主义的发展扫清道路；在文化教育方面，开办学堂，改革科举制度，派人出国留学、游历等，扩大了知识分子的眼界，给长久封闭的国家带来了一些西方的先进思想、理论和技术。这年《新朔望》（半月刊）创刊，其宗旨“改良社会，增进学识，代表舆论”。各地的维新人士纷纷出来办报，企图通过这个阵地来宣传自己的主张、向社会呼吁。

当时有长江“通商巨埠”之称的芜湖，开始接受了各种外来的文化和思想的冲击。最早出现了由安庆陈独秀在芜湖长街科学图书社发行的《安徽俗话报》；又出现了维新人士吴少齐先生创办的《商务日报》，地址在石桥港浙江会馆，主笔为江都名士樊循园，编辑为张丹斧（后来张恨水戏称为通红的老头子），但《商务日报》寿命很短，仅仅一年就停刊。而无为人王鹤天租其印刷机在陡门巷（国货路）创办的《鸠江日报》则寿命更短。其后，赵誉船所办的《讽报》、李士林所办的《直言报》等这些报纸都反映了维新人士的思想。

10月底的一天，九皋看到上海新出一家《南方日报》招聘通讯员，他鼓足了勇气化名张鸣皋通了三封信，这是他第二次尝试，没想到居然成功了！一周后《南方日报》来了回信，正式聘任九皋为驻芜湖访员（即报纸的通讯员），每月薪金六元。九皋兴奋极了，这比他做店员每月薪金铜钱八百文要高出五六倍。从此，九皋开启了他的新闻事业。过了一个月《南方日报》汇来六元钱，他托人带了四元回家分别给了祖母和母亲，花了一元钱给自己买了一双时新的红皮底鞋子，走在路上，鞋底发出的清脆响声，更使他对未来充满了信心。

次年正月初四，店东李心源找他谈话说：你很聪明，还是规规矩矩做生意比较好，如果你一定要做报馆，那就不能做生意了。九皋毫不犹豫地答复说要做报馆，并当即提出辞去店员职务，几天后他就离开了恒益参店。一个月后，九皋又做了上海《新闻报》驻芜访员，每月薪金十二元，兼代分销报纸。他在花津桥谈尹耕家里租了一间厢房，在旧皮箱上加了三块木箱板铺上报纸作为写字台，开始了他的报人生涯。几个月后，九皋又做了上海《中外日报》驻芜访员，每月薪金也是十二元，如果遇到有重要新闻发一条专电另外每条两块酬劳，也兼代销报纸。因此，九皋每天忙着采访新闻，写通讯、发电报，逐渐茶馆戏院、烟馆妓院等处都有他的足迹。当时采访新闻还是秘密行动，所以到这些地方才能从侧面得到较新较好的消息。在这个圈子里，九皋认识了一个维新人物，名叫谭明卿（安徽太平县人），他是上海《申报》的驻芜访员，因为是同道的关系所以经常见面，有时彼此交换新闻，如果发生重要事件彼此又各严守秘密，竞争也很激烈，双方总想将重要新闻超先在上海报纸上登出来，谭明卿比九皋的熟人多，但是他的新闻耳、新闻鼻、新闻眼比九皋差，最后总是九皋更胜一筹。这时谭明卿和芜湖的齐月溪、合肥的焦二风合办了一张小报——《风月谭》，专谈风月。

1907年，九皋年已二十岁，母亲带信要求他回乡结婚。因为有人传言说他时常出入茶馆妓院场所，有堕落的可能，所以催促他早点结婚。就在九皋准备回乡之前，有一天子夜十二点，他从大戏院看戏回来，警察总厅的警员高海亭站在门口迎上来，请他去总办谈话，九皋一听心里已经有数，因为早几天他在上海《新闻报》上登了一条新闻，揭露这位总办的腐化行为。九皋跟着高海亭到了警察总厅，承认代《新闻报》推销报纸，但不承认代《新闻报》写通讯。对方也拿不出证据，因为那时的通信是一件秘密的工作，寄给《新闻报》的信封上面都印的英文，只有路名、门牌号，以及曹慎之（上海《新闻报》的编辑）收的字样。那时政府对洋文的信件不敢怠慢，生怕惹出交涉来，彼此辩论了四五十分钟，最后九皋说可以用承销报纸的关系，写信给报馆请他们以后不再刊登此类新闻，这件事情就这样结束了。九皋直到结婚喜期的前三天才回去，结婚地点在母亲的家乡南京江宁县东山郭村，借租外祖母的卧房作为新房，也没有重新布置，更谈不上贺联喜幛，草草成婚比较仓促。不料过了两天，意外的祸事袭来，三祖母经氏从溧阳回乡来喝喜酒，在半夜突发疾病知觉全无，口不能言语，天明医治无效，延至午刻逝世，紧接着家里又办丧事，三日后出殡安葬。短短的一周内办了两件大事，家中债务又多了许多，直到年底九皋才还清了欠账。

1908年，婚后第二年，九皋在乡里将家中的事情办完，大年初四便回到芜湖。当时的中国，内忧外患，民不聊生，国内有识之士纷纷组织革命团体，指责时弊、抨击专制，孙中山领导的同盟会组织在全国迅速发展，革命党在各地举行起义。由黄兴等发动的钦州、廉州、上思武装起义，黄明堂等发动河口起义虽然失败，但是在全国已经产生巨大影响……经过几年报人生活锻炼的九皋深切感受到社会的腐败和黑暗，他敏锐地感觉到一个变革的时代即将到来，他和芜湖的维新人士崔尘无、崔松如、谭明卿、赵汉卿、程海鹏等发起组织“体育会”，名为锻炼，实为反清。当时在芜湖海关任职的同盟会会员、南社社员陈子范也参加了体育会，陈子范号大楚，是林子超（林森）的同乡、同学（商船学校）、同志（同盟会）、同事（陈在芜湖海关、林在鸠江海关）。陈子范是一个很有才气的人，中英文均佳，诗书尤绝，但性情怪僻，绝少交际，武昌起义爆发时，他与林子超曾潜至浔阳，运动清政府海军起义反正。陈子范的魅力深深地影响了九皋，此后他们往来密切。

农历二月，九皋在家住小戏院后的友人吴伯岚家租借一间房子，将妻子王萃瑛从南乡接到芜湖。冬月萃瑛生产，十分困难，幸亏陈子范的爱人是学习妇产科的，在她的帮助下接生下大女儿，起名衡钧。而这时九皋又欠下不少店账和报费，在窘迫中虽然熬过了春节，但紧接着九皋的新闻事业也遭到了严重的打击。

1909 年，在芜湖有声有色、发行数量最多的《中外日报》被上海道台蔡乃煌用巨金收买，报纸内容随之不堪入目，销量一落千丈，很快停刊。而偏偏在这个时候，又有一个自称姓张的假冒上海《新闻报》的驻芜访员，对李伯行创办的安徽铁路公司的会办孙维雪有所企图。上海《新闻报》以为是九皋，便来信谴责。蒙受不白之冤的九皋深感耻辱，非常愤慨，复函辩驳，并决定辞去自己驻芜通讯员的职务，以明心迹。由于《中外日报》停刊，加之又辞去了《新闻报》通讯员职务，家中收入大减，生活难以维持，九皋只好把妻子女儿送回乡下居住。这年安庆先后发生了两件大事，一是徐锡麟刺杀安徽巡抚满人恩铭，二是新军熊成基起义，不过都在很短时间内就失败了。九皋在上海《舆论时报》、汉口《中西日报》登载相关报道比较详细也最迅速，所以额外得到一点酬劳。而这时他们的“体育会”组织已经遭到清吏注意，为避免危险不得不解散，但是和陈子范仍然保持着联系。从陈子范那里九皋得到了很多关于孙中山先生的思想和革命主张，他越发感到要办一张自己的报纸，才能把这些道理传播出去，才能点燃革命的烈火。

四、庚戌皖江出

清末时期，芜湖是长江中下游地区一个较大的商埠，皖南的经济、政治中心，也是安徽省唯一的通商口岸。一些新生事物和近代科技成果如电报业务、邮政业务、电力照明等进入芜湖，扩大了芜湖与外界的联系，活跃了当时人们的思想，也在一定程度上促进了生产力的发展和社会文明的进步。芜湖出现了不同于科举的新式学校教育，如由皖南道刘树屏创办的“皖江中学”（后改为省立五中），成为芜湖乃至安徽革命的发源地之一。此外，芜湖还有安徽公学、芜关学堂、徽州公学、女子学校政法学堂等。其中，最具革命色彩的是安徽公学，这所学校的前身是设立在湖南长沙的安徽旅湘公学，是由安徽桐城人李光炯和无为人卢仲农创办。在长沙因为多有著名革命党人任教，并经常秘密聚会，后被清朝当局所监视，鉴于当时的政治环境，他们决定迁址到环境相对宽松的安徽芜湖，并更名为安徽公学，为安徽引进了革命火种。安徽公学所聘教习皆国内著名人士，如刘师培、苏曼殊、陶焕章、陈独秀、柏文蔚、谢无量等，安徽公学特有的爱国民主的传统学风，吸引了不少青年。与此同时，芜湖还陆续出现许多近代报刊，如《安徽俗话报》《商务日报》《中江日报》等，有的是商业报纸，有的是知识分子宣传自己的政治主张以及传播启蒙知识的工具，最具代表性的是《安徽俗话报》。

青年九皋为了实现自己的理想，就找谭明卿商量如何按照自己的愿望创办报纸，一个符合时代进步的反映民众愿望的报纸。此时，维新人物谭明卿与齐月溪、焦二风所办的黄色小报《风月谭》虽早已停刊，但谭、齐两人又与沈二和合办《芜湖新报》，张炼生任编辑，内容比较《风月谭》稍微改进了一点，但是黄色奢靡气氛还是很浓厚。九皋常常劝他们，希望他们能办成一张进步的报纸，但是芜湖才子齐月溪听了只管摇头，并给九皋起了一个诨号叫“神经病”。然而，《芜湖新报》寿命很短，不久就停刊了。1910年过了夏令，时局发生变化，民众对腐朽的清朝封建统治的不满情绪日益加剧，各种民主新思潮如潮水般涌入芜湖，在九皋的影响下，谭明卿的思想发生了变化，并商量共同创办一张进步的报纸，报刊起名为《皖江日报》。九皋异常兴奋，开始全力筹备并专程到上海添配铅字、买印刷机器材料，又顺道南京，邀请在两江师范任国文的教授桐城人潘怒庵担任主笔。经过近半年时间的筹备，一切就绪，于1910年12月21日（农历十一月二十日）创刊。

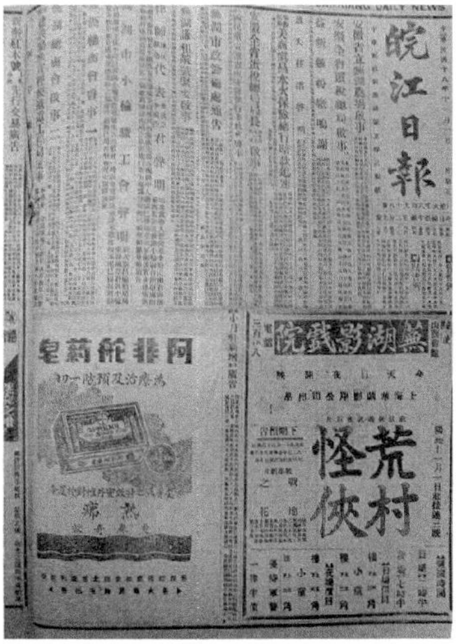

图1　《皖江日报》

《皖江日报》初期报名系手写魏碑体，自右向左排列，外围以粗大花边。报眉上方标明日期和“广告第一张第一版”字样。报名下注“计售大洋二分”，大小为4开4版。谭明卿任社长，张九皋任总编，桐城人潘怒庵任主笔，日出报纸一张。

《皖江日报》在青年九皋的具体操作下，极具革命性，并将矛头直接针对当时腐朽的清王朝，对其腐败现象进行抨击。《皖江日报》刊登同盟会陈子范烈士所撰写的论文最多，且不收一文版面费。虽处于清末腐朽时代，但在芜湖这个并不大的商业城市，却出现了很多的小报，竟一时成了安徽省的文化舆论中心。在众多的小报中，《皖江日报》以其尖锐的笔端触及了清朝的腐朽要害，它以提倡新思潮、反对旧文化为宗旨，下设评论、小说、诗歌、戏剧等栏目，一方面大力提倡白话文，公开声明不再刊登旧体诗文，全力抨击所谓的“庙堂文学”；另一方面它还注重对社会生活的反映，主张婚姻自由，批评封建礼教，倡导新风俗，“社会各阶层人士及青年（最多的是学生）争相订阅，风行一时”。很快这张报纸就受到了广大市民的欢迎，报纸销量与日俱增，报纸业务也逐渐发展，报社上下非常忙碌，充满朝气。

1911年，陈子范由芜湖海关被调到上海海关，不能继续写稿，潘怒庵也离开报社它就，所以报社特邀湘人黄怀沙写论文，又添了寿州人李警众任主笔，江苏宜兴人邹秋士编副刊，又有太平人王伯琴出任总编辑助理。

1911年，这年夏季芜湖又出现水灾，起初报社还和洪水搏斗，坐着木盆采访新闻，报社内搭起跳板，照常工作，后来水势日涨，排字房机器水深过膝，迫不得已只好暂时停刊。其间，九皋除看书看报外，又学会了划盆撑船。一天，夜半明月皎洁，万籁无声，九皋和一工友划盆深入陶塘田田荷叶的中间，采莲子，随采随吃，饱啖而归，大有张于湖“着我扁舟一叶，素月分辉，表里俱澄澈”那种意境。

不久水势逐渐退去，报纸复刊。等到洪水退尽十几天后，也就是阳历10月10日的晚上，酒鬼邹秋士刚巧在他的同乡家里饮酒，直到深夜还没有散，有一个同乡在电报局工作，这时刚值夜班回来，向大家报告了一个惊人的消息，“今天晚上武昌新军起义，已经占领武昌，鄂督瑞澄逃登楚豫兵舰”。他说，这是汉局向沪局通报时透露出来的消息。邹秋士得到这个消息兴奋若狂，舞着手杖回到报社，跳进编辑室，报告新闻，说他在交通机关得到可靠的消息，武昌革命党起义占据了武昌城，正渡江向汉口、汉阳进军。此时已经拂晓，编辑室躁动起来，报社这些年轻人早已对清朝腐朽黑暗统治极其不满，长期被压抑的情绪一下子被点燃，九皋更是激动不已，当即将已经准备上机的报版头条中插入这条消息，不过因为情况还不甚了解，所以措辞含混，只说武昌方面有剧烈的枪炮声不断传来，向市民披露武昌动态。九皋随即召开编辑记者会议，布置一部分人到各方刺探消息，一部分人到江边守候下水轮船，向汉口旅客访问。九皋一夜没睡，上午七时光景，到了下水轮船访问的记者首先回到报社，带来很多消息，并且带回一张武昌革命党临时出版的《大汉报》，九皋立刻根据这些材料编发了芜湖第一张具有历史性的《皖江日报》“号外”，这时报社内外人头攒动，形成一股人潮蜂拥抢购“号外”，这种情景，九皋终生难忘。第二天、第三天，从各方面传来的武昌消息就更多了！尤其是从下水江轮旅客中访问所得的消息，以及汉口出版的报纸，可据以详细的报道。皖江日报社将采访的消息，随时写成大字报，张贴在大门墙上，并继续编印“号外”散发，最多时一天发行三次，消息比上海报纸还要快两三天，所以每天报社内外守候着很多群众，其热烈情况和上海的望平街不相上下（望平街是上海报社的集中地）。许多劳动群众和卖报的自发组织集合起来，预定《皖江日报》“号外”，然后乘坐小轮或者步行前往芜湖周围各城镇叫卖，以满足群众先睹为快的热盼。

《皖江日报》发行数量不断增长，印刷设备已经不能适应客观形势的需要，不久从上海购来一架对开新印刷机和一些急需的器材。那时，《皖江日报》的编辑、印刷、发行三部分工作人员，紧张而忘我的劳动情景，简直非语言所能形容，很多人员因为没有人替换休息，连续工作三五个昼夜。九皋夜间有六七天时间，几乎没有睡过一刻钟，精神极其兴奋，除忙写代编以外，又要跑排字房、机器房，帮助工友们加快动作，他此时只有一个念头：争取一分一秒的时间，报告社会上急于先睹为快的大众，以尽报人的天职。社会大众对于报纸的认识和对报人的观感，从此改变过来，报纸逐渐成了人们的精神食粮。

武昌起义的消息传遍了整个芜湖，芜湖许多进步人士和团体立即行动起来，九皋和吴伯岚、李辛白、潘春山等自发互相联系，商讨响应。他们一方面联络秘密的帮会组织，一方面计划策动芜湖东乡万春圩佃农，但困难很大，因为他们没有武器，而且时间上也来不及组织和训练，不能应付目前急迫的事件。权衡之下，最便利的办法是策动原有的清军巡访营起义。这时进步人士方面存在的最大问题是各自为谋，群龙无首，为了尽快联合各方面的力量，必须有一个得力的人出面组织，因此大家都推荐吴伯岚前往汉口联系。不久，吴伯岚从汉口回到芜湖，带来无为人吴振黄（安徽陆军小学学生）。据传吴振黄持有鄂军都督黎元洪派他光复芜湖的委任状，吴伯岚的父亲吴幼卿代为筹划，极有条理。

当时在芜湖的清朝最高文官为皖南道兼芜关监督赵上达，最高武官为芜采营参将兼皖南巡防营统领李葆聆，芜湖县知县朱绣封，芜湖巡警总办丁翰年。赵上达得到武昌起义的消息和皖巡朱家宝的电示，召集他们开会决定分段巡查，每晚在湖南会馆会哨一次，以备不虞。在芜湖起义前两天的晚上，皖巡朱家宝安庆来电宣布独立的通电，他们如释重负，赵上达尤其高兴，立即召集李、朱两人商议，并彻夜守候安庆省方续电，不料接到安庆来电，朱家宝已经越墙逃跑，赵上达一时慌了手脚，只好等掌握兵权的李葆聆表态。这时皖北方面的阚兰溪，来到芜湖劝说李秘密准备宣布起义，以免坐失时机，后悔莫及。李开始畏首畏尾，尚犹豫，当得到朱家宝逃走消息时，其意始决。但是迟走一步，非但各方面联系准备来不及了，而且所部巡防营也很难控制。吴振环和刘醒吾探得李葆聆决定宣布起义，为夺取权力遂决定先发制人，提前于农历九月十九日午刻起义，并进袭警务公所，所内空无一人，当即占领，未遇抵抗，同时街头也发现臂膀缠着白布的巡逻队伍，贴出了芜湖军政府吴振黄的起义布告。各街市商店均挂出光复的旗帜。军分政府派出人员到长街湖南会馆收缴皖南道以及芜关监督的印信。其他衙署和“裕皖”“裕宁”两管钱局，安徽、江苏两个米捐局的印信均在同时被收缴。而李葆聆亦于午后实行独立，有阚兰溪等率队先到了芜湖县衙署收缴印信，双方对峙形态，随时随地有发生冲突的可能。芜湖特派员从中调停无果，发急电给同盟会安徽巨子吴旸谷：“巡营反对，芜事棘，非以公声威亲临不可。”请他来芜湖解决这个危机。吴旸谷次日赶到，芜警学商各界召开大会迎之，吴登台劝告，反复十数百言，闻者感动，对立危机就此过去。因安庆方面局势混乱，吴旸谷会后即匆匆赶往安庆。当晚，芜湖地方各界人士会同吴振黄、刘醒吾的代表二十余人到芜采营与李葆聆作最后商谈，并邀请李葆聆亲戚程素渠参加，从中斡旋，此时双方依然剑拔弩张，直至十一时左右，在许李以“芜关监督”的肥缺为交换条件下，李葆聆终于决定放弃军政，取消独立，接受地方各界提出的和平条件。

从武昌起义到芜湖举起“还我山河”的旗帜，组织成军政分府光复时间恰巧一个月，这一个月里清官吏“首鼠两端”，而进步人士则是“群龙无首”。但是最终让芜湖人民庆幸的事情，就是推翻清王朝在芜湖的统治的过程中，未流一滴血。

革命党占领警察厅（即现在的中山纪念堂旧址），组织芜湖军政分府，晚间九皋、谭明卿和李警众同进军政分府，参加会议。推举吴振黄为分府司令，刘醒悟为军师司令部部长，潘春山为宪兵司令。吴伯岚、陈慕南等均参加这次会议，会议一直进行到午夜一时许。经过数天不眠，九皋的身体已经支撑不住了，芜湖的光复还在纷乱之中，也无从下笔，报社的邹秋士不知去向，九皋难以一人编辑一张报纸，便决定临时停刊两天。

11月10日上午，芜湖军政分府人员名单已经确定出来。吴振黄为分府司令，刘醒吾为军师司令部部长，齐月溪为分府秘书长，朱绣封为行政厅厅长，刘芳州为司法厅厅长，谢泽同为教育厅厅长，陶玉堂、陈慕南等均在分府任职，韦师洛、马春霆、李警众、李小池、柏孟坚、宋介眉等均在军师司令部任参谋、秘书、副官等职。

第三天报纸复刊时，九皋的兴奋程度已经大为减弱，军政分府成立后整个局势的变化并未达到九皋和当时对革命抱有满腔热情的激进青年的理想和期望。

新政府成立后进行了一次大镇压，对异己和嫌疑分子冠以汉奸的罪名，一律加以逮捕，最初逮捕的有将近二百人，许多都是“莫须有”

的罪状，一度人心惶惶，群众极度不满。

辛亥革命虽然在芜湖草草地结束了，但给芜湖掀开了历史新的一页。民国元年，首先在芜湖活动的政党是同盟会改组的国民党，在芜湖设有支部，办有机关报《安徽民报》《安徽日报》，军政界人士加入国民党的人数也很多。其他政党如共和党和社会党也开始公开活动。李辛白脱离了军政府民政部后，即与于逊成创刊《共和日报》，该报只存在半年左右，随着政局的变化和经济无法维持宣告停刊。这一年政党活动的目的，就是选举芜湖地方国会第一届众议院议员。选举以后共和党支部就无形趋于消灭，而社会党领袖皖南旌德县人江亢虎从上海来芜宣传、演讲，建立了社会党支部。芜湖有几个东北乡的青年学生，也参加了社会党，并创办机关报《讽报》，主编为赵誉船，日出一张。驻芜军旅长龚振鹏派出连长韩居武秘密逮捕青年学生，宣称搜到保皇党“海龙会”四方大印，并立即处决。芜湖民众对此案件非常怀疑，但敢怒不敢言。之后，“体育会”副会长太平人士王艺轩在芜湖集合同志组织了“农业促进会”，其宗旨是与乡区农民联系，灌输农业新知识，改良种植办法，以共同增强生产。这个组织办有《农业日报》从事宣传，日出一小张，王伯勤任编辑。当时，王艺轩在《皖江日报》担任各县通讯版编辑，所以《农业日报》在皖江印刷部代印，发行约有五个月时间，终因经济无法支持而停刊。但王艺轩仍四处奔走宣传，力图促进农业新知识传播。军阀倪嗣冲统治安徽后，王艺轩因事前往安庆，竟然被倪的特务机关以“乱党”的罪名逮捕，后虽经过他夫人奔走得救保释，但因被严刑拷打身体受损严重而不治而亡。这两件事都是官僚和顽固封建地主势力互相勾结，迫害敢于反对封建制度、侵害他们利益的青年和进步人士的结果。这些事件更加重了九皋对辛亥革命的失望，更痛恨旧的封建势力和顽固派的无耻行径。

1911年，《皖江日报》决定聘任怀宁人郝耕仁担任主笔。郝耕仁是清末秀才，又毕业于日本宏文师范，人称郝大癫，为人忠义，助人而不求回报，思想新颖且勤学不倦，极爱饮酒赋诗，写得一手好魏碑。

郝耕仁在沪剪辫参加了东部同盟会，1910年和钱鸣呼（怀宁人）在上海协助任天知组织成立了“进化剧团”，他是副团长。“进化剧团”溯江而上，1911年2月8日，话剧团先在南京出演话剧《血蓑衣》，第二日和第三日演出《东亚风云》，第四日和第五日演出《新茶花》，在南京共演出了三个月。五月，剧团进驻芜湖，郝耕仁重视登报宣传，由此九皋和他相识。在中江大戏院演出的《恨海》是在安徽的第一次公演，《恨海》剧本是钱鸣呼所写，是根据清末吴趼人所作章回小说改编，描写了义和团运动前后京官陈词桀一家的遭遇，反映了清末社会的黑暗和中产阶级的没落，同时揭露了鸦片对国人的毒害。之后，话剧团又演出了《血蓑衣》《缘外缘》，连续一个多月每晚均告满座，两部新剧均以反帝反封建为中心题材，内容有丰富的革命性和讽刺性，为达到向观众直接宣传革命的目的，演员常常插入大量的即兴演讲，以至于创立了“言论派老生”这种角色类型。《皖江日报》尽力代为宣传，新剧演出消息及评论引起了各界人士的关注，郝耕仁对九皋给予的支持，甚为感激。他们十分投机，后来一直往来密切。

这时芜湖当地警察厅“疑进化团之党于革命也，因下令禁止”。任天知利用其日本籍身份，要求日本驻芜湖领事出面干预。芜湖警察厅厅长丁幼兰“深恐牵动外交，遂撤销禁令，任其上演如故”。在芜湖演了一个月后，进化剧团还是被查封，骨干成员郝耕仁、钱鸣呼、汪优游、陈镜花、王勾身、肖天呆、顾无为、查天影、陈大悲等遭通缉。

1911年6月，芜湖发大水，许多道路被淹，“进化剧团”辗转来到安庆。当局不许其演出，并逐驱出境。他们又来到九江，遭到同样的命运。16日，转到汉口，直到7月中旬，才演了几场。当时发生“川路风潮”，钱鸣呼等人立即编写《川路血》鼓动革命。汉口地方官认为进化团的演出是“鼓吹革命，摇动人心”，上报请求镇压。清廷大臣瑞方与鄂督瑞徵下令逮捕进化团成员，幸亏该团有人事先得到消息，大家急忙跑到租界躲避，然后乔装成商人、平民等乘轮船返回上海。郝耕仁在九江下船避难，因头上没有“大辫子”，他只得由陆路回到乡间，在石牌老家躲避。两个多月后，武昌起义爆发，郝耕仁得到消息即刻启程从石牌去上海，加入范鸿仙所组织的北伐铁血军。南北议和后，他对时局失望，从上海回老家怀宁，路经芜湖，访友叙旧。

谭明卿和张九皋聘郝耕仁为《皖江日报》主笔，他欣然答应。老友相逢，又在一起办报，九皋心情非常愉快，有了郝耕仁做主笔，《皖江日报》更增添了活力，更加有声有色。郝耕仁在芜湖结交了一大批进步人士，行文更具文采，反帝反封建的内容更为浓厚。

芜湖各党派团体间常有摩擦。有一天，《皖江日报》上刊登了一篇论文，批评江亢虎的社会党，社会党表示了不满，先在他们的机关报《讽报》上一阵反攻，又集合党员用武力打皖江日报社，工人们守护着排字房、机器房，并将社会党人逐退到大门以外，相持很久，警察奉命袖手旁观，惟有新组织起来的商团团员闻讯立即自动组织整队前来支援，社会党看到力量不敌，也就散去，没有演成流血惨案，经过来人调解和平了结。事件发生之后，九皋深感在这个时局动荡、军阀割据的年代，需要有自己的组织来保护自身的生命财产安全，这一想法得到商界朋友的一致赞同，他先与同乡张敬之、王善之、戴文波、魏斌丞、张德基、陈澍之、唐诚之、谈尹耕组成江宁旅芜同乡会，之后又与商界青年张裕卿、揭慎五、风吉庭、唐诚之、谈尹耕等组成商团，陆廷桢、姜少庭为正副团长，团员有两百多人。这是一个由工商店员组成的组织，相当于上海万国商团性质。

1912年，芜湖形势依然动荡不定，安徽都督孙少候从南京来芜，着手统一军政工作。他到芜湖后首先改编芜军，委任刘醒吾为皖军第三旅旅长，郑西平、傅家珍仍然任第三旅第一、二团团长。这时军政府人员已经星散，名存实亡。所有行政事宜，均由新委任的芜湖县长和警察厅长负责。同时淮上光复军东征先遣队王占一部，亦从寿州赶来芜湖，迎接孙少候都督。孙少候有王部担任保卫，开往铜陵大通，改编黎宗岳部。孰料黎宗岳部竟拒绝改编，表示反抗，双方由此发生冲突，战斗结果，王部因武器太差不支东退，继而前往安庆，令省军沿江东下，向大通进军。另电芜军刘醒吾旅令傅家珍团进驻铜陵一带，包围夹击黎部。黎宗岳自知不敌即带亲信悄然离开大通。一股携械逃入山区，其余由省军改编。故令傅部仍然驻铜陵，预防逃兵窜扰。孰料傅部竟然借口欠饷，突然叛变，大肆抢掠地方人民财产，芜军刘醒吾勃然大怒，当即率郑西平团西上，敏捷地包围傅家珍部，将叛军缴械，逮捕了傅家珍以及叛变的官兵十余人，傅家珍被解送安庆，听候处置，其余首要均在芜湖处决。傅在安庆经过军法审判，亦被判处死刑。旅长刘醒吾为此引咎辞职。

之后皖军都督由柏烈武继任，派出军务处胡配庚来芜，将芜军核实整编，缩成两个营，不仅军政府取消，而且旅团长等名称亦不复存在。两个营经过整编后并入陆军第十五师孙品骖部，仍驻芜湖。十五师师部设在芜湖，部队在芜湖驻扎一部分，其余的分驻合肥、寿县、正阳关等地。由前清巡访营蜕变而来的芜军两个营，虽然经过整编，但军风军纪败坏，依然故我。一日晚，借口欠军饷，突然哗变，拥至长街繁华地区抢劫商店，抢完就从河南岸逃入山区，商民损失很大，事后追捕叛兵，分别严惩。孙品骖受此事件影响，不久下台，所部十五师又缩编为安徽陆军第二旅，由合肥人龚振鹏担任旅长，旅部亦设在芜湖，仍然驻两个营。

1912年10月23日，被迫辞退临时大总统、让位给窃国大盗袁世凯的孙中山先生来皖视察芜湖。孙中山先生在芜湖大舞台举办的欢迎大会上报告了南北议和、避免战争的情况，还报告了辞退大总统让位给袁世凯的经过。这次参加会议的人很多，教育界参加的人最多，有李光炯所办的安徽公学以及官办的皖江中学的学生。孙中山先生在芜湖的讲话给芜湖民众留下了深刻的印象，也鼓舞了民众对革命的信心和期望。

五、独立创工商

1913年，《皖江日报》的业务蒸蒸日上，到了夏季时局突变，全国各地纷纷闹独立，赣宁也独立了。芜湖龚振鹏起而响应，本来反对袁世凯，社会秩序不会发生问题，但是龚振鹏驾驭不了部下，芜湖的驻军在街头听说什么人是北方来的奸细，马上开刀，几乎失去理智，弄得人人自危，局面失控异常混乱。龚振鹏部在芜湖究竟杀了多少人，没有统计。有一天他的部下在洋码头对着一队巡逻的商团，突然开枪，商团没有还击，枪械还被缴去，所幸没有伤亡，第二天说是误会，又发还了缴去的枪械。过了不久龚振鹏部离开芜湖，北方倪嗣冲进入安徽，鲍贵卿部到了芜湖，商界组织商团被勒令解散。

为避免遭到意外，九皋和谭明卿先后跑到上海，郝耕仁看苗头不对回了石牌老家，报纸只好休刊。后来，郝耕仁也去了上海，相助韩愎炎在沪组织秘密反袁团体，同时前往的还有伏龙、胡抱一、季硕夫、张东野、张恨水等。张恨水由此认识了郝耕仁。这年，在上海海关任职的陈子范，获悉宋教仁被刺、袁世凯有称帝野心，乃秘制炸弹，剪除袁逆之羽翼，第一次秘密炸死了袁世凯在上海的死党徐宝山，第二次准备挖汉书装炸弹，不幸制弹不慎，炸弹突然爆炸殉难，当时在上海各大报纸都有详细报道。陈子范是南社社员，柳亚子代刊遗集，其大半文字都是九皋和邹秋士提供。

局势稍安定，九皋和谭明卿回到芜湖，《皖江日报》复刊。九皋对组织起来的商团无端遭到打击解散的消息，非常气愤。经过了解，探听到商团被解散的原因，原来是商会里的顽固分子的一种阴谋，九皋便立即写了一篇短评对顽固派进行严厉痛斥，至深夜拼版看完大样后才回家。但第二天报纸上却不见这篇短评，已被谭明卿抽去。九皋大发雷霆，立即提出辞职，谭明卿避而不见。于是，隔了一天九皋就搬到柳春园居住，与《皖江日报》脱离关系。江宁旅芜同乡会的全体同乡和商团同志对九皋给予了支持，并表示赞助九皋筹备组织《工商日报》，九皋也决定创办一张能自己做主的报纸。谭明卿此时有他自己的打算，他在长街开设有“玉林堂”笔店，与商会头目人物有密切交往，他善于处世，四方均会应酬，九皋这篇文章显然要得罪商会大佬，这是他不愿意看到的。

1914年，血气方刚的青年张九皋，对商会的封建顽固派早就不满，对他们欺行霸市与军阀勾结维护其封建官僚利益，盘剥人民的行为深恶痛绝。九皋说到做到，在各方援助下，立即筹集资金前往上海购得四开印刷机一部，以及少许铅字材料准备出版事宜。这时袁世凯颁布了“报律”，以钳制舆论。办报要先缴一笔巨额保证金。九皋购办印刷器材已经非常费力了，哪里还有余资预交保证金呢？不过“报律”中有一条是：“专载商业行情以及有关实业的论说可以免缴”。九皋就根据这条规定向“警厂”呈请批准出版，但是商会中顽固分子与谭明卿则在暗中竭力阻挠。“警厂”左右为难，就在批示中说：“即是专载工商行情文字的工商报，应该要工会和商会认可。”九皋无奈只好照办。工会对于九皋的请求立时函复认可，并表示拥护；商会则拖推躲避，到了没有办法再拖的时候，就干脆躲避不见。

九皋离开皖江日报社后，报纸上错误连篇，弄得不成模样。这时，谭明卿托了许多朋友找九皋进行劝解，请他再回皖江日报社工作。九皋思来想去，《皖江日报》是他一手创成，实在也不忍心看着这样沦落下去，而当时恶劣的环境想办报也只能退一步等待时机。于是，他决定回皖江日报社工作，并将所有器材租赁给了谭明卿的族侄谭邦杰，又重新把家搬到报社附近的一家洗衣店楼上，这时商会的顽固派和谭明卿才算心定神安。

1914年12月26日，儿子张衡武出生。婚后王萃瑛连续生了三个女儿，因为三代都是单传，九皋的母亲郭氏求子心切，整天都在祷告早生贵子。衡武的出生，给全家带来了快乐，也多少让九皋暂时丢下了不少烦恼。

1915年，《皖江日报》在九皋重新整顿、严格把关之下，编辑发行工作又恢复了正常，然而九皋并没有放弃创办《工商日报》的念头。机会终于来了，江苏韩紫石（国钧）先生到安徽做巡按使，九皋得知这一消息，心想这一机会决不能放过。就以老乡的关系，写了一篇呈文，说明了自己要求创办报纸被阻碍的经过，立即邮寄往安庆。大概过了一个星期，韩的批文就寄回来了，大意是：只要遵照报律，无须工商两会认可。九皋据此立即写了一份呈文送到“警厂”，第三天就得到批准并送来一张保护的告示。九皋十分兴奋并将批示告诉了谭明卿，并非常诚恳地表示，所办《工商日报》对于《皖江日报》绝无妨碍。而他将照常为皖江日报工作，受报律的限制，《工商日报》对于商会顽固分子不会采取攻击态度，不必顾虑，以免再产生误会。

于是，九皋在继续承担《皖江日报》总编工作的同时，开始筹备出版《工商日报》相关事宜。筹备工作很顺利，先是接手了工商印刷所，九皋全家都搬了进去，妻子萃瑛担任庶务及炊事，他自己担任全版的“采、编、写、校”，聘请了两位青年的工友负责排印，聘请张云亭做发行卷报，总计五个人。一切准备就绪，1915年10月20日编出一张芜湖《工商日报》创刊号，其版面要比四开报纸还要大一些。因为此时第一次世界大战已经发生，白报纸价钱很贵，只好用土皮纸印刷，效果也很好很清楚。从此《工商日报》开始出现在芜湖的街头，进入了芜湖市民的视线。

晚年，他在回忆这段历史的时候，对自己所走过的路和付出的努力不无感慨，并作《报人行》诗一首，可以说是对他创办《工商日报》的一个阶段的总结。

> 精穷小记者，心坚是报狂。庚戌《皖江》出，辛亥露锋芒。采访兼拼板，编校漏夜忙。口讲犹弄笔，人讥嫁衣裳。歧见争蜗角，拂袖叹羊亡。
>
> 友好起相助，独立创《工商》。走沪购机字，虽简亦堂皇。

中途遭挫折，数月意彷徨。奋斗拍魔障，提倡感贤良。癸丑初筹备，乙卯始发行。卷报依木柜，写稿据皮箱。有纸糊墙缺，无油凿壁光。解渴茶如水，充饥米带糠。耐劳身转健，欲淡气能刚。勤俭基层固，审慎心乃康。

记载求忠正，唯善尚播扬。茫茫四十载，心酸味尽尝。一幕独角剧，社长到茶房。或问此为谁？呜皋鹤影张。

1916年，九皋到了而立之年。工商日报在1915年底，亏损百余元。当发刊之初，九皋就做了预算，每月共需要七十二元，这是全家全报社的总预算。九皋将自己在皖江报社的收入十二元和上海方面通讯费六元用来弥补，又借了几十元的债。开年业务逐渐开始好转，可以勉强支撑下去。对于眼前的困难，九皋沉着应对，信心十足，另外有商界的广大店员朋友支持，也给了他极大的鼓励。为了今后拓展报社的业务，九皋将报社迁移到陡门巷，房屋宽大，是三间门面两进，都是三层楼，足够报社发展的需要。到1916年底结算只亏二百余元，易于弥补。这一年下来，《工商日报》的业务逐步发展，九皋愈加自信了。当时，《工商日报》每逢周一休刊一天，内容还限于专载工商新闻、商业行情、广告等，而有着一段时间的报人经历、具有新闻敏感的九皋，认为这样的限制终究会改变的。九皋开始增加编辑和记者人数，编辑部聘请了徽州黟县人汪履丞，汪担任过上海新闻报驻芜通信，采访能力很强。印刷部增加了两个学徒，其中一个是许善源（后来成为《工商日报》的总编辑），这样九皋的工作比之前轻松了很多。九皋每天下午六七点钟将《工商日报》编好看过大样，即到《皖江日报》看大样，几乎每天都要到子夜以后。

袁世凯称帝为洪宪皇帝后立即遭到全国人民的反对，多方势力讨伐袁世凯。3月2日，称帝83天的袁世凯被迫宣告退位，6月6日忧郁而死。1917年“报律”取消，《工商日报》终于解除了束缚，九皋在报刊上开始增载电讯、本埠新闻和副刊“工商余兴”等内容，取消周一休刊，发行数字增加，广告收入也随之增加不少。九皋不失时机地增加股本，并向亲友借贷，将上海一家倒闭的小印刷厂的旧对开机、各号散乱的铅字全部买来，进行清理后上架，足足忙乎了两个多月。《工商日报》改出对开一张大报。九皋还聘请王尊庸（畏三）担任驻北京特派员，逐日拍发新闻电讯，电费薪金与《皖江日报》分担，电报电讯同时登载，节省开支，这是合作的益处。九皋向谭明卿表示以后自己对皖江日报工作照常，但不再支分文薪金，全力维护不改初衷，以避免双方盲目的竞争以造成无谓的损失。

九皋虽不在《皖江日报》支取半文薪金，但他对自己的总编工作一如既往，毫不懈怠。报界对九皋为新闻事业的执着无私精神，深感钦佩，谭明卿内心也被九皋这种精神感动。

1917 年是《工商日报》大转变时期，九皋对报社的发展更加充满信心。报社已经没有亏本，还有少数盈余。不仅添置了新机器，职工人数也增加了二三人。九皋和他的同仁们从创业开始形成了刻苦耐劳的风气，后来一直也没有改变。

“为芜湖新闻事业蒙昧时期，打下坚固的基础，为后来热心新闻事业的人，开辟一条平坦光明的道路。”这是九皋在创办报纸时候就抱有的理想，他坚信坚守着自己的这个理想并一直在实践着这种精神。

第二章 勤俭办工商

为芜湖新闻事业蒙昧时期，打下坚固的基础，为后来热心新闻事业的人，开辟一条平坦光明的道路。——张九皋

一、风起云涌

1918年，《皖江日报》聘泾县人查雪村任主笔。年初一天，一个浓眉大眼、个子不高但很有精神的年轻人，来到报社找九皋总编，并出示了郝耕仁的信函。这个年轻人就是张恨水。郝耕仁在上海因袁世凯死亡，他们反袁复辟的团体已经解散，年底回家过年（怀宁石牌与潜山张恨水的家乡很近）他推荐了张恨水来芜，他则前往湖南郴州，因为韩部同事季硕父任粤军旅长，驻军湖南油榨墟又一再函电邀请郝耕仁相助。于是便写信给张恨水，要他到芜湖来，接替自己副刊编辑的职务，张恨水顾虑自己年轻又没有经验，不知是否能够胜任。郝耕仁则在信中鼓励道："他们信得过我，自然也信得过我推荐的人。"于是，张恨水凑了三元川资，来到了芜湖。

九皋看到郝耕仁的亲笔信自然非常信任，带张恨水见了谭明卿，并安排张恨水担任《皖江日报》文艺副刊编辑。九皋还将报社里的一间平房腾出来给他住宿。张恨水来了之后，被九皋视为其左右手。张恨水在担任《皖江日报》编辑期间，撰写了第一部长篇言情小说《紫

玉成烟》，并在《皖江日报》副刊连载，开始展示他的写作才华。与此同时，张恨水还每天撰写一篇小说闲评，反响非常好，报纸影响越来越大，发行量亦逐渐增多。张恨水一人经常在报社里忙碌到深夜，乐此不疲。

1919年，五四运动爆发，强烈要求废除窃国大盗袁世凯与日本签订的卖国条款“二十一条”，归还日本从德国手里夺去的山东占有权。5月5日凌晨，北京学生游行示威的电报传到皖江日报社，当时担任《皖江日报》副刊编辑的郝耕仁托报社谭明卿的儿子、省立五中的学生谭邦杰将这份电报送给了高语罕，高语罕当即将学生自治会的骨干喊来，告诉他们“要响应北京运动，光一个学校不行，今天你们到各校联系”。当即决定胡澍到圣雅阁中学，蒋光赤到萃文中学，胡涣到省立二农，赵宗汉到省立第二女子中师范学校和芜关中学，全市教员则由高语罕和刘希平联络。5月6日，芜湖各校师生在张家巷举行联席会议，商讨5月7日游行示威和抵制日货事宜，最终游行示威等议案获得通过。5月7日是日本帝国主义提出“二十一条”四周年的国耻纪念日，这一天芜湖各校进步师生，冲破军警阻挠，走上街头举行游行示威，并以发表演说、散发传单等各种形式发动市民参与斗争，投入到这场爱国运动之中。

九皋和报社编辑部青年为反对日本的“二十一条”，响应上海抵制日货的运动，暗中策动在农历五月初三晚上，到中山路上秘密散发抵制日货传单。与此同时，长街上也有人在传递“鸡毛报”，内容主要为：“抵制日货”“打倒商会”“共御外辱，不卖日货”等。“鸡毛报”上角贴两根鸡毛，这是当时出现在芜湖的一种特殊形式的传单。初四早晨，中山路的电线杆上钉了许多日本货的草帽、草席，草席上还画着漫画写着标语，到了上午10点多钟，路上行人越聚越多，并对着日本“丸三药房”举行示威，药房玻璃被人击碎了几块。警察冲散群众，并没有抓人。芜湖镇守使马连甲（第一任是鲍贵卿）立时在烟雨墩召开会议，讨论善后，最终决定赔偿了事。“丸三药房”碎了几块玻璃，敲了一笔大竹杠。但是随之而来，出现了更多手写标语，这大多出自高语罕、卢伯荪等革命人士之手，而大量刻印的传单则来自皖江日报社和工商报社。当时皖江日报社的主编张九皋和副刊编辑张恨水，一个是爱国人士，一个是热血青年，国难当头，他们除了刻印传单，还在报纸上发表小品文支持学生运动。

五月初五（端午节）上午，一只日本兵舰开到江边，一队荷枪实弹的日本水兵在芜湖登岸，到日本领事馆去，在街头耀武扬威，当行进到“丸三药房”门前，日军高呼日本帝国万岁，皖江日报社就在斜对门，报社里所有人很受刺激，午刻吃过饭后大家互相邀约，由张恨水带头举着“中华民国”旗和报社职工一起跃到街心，二三十人围着国旗，也高呼“中华民国万岁”，声音响震瓦宇。

不久，郝耕仁又回到了皖江日报社。因为在他到达郴州的前一天，他的朋友季硕夫就被桂军马济诱捕，解往广州，赶到广州营救无效，终被桂系杀害。这对郝耕仁打击很大，他潜回家乡蛰伏大半年，才回到芜湖并将家眷接来，开始安心从事文化工作，不再做实际的革命工作了。他将话剧团的历史以及他帮助韩恢烈士革命的内幕写成两篇小说，分别刊载在《皖江日报》和《工商日报》副刊上。

到了下半年冬初，经《皖江日报》《工商日报》驻北京特派员王尊庸介绍，张恨水辞去《皖江日报》的工作，离开芜湖，担任上海《申报》驻北京办事处从事长篇通讯编写工作。

年底，仍处在紧张时局之中的九皋不免操劳过度，体质明显下降，遭受感冒伤风侵袭，鼻腔内流出很多鼻涕，整夜的头痛，眼珠完全变成红色，又吃了大黄、石膏等药伤了胃气，日常只能喝点稀饭。身体已经被病痛折磨得非常虚弱的九皋和老母商量，决定回家乡休养。二姨夫王地山是南乡的世医，建议先用隔三的治法扶脾保胃，认为“只要身体养好绝无死理。”九皋此后日服标本兼治的药一剂，日静坐两次，时间逐渐延长，闲的时候就看医书、哼古诗、村郊散步，天黑就睡，天明即起，这样休养了一个多月。有一天九皋看到专治鼻渊苍耳散的方剂，决定逐日进服这种药试试看，等服到第四包，次日起来洗脸时不通已久的鼻腔里突然有了动作，鼻子通了。恢复一两天后，九皋便赶回芜湖。为此九皋还曾经写了一篇滑稽小说，描写剿灭病魔、与之战斗的经过。

九皋从这次治愈鼻渊感悟到人体的去病养生之道，那就是要养成本身气力充沛，单靠药方是不能有效的，单靠饮食也不行，必须静坐调气，将呼吸气练到由浅入深，由短到长，俗语说“遇事沉得住气”，相对的哲理和物理发生微妙的关系！这给九皋思考人生和自然界的联系有了新的启发，并常常在头脑里盘旋思索这个问题。

二、皖江新潮

1919 年，中国军阀割据，芜湖此时在北洋军阀统治之下，皖系军阀倪嗣冲在安徽与商会顽固派和地方豪绅勾结，横征暴敛、肆意妄为，搞得民不聊生。

五四运动的爆发对芜湖产生了重要的影响，芜湖的学生运动此起彼伏，反侵略、求民主声浪一阵高过一阵。郝耕仁为响应五四运动，提倡新文化，特地将《皖江日报》的副刊改编为“皖江新潮”，长期写稿的钱杏村（阿英）、蒋光赤、李克农、李宗业等，教育界的刘希平、卢仲农、高语罕、王肖山等也都支持这一运动，成为安徽新文化运动的主要动力。

学生界举行了一次反帝示威游行。为积极响应这次学生的示威游行，九皋与商界的章朗青、康汉臣也暗地策动全埠的大罢市。当局为防止大罢市，突然下令全埠特别戒严。军队全部出动，在大街小巷布满了岗，人民不准通行，门对门的人也不准来往，只有挂着红绸条拜寿的人可以往来。这天，镇守使马联甲正为他的母亲祝寿，这挂着红绸条拜寿的人中间，就有策动罢市的人和同情罢市示威的人。据说戒严令是商会顽固分子的建议。第二天打倒商会的行动就开始了，先由一家或者两家商店在《工商日报》上登一个简单的广告，从即日起与媚官亲日的商会脱离关系，以后逐天增加，几乎全版皆是。副刊中的“工商余兴”中的小品文字和漫画，也展开对商会的顽固分子的攻击，如“烧干鱼”的名词，遍传众口。参加罢市的芜湖商号及商人毫不屈服的斗争终于取得胜利。五月底，当地军阀马联甲对支持爱国学生运动的《皖江日报》和《工商日报》定了所谓“言论偏激，淆惑观众”的罪名，遣派军警非法查抄，然而，遭到报业工人的坚决抵抗，只得灰溜溜地离开。

旧商会被彻底推翻，新商会筹备改组。商团团员的中坚分子揭慎五、凤吉霆等都参加了商会选举，汤善福被选为商会会长，第一次会议的第一个议案，就是恢复商团，九皋被邀以来宾身份出席，并作了一个报告。会议决定即日恢复商团，步骤是：先征求团员，团员达到两百人，就定期开成立大会。《工商日报》上每天都有某商店、某某等志愿充任商团团员的新闻。商会推选陆廷桢为团长，九皋被选为副团长。九皋考虑报社还在发展期，基础尚不稳固，还有很多的事情要做，口头、书面两次要求改选，然而没有获得同意。商团在反帝反封建和对商会顽固派斗争中组织起来的自卫组织，在每次全市组织的大型的反帝反封建的各种游行示威活动中，担任起警卫任务的责任，为芜湖的革命斗争发挥了重要作用。

1919年，九皋和谭明卿一起参加了全国报界第一届联合会，并参观了商务印书馆及中华书局的印刷厂，以及《申报》和上海《新闻报》两大报社。既扩展了眼界，也为九皋今后报业的发展拓宽了思路。

张恨水到北京初期打工，薪水微薄，闲暇时刻，想起自己在芜湖的所见所闻，便准备以芜湖学生运动为题材写一部小说。于是，乘工作之余，就开始了他的小说创作。由于小说背景是五四运动，题材又取自芜湖，因此便用《皖江潮》作为小说名。1920年，张恨水被聘为《工商日报》驻北京特派员。张恨水先生每日用电报发文至报社，隔日刊登。《皖江潮》在《工商日报》连载后，广大市民竞相争睹，很快成为《工商日报》的一块金字招牌。不久，《皖江潮》又被芜湖进步学生改编成剧本，搬上舞台。

1920年秋，张九皋和谭明卿同往北京参加全国报界第二届联合会，在北京期间和张恨水、王庸天天见面，常常交谈至深夜，十分愉快，张恨水十分怀恋芜湖期间和张九皋等一批朋友的感情以及那段如火如荼的战斗岁月。在北京，九皋还认识了安庆新皖铎报代表张耀宣，并游览颐和园、三殿、雍和宫等地，回来路上又分别在天津、南京游览了几天。

1921年6月2日，当时安徽省会的学联为争取教育经费，派出部分学生前往省议会质询。在副议长赵继春的直接指使下，学生代表遭到省议会卫兵的毒打。消息传开，各校学生一千多人按照省学联通知，齐集省议会前抗议。安徽军务帮办、皖南镇守使马联甲与凤阳关监督倪道烺立刻调来军队，伙同省议会卫队、保安队及警察疯狂地对学生进行刺杀和毒打，安庆第一师范学校学生姜高琪身中七刀，鲜血如注，命在旦夕，后不治身亡，其他受刀伤者五十余人，被毒打者二十余人，史称“六二惨案”。惨案发生后，省教育会、学校联合会、学生联合会立即通电全国，诉求公理、呼吁请法律解决，并形成了一场大规模的学潮。

“六二惨案”发生后，消息很快传到芜湖，激起芜湖教育界一致公愤。6月5日，学生举行全体罢课，芜湖各校师生走上街头游行示威。学潮牵动政潮，芜湖进步知识分子高语罕、刘希平、王肖山等人展开反贿选、争民主的运动。安庆和芜湖两地举行了全市性的罢市罢课罢工以示抗议，驱逐省长李兆珍，终于取得胜利，许静仁来皖继任。一段时间以来，在几次大的游行示威运动的交往中，在和对商会顽固派的斗争中，李克农、钱杏村、蒋光赤、恽代英等和学生们已经结下友谊。他们经常在工商报社三楼开会，无形中工商报社成了学生和革命党人的活动据点。

1925年，上海发生“五卅惨案”。6月6日，芜湖各界举行游行示威声援。6月10日，开展抵制日货英货运动。芜湖当时虽然只是一座仅有十余万人口的城市，但由于是安徽最早对外开放的口岸和全国四大米市之一，芜湖与上海的关系十分密切。芜湖各大商家都派人驻沪负责采购，芜湖市场上的主要商品都来自上海。外国商人当时在芜湖开设的各家洋行，也多隶属于上海的总行。五四运动期间，芜湖长街各大商号都积极参加抵制日货的行动。“五卅惨案”发生后，上海溥益第二纱厂工人李序穆就带着上海工人宣言到达芜湖。6月2日，芜湖各校获悉“五卅惨案”消息后，立即组织游行示威，沿途高喊口号并散发传单。游行队伍最后在十三道门广场举行集会，李序穆当场散发上海工人宣言。6月4日下午，芜湖学生联合会召开会议，讨论援助沪案的方法，会议作出了组织演讲团上街演讲，致电北京外交部与英日严重交涉，要求社会各界参与罢市罢工罢课并恢复外交后援会，印刷哀告性的启示在演讲时散发等四项决议。6月5日上午芜湖学生联合会约集三十八个社会团体举行会议。会议通过五个方案。当天下午芜湖各团体组织的演讲团纷纷出发，到当时繁华地区长街、大学路一带举行演讲，“辞意沉痛，听者均为动容。”由共青团和国民党左派人士组成的芜湖市党部在这天下午召开会议，并决定以市党部名义在芜湖《工商日报》上公开发表支援“五卅运动”的宣言。宣言以四言诗形式呼吁同胞快醒，“急起雪耻，奋勇行进。务使凶恶，依法究惩。还我国权，偿我人命。不达目的，誓不中停”。6月30日，为公祭沪、粤、汉死难同胞，芜湖再次举行罢课罢工罢市。为全力配合芜湖市民的运动及哀悼死难同胞，九皋决定《工商日报》《皖江日报》停刊一天。之后，《工商日报》迅速报道关于芜湖各界声援上海工人的消息，有力地支持了全市的爱国运动。

九皋通过主持《工商日报》《皖江日报》及时报道和配合支持学生运动和反日活动，与李克农、宫乔岩、钱杏村等往来密切。九皋的工商报社，成了革命党人和青年学生的革命斗争的前沿阵地。这正是九皋要实现的“永远站在新闻工作岗位上为社会大众服务”志愿。

这时时局发生大转变，国民革命军北伐到达武汉，陈调元和王普的军队都在芜湖集中。芜湖街头的墙壁上发现“打倒军阀陈调元”的标语，陈调元原属于直系，之后又倒向奉系，孙传芳联军兴起，他又从奉系杀出，加入孙传芳部，随着北伐军的节节胜利，陈调元又悄悄地投向了北伐军。1927年1月3日晚上七时左右，陈调元和王普的部队为欠饷突然变乱，先在北门有稀疏的枪声，瞬间枪声四起，开始分段抢劫、掠夺，同时将商团团部以及警察厂包围，商团团员晚餐方毕，团部仅有二十余人，无法抵抗，整晚抢劫至夜三四时才渐止，全埠损失惨重，民众被枪杀者二十余人，人心极愤。3月4日军阀陈调元、王普在芜湖宣布归顺国民革命军，分别改编为国民革命军第三十七军和第二十七军。国民革命军江右军总指挥程潜率第六军到达芜湖，人心安定。国民革命军查封了胡白沙所办的《芜湖日报》。

为适应发展，九皋将工商报社由陡门巷原址迁移到中二街中国银行隔壁，报社新租赁的土业公所的房子全是平房，前门是中二街，后门通陶塘，有七八进长度，相当宽敞，前面大门是两扇玻璃门，门上印有工商日报，第二进两旁是印刷机器房，三进是大厅，两旁隔间是仓库和临时来客居住的地方，四进两间房屋窗明几净为编辑部，五进是饭厅，六进是三间（中间堂屋，左右厢房，一块小天井），七进为厨房，有一条小巷子通向后门陶塘。此后这里成了革命党和进步学生经常聚集开会的地方。就在工商报社迁址三天后，陡门巷原址突然失火，全部房屋被焚毁，所幸损失的仅仅是遗留下的部分家具和一部石印机。

1925年，在反奴化教育学潮中，圣雅阁中学和萃文中学等教会学校中有五百多名学生毅然退学，为彻底解决他们继续学习的问题，芜湖社会各界经过努力，报请省教育厅批准，在芜湖创办了两所学校。一所是设在澛港佘家大屋内的芜湖新民中学，学校在芜湖《工商日报》刊登招生启事，“凡教会学校学生，免于入学考试”，初、高中共招收学生二百三十名。另外一所是设在芜湖大官山的民生中学，是由进步人士李克农、宫乔岩、章朗青等发起组织创办。九皋为了帮助李克农筹办学校，代他们募集资金。筹备处设在工商报社，并设立校董事会，大家一致推选九皋为董事长，学校名字取孙中山三民主义中的“民生”两字。这两所学校均于1925年9月10日开学。民生中学当时被称为芜湖的“水泊梁山”，后来成为安徽省济难会的大本营和党团骨干的训练中心。这两所学校的学生不少人后来都参加了党团组织，成为芜湖革命运动的骨干力量。

工商报社成为革命党经常开会活动的地方。1927年4月初，蒋介石等在上海密谋策划了四一二大屠杀阴谋，时隔不久芜湖风声日紧。一天，衡武刚从外面回家，只见李克农穿长衫戴礼帽鼻梁上架着一副墨镜，站在天井厢房门外的窗口，取下礼帽向窗内招了一下，正在和九皋家属等打麻将的章朗青见到暗号，立即离开牌桌和窗外李克农耳语后便一起匆匆离去。他们当天就化妆离开了芜湖。晚上，工商报社外来了大批警察和便衣，公安局侦缉队长项某进入报社找到九皋，要他将李克农、章朗青交出来。九皋夫人吓得全身发抖，牵着儿子衡武赶紧进入房间，关起房门。此时，侦缉队长项某又犹豫不敢搜，一面摇起电话到总局请示，回话是不要搜！于是项某便离开。但是报社的前后门周围站满荷枪实弹的警察，整整守候了一天多，直到第二天才解除撤离。与此同时，公安局警察便衣到大官山民生中学进行围搜，也没有搜捕到一个人。

1950年，章朗青担任南京港务局党委书记时，专程来到芜湖探望九皋，两人才又见面。1956年，李克农来芜湖视察，特派专车接九皋到铁山宾馆相晤畅谈。这些都是后话。

一场轰轰烈烈的大革命转而进入了低潮。此时张九皋所创办的《工商日报》已经有十二年的历史了，在历次芜湖的重要革命活动中，发挥出积极作用，其地位和作用也越来越显著。1927年10月20日这天，《工商日报》特地发刊五大张报纸以为纪念，第四张完全是短篇小说。九皋、张恨水、郝耕仁、向恺然（即写武侠小说的平江不肖生，那时候在芜湖谋生）各写有一篇。

九皋坚持办报宗旨就是“为民众服务”,“永远站在新闻工作岗位上为社会大众服务”的志愿始终坚定不移，此时他所创办的报业也有了一定的基础和社会影响力。

三、家庭变故

1927年，报社最得力的外勤张香谷离开去了上海，许善源担任外勤又兼内勤编辑校对。许善源勤奋好学，业务日精益善，九皋在报社的管理上也逐渐趋于成熟精细。

据报社排字工人王澄的回忆，许善源来报社的时候文化低，但是报馆老师兄对他却很照顾，被分配到排字房学铅字排版做排字工人。当时报馆里是老师兄指导各种管理，接受各方介绍来的学徒工，九皋社长不问具体事情。学徒工两年满师，不订立投师契约，中途徒工逃离，追究介绍人责任。由于王澄能够吃苦耐劳而且勤快，在老师兄的指导帮助下，进步很快，一年不到就正式开始拣字。这位带他的老师兄名叫宋绍忠，负责排广告，后来染上吸鸦片恶习，经常不上班，工作都交给王澄代替他，此后王澄一直排广告，多余时间也排新闻版和副刊版。

排字工人王澄刚来第一年每月只能领到100个铜元，第二年就能领到200铜元，第三年已能领到300铜元。一般满师后办三桌“满师酒”，这样每月就能领到工资6银元（6块大洋）。王澄满师后，每月由6银元工资加起，每年加1银元，直到抗战，王澄连续干了十年，到芜湖《工商日报》被迫停刊时王澄每月工资已经能拿到11银元了。

1928年，王萃瑛产下女儿衡美，因为产后注射止血针，从此得病。一直延迟到冬季，下血愈多，按照血崩医治均未见效，九皋找西医黄朴人、黄震全诊断，认为系子宫癌，到弋矶山医院亦断为子宫癌。后听闻到上海广慈医院照射镭光，或可治愈，时已是年底，故决定来年初赴沪，全家在忧郁中过了年。开年九皋即陪同夫人萃瑛到了上海广慈医院进行治疗，该医院收治有来自全国各地的子宫癌患者。此时九皋又接到南京的电报，老母突发急病，他只好请在上海做生意的内弟汉卿夫妇代为照应萃瑛，自己急忙赶回南京乡里探望老母，老母头晕跌昏厥，所幸经过医治，逐渐痊愈。九皋稍住两天后，又赶回芜湖处理报社事务。再赶到上海时，萃瑛已经出院，因为她听说照镭光并没有效验，医生主张开刀，但萃瑛执意不肯，并强行要求出院，既得了不治之症也要回芜湖。九皋又请了上海当地的两位名中医看过几次，也没有什么效果，只好乘轮船回芜湖了。九皋心急如焚，他不断寻找治疗的方案，在医书上找线索、想方法，不过有的医书上，这种症状名为“疽”，结论只有两个字“不治”，没有特效的方法和药剂。九皋写了一封详细的信，寄南乡中医张仲庵，张研究了一个方剂寄来，共计两种药，即败酱草、薏仁米。他查本草，研究败酱草，认为对症，试服两三剂大见功效，排下污秽脓血足足有一便桶，可惜时间太迟，萃瑛身体内部损坏，极度贫血已不可收拾。

1929年7月30日，萃瑛去世，享年四十一岁，从得病到逝世仅一整年时间。九皋与萃瑛，虽是母亲做主的婚姻，但是已经共同生活二十二年，夫妻感情深厚。萃瑛共生了十一胎，婚后有十八年的时间是在艰苦劳动中度过的，她的身体本来是很强壮的，能端对开的报版上印刷机器，又能整夜在机器上从事印刷工作。九皋回想起萃瑛的一生哀痛不已，特地在《工商日报》上编了一个特刊，刊登了用铜板制作的萃瑛的半身照片，并写了四首悼亡诗（汪耘阁先生修改过）。九皋将萃瑛灵柩运往南乡祖坟安葬。后与儿子衡武相依在芜湖，极度悲痛，长时间闭门不出。

九皋开始加强静生练气，又随杨春普学习太极拳，一在静中求动，一在动中求静。大约九个月，进步很快，非但身轻体健，呼吸浑长，而且不怕冷热、步履如飞，练拳时候全身关节小到手指脚趾，均轧轧作响。正如华佗五禽戏所说：“动诸关节，以求难老。”他感到运动过程中全身关节都开解活动，一气贯通，非常愉快，体验到修炼的乐境。

图2 张九皋和夫人王萃瑛

九皋断弦之后，做媒的虽然很多，但是他无意再续，1930年3月回乡扫墓，老母一再催促非续弦不可，九皋是孝子，所有事情都听老母的安排。回到芜湖，正好江苏同乡会的朋友介绍，有一个可怜女子高少卿，在芜湖没有一个亲人，年廿八岁，欠债甚多，九皋和大家一起与她见面，感觉人很忠厚，九皋和她谈了两个多小时之后，决定娶她续弦。九皋替她还清了债务，接回家中并拜认九皋的岳父岳母为父母。高少卿为人诚恳善良，一直伴随九皋，料理家务、照应三个未成年的女儿。不久，衡武与徽州商人程级三的二女儿程华英结婚，家庭又出现了生机，有了人气。

1930年年底《皖江日报》刊出共产党万岁事件，被国民党勒令停刊。一时间传遍社会各界，上海、南京各大报纸立即刊登了有关新闻，众说纷纭、莫衷一是。“在芜历史最久之皖江日报，曾因误植共党二字，致被查封停刊迄今六月久，该报刻今省军法会审查判明，与该报无涉足，以准予启封复刊，省政府业令此间公安局查照办理，故该报刻积极筹备复刊云”①1931年冬《皖江日报》复刊，一段时间关于《皖江日报》的各种传说也就此告一段落。

①参见《“中央”日报》1931年7月13日版。

这时，芜湖出现近代较高的水位，比辛亥年的大水还要高出一尺多。历时两个月水才退，不久就发生了“九一八”事件，这时《工商日报》编辑外勤柏毓文等正筹备组织《中江日报》，集股自备印刷器材，但因为观点、计划、措施等犯严重错误，失败停刊。

看到各家报业的兴衰成败，他感到如同逆水行舟，不进则退。《工商日报》在芜湖地位虽日益巩固，但九皋更希望能够有新的发展。“报纸言论力求公正详实，首需独立之经济，盖经济不独立，难免为人利用，而言论即不能公正翔实”。“经济独立”始终在九皋的头脑里占据主要位置。

四、创办京芜长途汽运公司

1932年，张九皋先生创办的《工商日报》基础已日益稳固，资金较为宽裕，芜湖商界中经营汽车运输的王耀久、王瑶如提议九皋出面组织芜西段长途汽车公司。发展交通运输是九皋平时所极力提倡的，而组织汽车公司经营从芜湖到南京的客运，能直接通往自己家乡的交通运输，这是出生于江苏的九皋的梦想。对于王耀久、王瑶如两人的提议，九皋先生思考后慨然应允。于是王耀久即向安庆建设厂公路局申请取得了承租京芜路皖段，京芜路段通车对于商界往来京沪采购便利极多，关系切要。股东大会选举董事会后即推张九皋先生为经理，王耀久、王瑶如任副经理。随后九皋即与安庆公路局签订合约，自此芜湖历史上第一个汽车公司成立，名为“京芜西段长途汽车公司”。

1933年夏，南京到芜湖的京芜公路始告通车，为节省开支，九皋兼任会计股主任、王耀久兼车务股主任、王瑶如为总稽核、崔尘无任文书兼法律顾问、柏毓文为总务股主任。公司设在新市口车站，分别在二十里铺、大桥、新桥、当涂、采石、慈湖等处设立分站。后九皋再赴江苏公路局订立联合行车合同，皖段车可直达南京中华门，苏段车可直达芜湖新市口对开互行，票价按公里数计价。当时当涂大桥还未建筑，来往汽车均由公路局设置汽车轮渡船，缴费过渡。芜宁之间一日可往来，宁沪间一日可到达，客货运输、商旅往来大称便利。

图3 1933年，南京到芜湖京芜公路通车典礼情景

1935年秋，芜湖—南京铁路开通。为节省开支，早在前两个月就将客车改装为木炭车，公司也节省到无可再省。竞争对手张静江所在的江南公司在京芜铁路通车两个月后，将王耀久诱去铁路公司任职，并煽惑汽车公司的董事和其他职员，逐渐人心动摇。有人秘密告诉九皋，如果再下去就会有被暗杀的危险。年底，公司的一辆客车由南京开至当涂车站，旅客也不拥挤，忽然在平坦的大道上翻了车，伤了三个旅客，显然是有人暗中策划所致。周围人都劝他，如此恶劣的环境不要再继续干下去了，经过冷静思考，九皋决定解散汽车公司。

1936年初，京芜西段长途汽车公司宣布解散。从此成为芜湖历史上的一个名词。

九皋在长途汽车公司上遭到的失败，对他打击很大，深感社会的黑暗势力如同磐石，就自己的力量难以改变，但他绝不屈服。他继续为巩固发展《工商日报》的基础，提高报业的水平而努力。他增加了报社的外勤记者人数，报社采访编辑能力大大增强。外勤记者中，张香谷钞业店员出身，在外勤采访中是最能干的记者；汪履丞是布业店员出身，曾担任过上海新闻报驻芜湖通讯员；张大荒是煤油业的店员，之前在芜湖《星报》担任主编，尤其擅长杂文和言论。由于九皋会识人、会用人，使得《工商日报》在抗战前始终处于芜湖报业中遥遥领先的地位。

图4 工商报社

第三章　八年流亡记

八年苦难真堪记，一夜狂欢遍城中。——张九皋

一、撤离芜湖

1937年7月7日，日本发动了“七七事变”，开启了全面侵华战争，紧接着又在上海制造“八一三”事件，日军以租界和停泊在黄浦江中的日舰为基地对上海发动了大规模的进攻，开始了历时三个月的淞沪战役，上海军民掀起抗战烽火。芜湖人非常关注战局，而芜湖报业市场只有《工商日报》《皖江日报》《大江日报》几家报纸报道战争消息。为了让芜湖人民及时了解抗日战争战况，九皋侄儿张衡山决定筹办《芜湖晚报》，并得到张九皋的支持。他填具了出版《芜湖晚报》的申请登记表，并向国民党芜湖县政府提出申请报告，领取到国民党中央宣传部的出版登记证。由于日军直趋芜湖，张衡山在芜湖创刊《芜湖晚报》的计划搁浅。而此时日军虎视眈眈，长驱直入，直逼南京首府。随着11月份战事吃紧，九皋已经获悉前线战事的发展动态，芜湖沦陷不过是迟早的事情。九皋决定做好撤离准备，并和谭明卿商量撤退的办法，但是谭明卿老病复发，犹豫不决，已不能做主。

九皋和家人商量选择了两处撤离地点：一是皖南山区太平县，但

好友王某从太平来到报社商议，如撤退至太平山区，敌人一时不会来侵犯；二是过江撤退至合肥，那里有旱路直通九江小池口，过江可乘轮船通往四川。经过反复考虑，九皋认为太平虽是山区，万一敌人来犯，无后退方向便会成为死角。于是决定“过江”。事情既定，九皋让老母和子女家属带器材衣物等先撤退渡江，又将铜模铸字炉铅字等分藏长街同乡的商店。自己和高氏以及五名工人预备最后撤离，万一不能渡江，即携带轻便行李由芜青公路徒步西行，其余职工散或留，各听自便。此时《大江日报》和《皖江日报》均已停刊，只有《工商日报》坚持照常出版，不过已缩小为八开版。

报社大部分人员已经星散，九皋雇了一只大木船，将二十二年的《工商日报》分装在二十二箱，还有其他器材、铅字油墨、交流收音机和部分衣物等也都全部打包好，准备撤退到后方继续出报。九皋派人与船主联系好，陆陆续续将打包好的箱包运到宁渊观内河码头，等一部分装进船舱，还有部分在码头的时候。忽然，来了一队士兵，气势汹汹大声吆喝：不管你们是哪家报社，船已经征为军用，并责令已经装进船舱的东西衣物全部抬出码头，为装运国民党军官家属撤退所用。九皋只好又雇了一条木船，请了枪兵保护，连夜将铅字报纸以及一部分器材装上船，九皋的老母和子女家属工友等数十余人也随即上船，开往长江停靠大轮码头。上了木船，只见成千上万的难民，向挂有英国国旗的“怡和”号趸船上蜂拥而入，因为可以避免敌机轰炸的危险，如果英国轮船航班一到，也可以搭乘轮船西上。12月5日凌晨，衡武等一批人所乘坐的木船开始起锚过江，行驶到江中心时候，上空响起隆隆的敌机声，不一会敌机竟然向挂有英国旗的“怡和”趸船大肆投掷炸弹，远远望去只见火光冲天，一片火海，趸船上的难民无一幸免。接着敌机又炸沉了长江上英轮“大通”“德和”号二艘，死伤市民千余人。木船拼命地摇橹向对岸行驶而去，到了裕溪口停靠片刻，衡武立即赶去火车站打电话告知尚在报社的父亲，九皋唯恐敌机向裕溪口进行轰炸，要他们赶紧离开。木船全靠人力撑船摇橹航行，所以下午才到雍家镇。大女儿和女婿柏毓文一家均在亲戚家避难，其他人找到旅店暂住休息。

当晚七时，九皋接《大公报》驻芜湖记者程镇东电话。他说：战区军事当局已决定放弃芜湖，开始撤退，日军已经到达宣城并告诉九皋与淮南矿局谈妥，坐轮渡撤退过江，十时必须上船，此为该局最后一班轮渡，失去机会就无法渡江。程镇东告诉九皋自己先走一步，当晚搭车向芜青路西走。九皋异常镇定地写了“最后一页”的短评，排在6号报纸的头版，向芜湖市民宣告停刊告别，并表示将抗战进行到底的决心。九皋一行七人，晚上九时离开报社，到江边候船，从此开始踏上流亡道路。1937年12月6日，最后一张《工商日报》出现在街头，等《工商日报》再次与市民会面，已经是八年后了。

九皋一行到了裕溪口乘坐火车，直到傍晚火车才慢吞吞地到了合肥。到合肥后，找到提前半月就撤离芜湖到合肥城内同春和药号的族兄处住下。隔了一天，九皋一人又坐淮南车南行至铜城闸下车，步行十五里到运漕，与事先约好的儿子女儿女婿、老母、工友等会面。逗留在运漕的芜湖人为数众多，九皋与衡武、毓文商定，如果形势紧张即退三河，以便集中西行。

1938年元旦刚过，一日，九皋外出送信在巷子口听到东门城楼紧急警报，随即三架敌机迎面低飞而来，九皋感到情势不妙，立向北面空旷处飞跑，敌机已临头顶，九皋立即卧倒。等一阵炸弹爆炸声后，飞机远去，跑回时住处时，只见住处东邻房屋三间被炸毁，他所住的房屋后进也被炸毁，所幸未伤人，形势已不能再等待了。九皋的族兄已经在三河，他获悉后立即雇两辆车将物件运往三河。等一家亲属工友全部到达三河码头时，衡武和侄儿衡山已在码头等候照应，工友们将铅字、报纸、收音机和衣物等搬到一家商店的后进。因为太拥挤，住了几天后，又找了一家私人住房，单门独户，大小有三间，还有堂屋可开一张通铺，这样老小十七人才算安顿下来，九皋悬着的心才终于落地。不久，九皋的内弟以及报社许善源从巢县来到三河，大团聚是流离逃难中最值得纪念的大喜事，全家在三河度过了农历新年。

二、避难三河

1938年2月，三河镇，天降大雪。三河镇拥挤着来自芜湖等江南各地的难民。

九皋和儿子衡武将带来的铅字、器材整理好，将交流电收音机安装好，开始收听电台报告前线抗战新闻，每天记录，并利用带来的一部油印机用十六开白报纸印出来，名为“抗日新闻”，在三河镇散发，并张贴在三河镇的街上，立即赢得了三河地方各界和商家们的欢迎。

九皋决定筹备《工商日报》出刊，地方大力协助，报社迁移到靠近最热闹街头的粮行大屋。每天由衡武负责收录广播电台战争消息，九皋进行编辑校对，并借用三河镇一家小印刷厂，正式出版《工商日报（三河版）》16开报纸一张，刊载有关抗战消息，一时间三河镇附近民众都赶来三河，争相购买，了解前线抗战消息。在三河的无锡、常州难民，成为临时报贩，走街串巷叫卖《工商日报（三河版）》，每天销售近七八百份，所携带的白报纸很快用完了，得知这个消息，各家商店将包货的包皮纸无偿捐助给报社，一片爱国热忱，令九皋感动不已。

《工商日报（三河版）》每天将前线各地军民抗击日寇的大小战役等情况都及时报告给老百姓，极大地鼓舞了民众抗战的信心。这时驻守在三河的八路军从事宣传工作的胡干事和衡武认识了，看到报纸宣传抗战，在民众中产生了这样积极的效果，非常赞赏，并希望衡武能参加八路军和他们一道随军投身抗战。但当时家中情况艰难，衡武内心虽然涌动着抗日激情，只能婉言拒绝，他将随身携带的油印机送给了胡干事作为纪念。

3月中旬，日寇从北面大举进犯节节逼近合肥地区，局势日趋紧张，巢县已经沦陷，九皋要衡武带老母家属一批人先行，预定在桐城集合会面，自己负责继续出版《工商日报（三河版）》，和高氏等部分家属最后启程。四名排字工友不能随同撤离远走，便给予路费各自回家了。其间，九皋女婿柏毓文一人前往汉口八路军办事处，找到了李克农，由于不能随军，又只得回转三河和家人一同向西撤离。

《工商日报（三河版）》坚持了三个多月停刊，九皋在撤离三河前，将器材铅字交付给同春和药号店家埋入地下处理，拟战后再来取回。九皋启程出发在汤池镇受阻暂时停下两天，泡了一次此处的温泉，途中疲劳顿觉消失。第三天到了桐城，与家人汇聚，又会晤了许多亲友。后又到达潜山，这里离好友郝耕仁的家不远了，九皋又步行五十里至石牌想拜访郝耕仁以及叶受之两位仁兄，不料郝耕仁已经前往汉口并转至秦陇。九皋非常失望，稍做休息，次日又返回，继续向西，经过太湖、黄梅，达小池口到九江，虽与家人分批行进，因各地的墙壁画有路引标志，之间的联络不至于中断。在西行的公路上，一路上难民与各色车辆缓慢地向前移动。

三、西走流亡道

全家历经艰难，沿途风餐夜露，好不容易到达九江。九皋在九江见到了谭明卿和杜子兴两兄弟，谭明卿尚在病中迷迷糊糊，但是能辨别九皋声音。此次见面匆匆，次日九皋便继续赶往武汉。

抵达武汉，九皋带着全家老小，到了提前来汉口的洪渊兄所安排的住处，大家挤在一起，每天只能马马虎虎填饱肚子。所剩的钱也几乎用完，九皋将独轮车卖掉，又将所带的一箱皮衣送进当铺当了五十多元。全家商议下一步去往何处？九皋根据前线传来的抗战消息，分析了国内战局形势，认为武汉必有一场恶战，于是他确定去常德，如果局势再紧要，即深入湘西山区。

端午节过后，九皋和老母等家人在汉口即乘小轮入湘，历经四日抵达常德，居住在东门外的贺八巷。衡武和华英带着儿子孝源先行去往长沙，找到了妹夫杜翔麟和妹妹程富英并住在他们那里，并希望通过在长沙国民政府任职的妹夫杜翔麟的关系，找个工作以解决养家糊口之急。然而他们等了一个多月，毫无头绪，便只好奔往九皋所在的常德的贺八巷。这时逃难来的芜湖人特别多，随时随地都能在街头碰见芜湖人。兵荒马乱在他乡遇同乡，感觉倍加亲切。住在常德的难民的生活来源，每月除了依靠难民给养外，各人都做点小生意补贴生活，衡武和亲戚也临时摆起一个茶叶摊，虽然利小但多少能使窘迫的生活得到一点补充，全家在异乡的困境中度过了1938年的中秋节。

一天，常德街头张贴布告，内容是国民军事委员会战干团招收青年男女学员。这个战干团成立于1938年1月，全称叫“军事委员会战时工作干部训练团”，简称战干团。衡武看到布告，立即想到自己的四妹，这是一个非常好的机会。四妹已经十三岁上五年级了，逃难的生活让她失去了继续学习的机会。衡武心情复杂地给四妹报了名。五妹被录取后，衡武送她去报到，战干团学员全部住校，实行集中军事化管理。不久战干团开拔重庆，四妹与家人分离。四妹是那批学员中年龄最小的，她在重庆受训时期，宋美龄经常到她们兵团做报告。在战干团结业后，四妹张衡钟被分配到宜昌做小学教师，之后认识了海军驻宜昌兵舰年轻军官王楚生。父亲和衡武都颇感欣慰。

1938年秋。武汉战役失守，长沙难民随着湖南政府纷纷撤离到湘西沅陵，九皋全家老小也开始了撤离行动。大伙搭乘了一只稻壳船，溯沅江逆流而上，沅江水流湍急，沿途有多处险滩，走了近十七天，全家老小才抵达沅陵。全家最先找的住处是一家熊顺昌药号的楼上，但太过拥挤，又只好在沅陵街头卷桥口处，找了一间比较宽敞的房屋，老母、九皋和高氏等全部住在这边。衡武和华英带着孩子仍旧住在熊顺昌药号的楼上。

谭明卿从长沙西来，但是病情逐渐加重，在沅陵下游三十里九矶滩船上不幸病故，终年五十四岁。到达沅陵后即在滩上收殓，九皋得知情况后立即前往沅陵。九皋不由感慨万端，谭明卿是他从事新闻事业二十余年的老友，竟在沅陵滩头长别，始料未及。

不日，九皋清晨入山躲避空袭受寒感冒,不慎多吃了油腻的糯米蒸饭，以致发高烧、咳喘剧烈只能靠在床上不能入睡，家人日夜看护，幸亏得到朋友接济，又送来药，过了一周才开始退热，化险为夷。全家在贫困交加中度过了旧年。九皋夜晚不由吟诗一首纪念这段艰难岁月。

西走流亡道，悲歌处处闻，
墙头题路引，山面识溪分。
堪续邮书命，思穷术数文。
桃源真作客，差幸未离群。

虽然暂时安顿了下来，但是全家的生活还没有着落，仅有的一点钱也难以为继。于是全家各人都拿起看家本领，开始做起小生意。衡武将带来的照相器材，借熊顺堂店铺，打起在芜湖的“太平洋照相馆”招牌，摆起照相摊子。高氏做豆浆、蒸饭、汤圆卖，每天的收入可以勉强维持一家人的生活。一天，衡武所住的熊顺昌药店隔壁突然发生火灾，火势凶猛，幸亏抢救及时，小孩老人均及时逃出，只损失了一些衣物。不久，敌机又开始袭击沅陵，不断投掷炸弹，大批难民又随着难民所纷纷逃离迁移到浦市。

九皋全家老老小小近十人于正月十六日由沅陵搭上运煤的船，行驶三日，到达浦市古镇。浦市依山傍水，深入武陵仙境，有天然的溶洞、防空洞，可谓世外桃源。这里客商多经营本地桐油。浦市街道整齐，九皋全家老小安居在李家弄的一间大瓦屋，同屋居住的有国民党通信兵团军官一家。驻扎在浦市国民党通信兵团的人很多，培训的人员来来往往。在浦市，芜湖的难民仍然很多，为了生存全家继续做起微利小生意，勉强糊口，但终究不是办法。

颠沛流离的异乡生活，九皋老母对南京家乡更加思念不已，以致精神恍惚，常常一个人自言自语，念叨家乡的稻盒、房子和棺材。九皋对时下情景万般无奈，抗战何时结束，还是未知数，全家的生计出现如此困难，必须要想办法解决。家里只有两个男人，自己和儿子衡武。九皋信函李桐村为衡武谋一差事，李立即复函应允，并附一封介绍信，并嘱持他的介绍函到沅陵大业盐公司报道，由经理龚宝强试用。

大业盐公司是上海银行所属企业，抗战发生为免于因食盐问题发生恐慌，由官方盐务局掌管，大业投资公司代运代销。总公司设于重庆，分布湘桂黔川四省，所有大西南地区一带均设有分支机构，雇佣工作人员近千人，资金雄厚，是赫赫有名的大盐商。衡武去了之后，凭着自己原有财务工作的基础，加上这里的工作人员多为江苏人，大家处得来，每月工资有五十多元，工作地点虽离沅陵有五六里路，但是交通有水路、公路，甚为方便。公司的办公室和宿舍都是新建的，非常别致。优厚的待遇，衡武更加勤奋地工作。衡武在沅陵大业盐公司的工作和生活安定下来后，全家有了稳定的收入，九皋松了一口气。九皋也戒掉了因为治病而吸食鸦片的坏习惯，身体发生了变化，体质增强。“以前种种，譬如昨日死，以后种种，譬如今日生。”九皋开始反思自己的人生，研究起阴阳五行的玄理。心有寄托，睡无梦幻，犹如仙境。

在浦市安定不久，一日九皋给秦陇的友人方定中等写信，欲探寻得到郝耕仁的通信地址，连去了两封信函，一直未有回复，三月后突然收到翟光炽由重庆寄来《新民报》一张，刊有张恨水悼念郝耕仁的短文一篇，始悉郝耕仁病故凉州，九皋哀痛不已。九皋与耕仁相处最久，相知最深，哀痛之余，九皋诗以哭之：

君入西凉我入湘，音书阻断探无方。
忽报故人亡绝塞，遥怜老友又报荒。
海上怒涛吞落日，陇头呜咽泣残阳。
廿年相处情如水，今日悲君泪几行。

郝耕仁于甲戌乙亥年间曾作陇东之游，那时候张东野在该地任县长，历年余始回芜为皖江、工商两报副刊写稿，遂以西北为背景，文章发出后，市人争相阅读。其后张恨水，也作秦陇之游，写下小说“燕归来”。

1940年春，九皋以新闻观察家的头脑，分析当前时局，并预言太平洋上风波难免，只有时间迟早的问题。惟敌机时时肆虐辰溪，而浦市上空为必经路线，加之敌机轰炸沅陵，伤亡惨重，芜湖流亡难民多有伤亡。人心恐惧，所以每次遇到警报，均往郊外躲避，附近有两座天然溶洞，近的是猫耳洞，远者为狮子洞，可容数千人安全的防空洞。有一位芜湖医士，曾因在巢县空袭时候伤及腿部，故而胆怯，唯恐空袭来不及躲避，每日清晨早餐后即入猫耳洞静坐，至傍晚始回，同道者亦有多人。九皋每逢空袭即去郊外一游，来往必须经过清吉坪，此处先后为国民党战干团及通信兵团训练操场，日久溪中游泳之鹅，也从而学步，一次，他亲眼见到四只鹅排成横队，间隔距离均匀步伐整齐，向前迈进，历时约有一分钟才散队归家。九皋后曾有一首诗描写此情此景：

十年前事去如烟，一梦惊回研太玄。
清吉坪中新斗士，猫耳洞里活神仙。
摩空荒鹫魂将断，学步灵鹅眼独鲜。
人物苍云都是幻，无心谁识兆机先。

1940年，九皋的侄儿张衡山在当时的国民党政府难民所谋得一份工作，并携全家和一批难民辗转来到宜宾，在宜宾农丰局工作。此时与曾在南京认识的中共地下党徐祥达重逢，张衡山办报的想法得到中共宜宾中心县委的支持，因芜湖有办报手续，便于1940年8月13日在宜宾复刊《芜湖晚报（宜宾版）》，后又在云南成立昭通分社，张衡山担任芜湖晚报社社长，同时兼任本埠新闻和副刊编辑，报社也成为中共地下党组织的联络点和宣传平台。“皖南事变”后，因经济和政治原因，《芜湖晚报（宜宾版）》被迫停刊。

四、服务大众办粮运

1941 年初春，九皋在浦市住了近一年时间，虽然生活起居均已经习惯，但心中却始终惦念着前方抗战。

不久，衡武来信说重庆的总经理李桐村要来沅陵，希望能与九皋见面谈件事情。此时大业盐公司在沅陵早已经投资成立源昌米号，除贩运常德、桃源粮食外还代客加工。经理高治中是南京人，米号设在沅陵街上，九皋仔细考虑了一下，决定去看看。高治中见九皋精神矍铄，态度和蔼，内心非常高兴，一番交谈之后非常投机。高治中说他过几天就要去常德采购壳米，想请九皋去太常村的米厂照应，九皋一口答应下来，农历五月进厂，天气已经很热了。这个厂的厂长是高治中的侄女婿马国恩，会计是高治中的外甥王海龙，办事处设在城内圣宫坪，由高治中的胞侄高叔瞳主持。九皋在厂里初期只是学习，没有多少事情，一天李福臣要九皋：负责卖零米的人生病了，请你代替。九皋自然答应，第二天一早天刚刚亮就上班，来买零米的都是当地的农民，时下青黄不接有点闹粮荒，厂里出售零米含有救济的意义。所以定价便宜，售数也有限制，只能几升至多二斗，九皋一个人应付这样的局面，收款、记账，手挥目送，经常要忙到天黑，等结算完售出的米数糠数与收入钱数两比符合，才能交账，所收的货币是角币镍币，也要整理过数，油灯暗、蚊虫叮咬，这样连续忙了一周。不久因为零售米的厂家又增添了两处，粮荒减轻了，九皋工作才逐渐轻松。时隔两天高叔瞳带来一张便条说高治中从常德来电话，请九皋到常德接替他的工作，车票已经买好，要求九皋做好来城准备。九皋心里已经明白了这一个月的光景，就是考验他的工作能力的情况。

九皋坐汽车到郑家驿下车，改乘小轮赶到桃源，到达时天色已黑。这是按照电话里约定的时间地点。高治中立即将两封介绍信、支票簿和公司印鉴全部交给了九皋，又和九皋谈了公司运营的大概情况。次日高治中回到沅陵，九皋到常德赴任。

九皋到达常德食宿都在大业公司，因为避空袭上午过沅江在乡间办公，下午回城（大高山巷），高治中给九皋配了两个助手，一个是桃源翦家溪人姓向，一个是常德本地人姓陈，负责采购壳米以及装驳船的任务。九皋很清楚自己虽然是代源昌高家帮忙，但滨湖是大后方的粮仓，敌人何时进袭不可预料，必须尽自己的力量，能多运一石米进入山区，多少对人民有点帮助，九皋始终坚信这点，丝毫不放松做着抢运的工作。接连着三个月工作都非常顺利。这时秋收登场，正可大量购运，但是军粮当局即于此时实行一种政策，定于九月一日前一天，赶运过了封锁线，以后即停止采购一粒壳米，沅陵各米厂以及各学校采购的食米，大多数未及运走，还有不知道进退的糊涂人，依旧大量采购，以为有护照没有关系，结果所有河下装船的米粮全数被公家照官价收了去，而官价比较市场价只有对折，沅陵米商吃了很大亏，只有源昌米号没有吃亏，九皋将剩余款买了十桶油，个人买了二石米，心定神安地到了沅陵。高治中和沅陵米厂的大经理，不由对九皋刮目相看，钦佩不已！

九皋在沅陵住了几天就带了二石米，回到浦市，解决了家里口粮问题，这也是三个月的收获。在浦市休息数周，想起抗战胜利回到芜湖，《工商日报》复刊的问题，以防有意外的阻碍，必需早作准备。立即写了三份呈文，两份分别寄给重庆国民党当局宣传、内政两部，一份寄给皖省政府，内容是报告工商报撤退经过，主要目的是为将来的复刊安一个根，重庆方面不久有批文寄来，而寄给皖省政府的报告如石沉大海不见回复，九皋对此始终心存疑虑。这是后话，暂行不表。

隔了两天，九皋接到高治中的电报催促他去沅陵，说有事面商，九皋到了沅陵见到高治中，得知军粮局对湖滨粮食抢购抢运已完成，即行可以开放，因此沅陵各米厂米商正共同筹备组织一个“人民粮食公司”，等正式开放即往常德、桃源抢购抢运，以救济民众的生活所需粮食。对于购运股兼常德办事处主任一席，大家想请九皋担任，所以事先征求九皋的意见。九皋欣然接受，规模大、力量雄厚，这正合九皋内心中的志愿，就是能多运一石粮食进山，在敌机轰炸中，就能保证老百姓少几个人挨饿。粮食公司筹备完毕，只等开放的时间确定下来即可运营。

九皋自从上次看准时机，以快速有效地抢购、抢运壳米之事，在沅陵当地一时名声大振，不少商人前来找九皋，请他出谋划策。其中有几个商界朋友，找到九皋一再邀请他到桃源漆家河去一趟，视察一个铅矿能否开采，九皋答应随介绍人跑到漆家河逗留了几个小时，又乘夜班船回到桃源，再坐小轮往常德看看情形，三天后他又到了郑家驿候汽车，车少客多至少要等候五六天才能走，而且必须天天到车站等候班车消息，这时已经是1941年11月间，有一天在车站看到板壁上贴着《沅陵中报》号外，知道太平洋上战争爆发，日本海空军袭击了英美重要的据点珍珠港和新加坡，九皋在浦市的推测应验了！九皋为自己对时局的分析如此准确而非常兴奋，共等候了七天时间才坐车回到沅陵。对于铅矿的调查，结果是请这几位商人不要开采。以后报纸上记载美英大败，日本席卷南洋。

到了12月，军粮局宣布来年2月1日正式开放滨湖粮食，沅陵“人民粮食公司”也正式成立。九皋信心满满走马上任，他找了一个青年助手担任会计，县政府也委托九皋代发上运粮食的护照旗帜，以便管制统计数字。同时九皋又兼代沅昌、祥泰两米厂驻常德的庄客，一切准备妥当，九皋带了助手，先行赴常德筹备组织办事处，其他职员则由公司分派及在常德添雇熟手，在2月1日开放前赶到集中，以便到期积极迅速地开展购运工作。

1942年九皋在常德度过了农历新年，对于异乡生活九皋已经很习惯了。现在他在常德一心一意地为“人民粮食公司”的运营做好前期准备工作。年后所有准备工作都非常顺利地完成了，在正式开放的第一天，第一批粮食就在当天起运。从这一天开始，九皋每天从清晨工作到半夜，所有沿沅江的险滩，各种帮船的性能，他都摸得清清楚楚，印在脑海里。在九皋手里，没有一只粮船失吉出险，还代信托局做了一宗好生意，每只船均保有水险。九皋业务精益求精，事事公开，对同仁诚信相孚，所以工作得心应手。当时敌机散过一次鼠疫细菌，全城大闹鼠疫，并且蔓延到桃源乡间，死了不少百姓。全城开展捕捉老鼠，经过解剖百分之百都有鼠疫，大家注射了防疫针，九皋第一次亲身感受到鼠疫的可怕。

让九皋更感到痛心的事，是孙儿孝源早两天得了伤寒症，这是感染上了日寇从空中投掷的伤寒细菌，华英带着孝源住进宏恩医院。此时九皋在常德的粮运工作正好开始，自然无法返回沅陵，只好在电话里一再嘱咐、叮咛妥慎治疗，千万不要出院。孝源久久不能退烧，华英恐慌，急得又出院找到芜湖中医张文景诊治，住在沅昌米号。一天忽然又空袭警报，华英怕飞机轰炸，抱着孝源往后山防空洞，警报解除后，抱着孝源刚回到沅昌米号，孝源忽然呕吐黑水，华英又急着抱孝源过河找湘雅医院求诊，但抢救无效夭折，时年仅六岁。

此时九皋在常德的工作告一段落。不久，“人民粮食公司”的经理黄汉云及其随从来常德，黄平时生活糜烂，周围一批随从非嫖即赌，九皋心知这种局面自己无法扭转，决定洁身而退。便告假回沅陵，等到假期已满，即向粮食公司董事会辞职。粮食公司没有同意并一再挽留，九皋以老母年迈为由坚决不愿回常德。三个月后人民粮食公司工作停顿下来，黄汉云也垮台了。

高叔瞳在九皋尚未回沅陵前，就发起开设稻香村糖果茶食号，并在老棚街租了一所三开间门面的新房屋，正对着民众大戏院，是最热闹的市区。他非常赏识九皋，并要九皋做经理。副经理沈君是内行又是南京淳化人，是近同乡，九皋实在无可推托只好出任经理。店面装潢很讲究，有各式各样的玻璃橱窗，摆满了各色糖果的玻璃瓶，吊着电风扇，非常堂皇，在湘西山区可算得首屈一指。柜台对面必须要两块站牌才好看，九皋顿时兴起，在两块站牌上，分别题上联“姑苏味美”和下联“含英咀华”。稻香村的美味茶食发源于苏州，写得似乎还恰当，最妙的是八个字嵌着四个“口”字。在七月中间，有两位先生对着两块站牌看得出神，九皋不由会心一笑。这两位先生或许已经知道了其中藏着一个不可思议的典故！九皋对茶食业虽然是外行，但学习了一两个月就成了里手，柜台上买卖稍有错误，立即可以发现，其精气神足以控制全店里里外外的大小事情。中秋节售出月饼二十多担，其他货物也卖空了大半，农历年更是将货物卖空。九皋每天清晨起来就一刻不停，要忙到夜晚十二点才能入睡，偶尔半夜还有烟赌鬼来敲门买糖食。除夕九皋又忙了一整夜，等将账目很清楚地交给高叔曈后，他表示不愿意再干下去了，要辞去工作。九皋终于卸掉这个包袱，全身轻松地很快度过酉水，走回太常村家中过年。起初，高家叔侄对九皋辞职还怀疑有所企图，后来知道九皋是真的不愿意干。于是将稻香村盘给他人经营，以后范围缩小，业务不振。可见无论何事总是事在人为。

九皋回到沅陵，到了季夏，高治中又想出新花样，预备迁一部机器到芷江去开分厂，以预防敌人进攻滨湖粮仓。高治中再三邀请九皋去当经理，全权负责，九皋考虑到当前抗战，粮食毕竟涉及民生大事，就答应帮助开办。到芷江考察后，九皋举荐了自己的大女婿柏毓文负责具体事务。九皋住在一个很大的房子里，还有四亩地的一座果树园，里面种了许多菜，非常清静。九皋感觉颇佳，天天读书诵诗，经人介绍认识了一位朋友名费缉，他是北平人，专门研究相法。在费家又认识了沈子修，沈遭受过一次回禄之灾，栖身桃花溪的一所破庙里，过着极艰苦又快乐的生活。

秋季，敌人大举进攻滨湖粮仓，铁蹄踏入桃源县城以及漆家河一带，整个沅陵震动，纷纷西迁。九皋在芷江，没有回沅陵。九皋判断敌人是不敢继续深入的，因为他们兵力不够。南洋战争还在继续，除了只想扰乱粮仓以外，绝不会将强大的兵力留置在这个不大重要的地区，更不会深入山区。九皋回想在常德时，大街小巷以及四郊都已建筑工事，纵横分列，密如繁星，如果坚守，是足以阻碍和打击敌人的。

常德保卫战之后，敌人虽然攻陷了常德、桃源，但很快就撤退走了。在激烈的常德之战开始，芷江也起了骚动。九皋经过分析后，力劝身边几位朋友，不用慌张西迁。

到了冬季九皋回到沅陵，与高治中商量解决分厂的问题。正巧祥泰米厂的经理吴燕亭知道九皋回来了，立时就托朋友找到九皋，希望九皋做芷江分厂的经理。九皋仔细想后答应接任祥泰的经理职位，吴燕亭也答应补偿九皋离开高家在沅昌所租用的房子费用以及其他的损失。九皋征求了高家的同意后，就与吴同车到芷江，一面接任祥泰的经理，一面办完沅昌的手续。吴燕亭方面不仅没有了有力的竞争对象，还拉拢了九皋做了他的经理，开始向他预期的方向发展。

1944 年，九皋应吴燕亭的邀请正式出任芷江分厂的经理，但是他对于吴燕亭观察得十分清楚。吴燕亭虽聪明，但是野心太大步骤太乱。所以九皋对芷江分厂的事全神贯注以外，也随时注意沅昌总厂的情形以及吴燕亭个人的动态。

不久吴燕亭又先后增设了辰溪、溆浦、桃源三处分厂，上自芷江下迄桃源，主要业务是代碾军粮、代发军粮，每一分厂又有支厂随处可以拨粮。九皋认为，总厂中没有一个有才干的人能帮助吴，全靠吴一个人运用调度，迟早肯定会出问题。上半年业务真是兴旺极了，九皋已经想好托词准备告退。可吴燕亭对九皋重视到无微不至，在九皋初接任芷江分厂之时探知九皋的生日，特备寿桃寿面并在酒馆里办了一桌丰盛的酒席，为九皋祝寿。当察觉了九皋的思想动态后，又一声不响地派人将高氏从沅陵接来，等九皋知道时已经来不及阻止了。情不可却，九皋只好硬着头皮继续干下去。

到了下半年，情形开始不对了。随着业务越来越好，一些贪得无厌的湘西贪污官僚、各种资本家看着眼红，借故横敲竹杠，形势凶险，分支厂的同事被打、被押的事情接踵而来。有无数的黑手从黑暗中伸过来，横也要钱，竖也要钱，软硬都有，手法不同。九皋竭尽智能，侥幸渡过重重难关。到了阳历年关，九皋写了一副春联贴在大门上，

“足食足兵”越战越勇，意思就是反面说，你们这帮东西，领了军粮去转手就卖掉若干，食既不足，兵也不足，既不能力战，更谈不上勇了！

这时芷江机场扩大了。这个机场始建于1938年1月，机坪占地二千余亩，盟军东方的第二大军用机场，对捍卫大西南后方具有重要的军事地位，被蒋介石称为“西楚咽喉”。从清晨到天黑，空中飞机成群结队来来往往地飞个不停。而敌机也从一架到三四架，天天来夜袭。九皋是足足跑了四个多月的警报，每天吃过晚饭后，各处锁上门，听到空袭警报，提着防空袋就向预定的地点快跑。九皋天天能看到一幕幕声光交织的奇景，先是隐隐约约听到敌机的轰鸣声，以后地面一片漆黑，万籁无声。等到敌机接近机场时，四周无数曳光弹，直指敌机上射空中，跟着高射机枪的声音，震山沸地，同时敌机也万分紧张，速度加快，炸弹像倒垃圾一样，轰隆隆地倾盆而下，又飞快地逃走了，有时候有火光，有时候又没有火光，有时候被打下的敌机会燃烧很长时间。这样的奇景，九皋几乎经常看到，后来他索性睡在地上闭住眼睛，静候解除警报再回厂里。

1944年，国民政府在重庆召开全国性报业协会成立大会，九皋写信函委托在重庆的侄儿张衡山，代表《工商日报》和《芜湖晚报》参加这次大会。张衡山在这次大会上被选为监事，当时的中央社播发了会议消息和名单，影响不小。

九皋非常思念在外已三年的儿子衡武一家，因为自从衡武进入大业盐公司之后，工作地址多变。九皋在知道衡武到了长沙附近宁乡售盐区，敌人尚未发动进攻粤汉湘桂铁路线之前就写信给他，叮咛嘱咐：如有危险必须向西绕回沅陵，最好先将华英等小孩送走，好最后迅速撤退，切勿沿着铁路线南走。等到长沙宁乡沦陷之时，九皋预计衡武一家应该已在回沅陵途中了。一日，九皋因有事从芷江回到沅陵，车经过辰谿，遇到一个熟人，才知道衡武一家已全部抵达辰谿。衡武赶到了车站，离别三年多，父子今日又重聚，九皋尤感欣慰！衡武这三年，从衡阳到柳州，从藤县到洪桥，又借调到广东韶关，转而又去长沙，至宁乡、赶赴乾城，几次在押运、销售盐的过程中差点丢掉性命，历经艰辛曲折。

到了农历年底，芷江米厂的工作告一段落，九皋将自己经手的事件给陈副经理交代清楚，回到沅陵，并坚决向吴燕亭提出辞职。衡武带着妻儿迁移至所里，因湘大业盐公司已经迁至该处，九皋的外孙女龙吟在乾城八中女生部读书，乾城、所里两城相距很近，九皋与老母、高氏三人在沅陵度过了流亡生活的最后一个年。

第四章　重振报业雄风

争取一分一秒的时间，报告社会上急于先睹为快的大众，以尽报人的天职。——张九皋

一、胜利回故乡

1945年，新的一年开始了，九皋卸掉了米厂的经理职务，身心轻松。他所住的地方是小楼房的一角，很幽静，隔壁邻居是商务印书馆的书库负责人，也是芜湖的熟人，所以他经常去邻居家借书看。但所住地方因距离祥泰总厂很近，故而吴燕亭时常要九皋到总厂帮忙。到了三月里，吴燕亭又来找九皋说他有一批白糖要运往贵阳出售，沿途只要保证数量不出问题即可。九皋拗不过他的请求，自己也正想到贵阳去看看，就答应下来。但是在去贵阳途中为了雇车、换车，耽误了一个多月才到达，一路上九皋时时思考干支奥义，想通了其中的许多疑难之。九皋还推测第二次世界大战不久就可以结束。日、德、意三个轴心国等于三足鼎，意大利早已垮台，无疑折断了一足，苏联大军向德国进行反攻，英美大军在诺曼底登陆，两面夹攻，攻入柏林在望，希特勒将会很快垮台，剩下日本一足，自然不能支持多久了！等九皋到了贵阳龙洞堡，赶快买了一张当天的报纸，就看到了苏联红军进入柏林、希特勒自焚的消息。

九皋到达贵阳的时候，正是敌人发动最后一次攻势，雪峰会战紧张的阶段。敌人企图进袭芷江，消灭中国空军前进基地，湘西各地震动。衡武数次电函催促九皋回沅陵带同全家迁居所里。九皋内心非常镇定，发函电叫他放心，断定敌人绝不可能翻过雪峰山。因为九皋沿途看到每队以四十辆左右吉普卡汽车组成的车队，日夜不断地向前方输送兵员、马匹、弹药粮秣，晚间在山下迎头遇着的时候，车灯一齐开放，在山上盘旋，百数十条灯光照射，恍如游龙，非常壮观。日间遇着是车灯障天，每过四五分钟，天空中就有一架运输机飞过去，估计这种势头和力量，足以挡得住敌人的攻势，更何况敌人的力量已经是强弩之末。果不其然，不久敌人就全线溃退了！

九皋在贵阳住了两个月，所有的报纸杂志每天都看一看，可谓大过其报瘾。他站在大十字街头，看到从最原始的交通工具，逐渐进步到最新的交通工具，觉悟到古今的距离其实是很近的。

九皋回到沅陵已是七月。回到家他首先向老母报告说：我们真的就要回家了！老母听到这个消息开心得笑了起来，这是流亡以来，九皋第一次看到老母的笑容。九皋立即发信函给衡武、衡山、毓文、善源，征求他们对回芜湖复刊《工商日报》的意见，以便着手准备。

8月上旬，报纸上登载苏联出兵东三省，敌人的关东军如秋风扫落叶。接着美军在广岛、长崎投下两颗原子弹。形势迅速变化。10日晚上吃过晚饭，九皋正在桐油灯下写信，高氏和邻居望着酉水谈心，听到城里面发出连续不断的爆竹声音，高氏走进房间问九皋，九皋毫不犹豫地回答她：日本鬼子投降了！如果不信你可以在楼边候着，看到路上有人从城里来，问一声就可以证实了。隔了几分钟有两个人手持火炬经过楼下，高氏向他们询问，楼下的行人大声地说：日本鬼子宣布无条件投降了，城里报纸都发了“号外”了！不一会儿街上的爆竹声就震天响。

九皋兴奋极了，整夜思来想去睡不着。自从抗战流亡至今所有的艰难和各种经历，一起涌入脑海之中，感慨万千。九皋立即赋诗一首：

万里关山鸟道通，流人征途走西东。
车尘曲迹迷黄野，机影横斜响碧空。
广岛长崎投辐射，雪峰洞口扫残戎。
八年苦难真堪记，一夜狂欢遍域中。

九皋先后接到毓文、衡武、衡山、善源的复信，他们对《工商日报》复刊均提出了各种建议。毓文自告奋勇愿先行回芜湖，筹备复刊工作。九皋写了全权委托书，并将一切手续办好，又另致芜湖其他朋友几封信，以及之前和《工商日报》关系密切的工商界人士，请他们出面由商会组织集资赞助复刊。皖江日报社谭明卿已病故，失去重心，所以九皋与谭焕章、谭邦杰、舒氏国桢商讨先出皖江工商联合版。《皖江日报》复刊的事情一直在九皋心里，芜湖沦陷后，《皖江日报》即被敌伪接受，改为《芜湖新报》，复刊有很大困难，所以先出联合版是一种可行的路径。

这时吴燕亭已经垮台，因为军粮部分要结总账。吴燕亭先被软禁，后送法院总厂，所幸吴燕亭平时为人慷慨，人缘不错，弥补过错后被释放。在沅陵这几年，九皋与李维强、张香谷、陈干生医师等时常往来，他写有一首诗赠给陈干生，从中我们可以看到那段时间他的一些经历。

漂零黄草尾，愁对凤凰山。
沅流无日夜，地险有雄关。
逐客谋生计，相将集市阛。
我作粮食业，往来百溪湾。
君医推独步，著手妙人寰。
好景何须记，江乡梦里还。

回乡准备就绪，九皋计划是函约在辰溪的大女儿衡钧，确定在长沙相会。九皋等候衡武从所里来沅陵，即搭乘大业盐公司的船到长沙。离开沅陵的时间是11月上旬，九皋想在12月6日以前回到芜湖，因为他最后离开芜湖时就是12月6日！从沅陵到长沙共走了十多天，船到了江边不久就遇到了大女儿衡钧和洪朗齐，他们已经买好次日到汉口的小轮船票，九皋也立时买票搬上趸船。衡武一直想回芜湖，归心似箭，已做好了回去的一切准备。这时正巧四妹衡钟和妹夫王楚生从汉口发来电报，那时王楚生已经是同心兵舰大副，电报即日同心舰到南京，要衡武从长沙快来汉口搭乘同心舰回芜湖，接到电报衡武立即辞去了职务，携妻女乘小轮赶到汉口，可是到了汉口同心舰已经开走，衡武只好改乘带拖的木船赶回芜湖。这时重庆及大西南一带，大批流亡在外的人南下，交通工具尤其紧张。这个带拖木船的小轮只买到一张铺位，安排好孩子睡下，衡武夫妻就只能靠在边角。而此时华英已有身孕，在这万分窘困之下，一位青年主动让出床铺给华英躺下，他自己则坐在船舱角落，又到前舱提了开水送来，其热忱助人精神，使衡武、华英感动不已。经过了四五天时间，他们终于平安抵达芜湖。

而九皋一行向汉口进发，在汉口住了三天，想搭乘大轮几乎是不可能的事情了，班轮票很难买，只好打消念头决定乘木船了。九皋和老母、高氏等一行上了木船，人多船小，很不舒服，行船三四天，不是雨阻，就是不顺风，10月2日中午才到武穴，九皋心想原计划的时间估计不能达到了！大家上岸买点小菜，正准备回船，突然船家赶来说，风势已顺，九皋心弦为之一振，催促大家赶紧上船。只见木船扬帆东下，到了晚上，不觉已经行驶了四五十里，九皋站在船边，看着船舷边滚滚长江波涛激起的浪花，内心思绪万千，想起了他第一次从上海乘坐轮船到芜湖谋生的情景，一转眼近四十年过去了。10月3日，天色微明，还是顺风，午刻即抵达浔阳，大家又上岸买点瓷器，耽误一个多小时才开船，晚上到达湖口。10月4日，江风更好赶到东流。10月5日的风虽然是顺的，但是不过大了一点，上午九时到安庆，船上有人要上岸买胡玉美的黄豆酱、酱菜，耽误了一个多小时。船家挂着满篷，在江面上如飞下驶，九皋感觉有危险，一面注意船舱左右的重量，一面招呼船家，要他将风帆下降三分之一，但是船家连连说不要紧，还嘲笑九皋胆子太小。就在说话这一刹那，九皋已尽力催促家人向右移坐，突然一阵狂风吹来，压着篷帆向左边倾侧，间不容发，所幸船家以及搭船的内行手脚迅速，立即松绳篷帆降落下一半，才转危为安。以后风势渐小，却没有按计划到达大通，而是在上游十五里的江滩停泊，岸上没有人家，水上也没有其他船只，九皋提心吊胆一夜未能入睡。天明，开船不远遇着岸上的武装人员，要船靠岸检查，可看到船上全是老小的难民便放行了。到了傍晚六七点钟风势减小，已经能看到一片灯火，芜湖在望了。九点到了江边，因为还在戒严不准靠拢岸边，直到天明九皋终于踏上阔别了整整八年的第二故乡——芜湖。

回到芜湖，九皋暂住在长街三圣坊祥和号衡和侄处，忙着拜访亲友，其愉快心情无法形容，九皋感到这次重新归来，可以说是重生。工商报社的旧址之前被璇宫饭店占用，但璇宫饭店已让出一部分房间做筹备处。不久，九皋又将老母和高氏送到南京乡下。一切安顿好之后，九皋返回芜湖度岁，正好张恨水过芜湖赴北京，九皋留他在报社居了一晚，两位阔别许久的老友，畅谈一夜甚快。流亡多年，九皋感慨之余，不由写下一首诗，记下他回芜湖一帆风顺的奇迹。

流亡迹象未模糊，胜利归来仍故吾。
莫道人生无命定，一帆风顺下芜湖。

二、恢复工商报

抗战胜利之后的芜湖满目疮痍，九皋大女婿柏毓文先行到达芜湖负责《工商日报》的筹备工作，并牵头具体负责。在经过和璇宫经营者的谈判交涉下，房间暂时让出了一半，印刷机器之前被璇宫饭店移置在亚东印刷所，铜炉铸字模在撤离芜湖时存于长街张恒春药材堆里，完好无损。只有运往三河一批铅字器材均无下落。之后衡武到南京添置铅字及四开小圆盘机等，同时将《工商日报》抗战期间所有遭受的重大损失上报给国民政府，期望得到官方的认可和一定的补助。

《皖江日报》的谭邦杰回到芜湖后旧病复发，终日在鸦片馆里抽大烟，既不来报社，又无能力、勇气与侵占原皖江日报社器材的《大江日报》方孝宏等人斗争。九皋再三劝告谭邦杰应该振作精神，将《皖江日报》被敌伪所侵占的器材收复，并约定联合版为过渡期，一年后两报再分别单独发行。九皋一片热忱和对《皖江日报》高度负责任的精神，工商界人士赞叹不已。

一切筹备就绪。九皋任社长，柏毓文和谭邦杰分别为副社长。报社下设：编辑部，包括收报电台；活版部，包括排字印刷；经理部，包括广告印刷；订阅部，发行报纸；会计及总务。由柏毓文具体负责，九皋不再过问具体事务，总编辑为张大荒、经理为张衡武。谭邦杰日处醉乡，屡劝无效，九皋只好听之而已。报社其他工作人员大半数都是抗战前报社的老人员组成。1946 年 2 月 6 日，《皖江工商报联合版》正式复刊，为对开大报。复刊七日后，安徽省党部突然令县党部转县政府，大意皖江、工商两报不准复刊，也没有说明任何理由。九皋愤怒已极，一面到南京向宣传部东南办事处申诉，做最坏打算报纸照常出版，等他们来查封，或者勒令停版。结果宣传部连来两电，一封电系有线电拍发，一电航空快递寄，文意相同，就是“准许复刊”。九皋立即将这电报在报上刊发。方孝宏企图阻止九皋复刊的阴谋失败了！

不久芜湖先后出现了由国民党、中统、军统、国大代表等出刊的《大江日报》《复兴日报》《火炬日报》《警光通讯社》《扫荡报》《中央增刊》等大小报刊，这些报刊后面都有各党派人员，他们别有用心和企图，尽干敲诈勒索卑鄙猥琐之事。

而《工商日报》秉承一贯的“为民众服务”办报思想，内容以工商经济为主，刊载国际国内新闻以及地方社会新闻，在市民商界中声誉卓越，读者对《工商日报》尤其尊重和支持。所以广告与发行数量方面在各家报纸中遥遥领先。由于民办报纸言论颇为谨慎，担惊受怕，时刻会有意想不到的麻烦事情纠缠。一次采访社会新闻的记者刊登“军官大队买卖不给钱”短小新闻，且刊在并不明显的版面，之后就招引了大事。

6月7日中午，报社人员正在吃中饭，国民党军队驻芜湖20军官总队中的特务率领一百多名暴徒手持木柴棍，突然蜂拥冲进工商报社大门内，逢人便打、遇物即毁，印刷部所有字架被全部打倒，从大门一直打到后面厨房，除已经从后门逃出一部分人员外，大门营业部人员均被打受伤，报社内一片混乱，被打得头破血流的重伤者四人、轻伤五六人，当时即送往医院救治。一时社会舆论大哗，纷纷谴责这一流氓行径，各家报社印刷工友均自动前来帮忙整理散乱的字架，社会各界人士均亲临报社慰问。在社会舆论的压力下，20军军官总队大队长陈长捷亲自带了医官前来慰问道歉，总队还派了专员来洽谈善后。报纸仅仅停刊一天，第二天出了半张报纸，第三天就恢复了原来版面。报社新闻对被打砸捣毁一事只字未提，只说机件发生故障停刊一天。方孝宏之流的阴谋又失败了！《皖江工商报联合版》只停刊一天就复刊，完全出乎了他们的意料。这件丑恶的暴力事件，就是当时发生在报界有名的“六七事件”。当时上海《文汇报》和《大公报》先后登载这件打砸工商报社的事件，但是具体内幕并没有揭露。

这样的事情还未结束，隔了两个月又来了一个更大的阴谋，就是纵火。一天晚餐之后，前进璇宫饭店人客和后进报社的职工往来正在繁忙的时间，有人企图将有硫黄味的发火物投入报社装油墨的库房，但错投进了隔壁的空房间内，而且发火物落入一只篾篓中，九皋正从外面回到报社，走进大门看到后面烟气弥漫，心知有异，后面的工友业已发觉，立即扑入房内，将燃烧的发火物连篾篓抢出，多人将其踏灭，才免遭这次火灾。

由于《工商日报》刚刚恢复之初，经济方面虽得到商界朋友支持，但工人待遇等诸多事情还不尽如人意。有人唆使少数排字工人罢工，要求改善伙食增加工资。后来商会出面调解，才妥善解决。之后，报社又被警察打毁了发行部的器具，敲碎玻璃，之后赔偿了事，同时被打的还有复兴报社、大江报社及参议会，风潮闹得很大。芜湖已经酿成动不动就打砸的暴戾风气。

九皋对此深感无奈，气愤之余题诗一首：

自由言论亦堪衰，意外三遭打击来。
百折千磨还一笑，是何尤怨费疑猜。

并加按语：(丙戌二月六日，工商报复刊后一周，省方竟有不准复刊之令，至六月七日，又遭军官队有计划之彻底捣毁，重伤职工四人。停刊一天，丁亥四一八后遭警察捣毁，又有一次纵火未成，企图焚毁全社。)

《皖江工商报联合版》在经过一年的运作、发行后，谭邦杰已离开报社，《皖江日报》复刊已无可能，1947年初，九皋决定《工商报》[①]单独发刊，这时占据部分工商报社房屋的璇宫饭店已经搬走，进出报社的人员少了很多。

当时报社人员有五六十号人，除老人之外，其他人员来自各地，其背景面貌都不十分清楚，编辑部及电台、活版部排字房，都有各种背景，有参加反动组织，也有地下党进步人士，报社里各类人物进进出出。为了报纸安全正常出版，凡是常来报社有公开身份的中统、军统、国民党骨干小头头，柏毓文就以打麻将、打扑克为由，打发过去，还有一些不速之客，以不公开身份出入编辑部与电台室。无形之中工商报社成了各派政治活动的中心。抗战胜利之后。芜湖地方各种小报也先后出现，大型的报纸有《大江日报》《复兴日报》《火炬日报》《民生日报》，小报有《国事快讯》《幸福报》《芜湖晚报》《安徽民报》《京芜晚报》等，除了大江、复兴、火炬这三家是自备印刷外，其余都是委托代印。在这些报纸中，不少都是国民党军政界相互勾结、相互排斥的产物。

《工商报》作为民营报业所受的限制还是很多。九皋始终坚持自己一贯的办报宗旨，为民生把握好分寸，主要版面以工商经营、各种商业行情为主，除了转载国际国内电讯之外，在四版副刊中开辟了苗辰

①1947年，《工商日报》复刊后更名为《工商报》。

主编的“草原”周刊、垦荒文学社的“垦荒”周刊、安徽学院教风社主编的“江天”周刊。其中，总编辑张大荒主编的“长街”和“街头巷议”等一些专栏，颇具特色，其贴近民生、针砭时弊的言论和杂文，深入市民心声。副刊登载的文学作品形式多种多样，有小说、戏剧、散文、诗词、杂文，有些作品具有很高的文学、艺术价值，多为积极进步之文风。《火炬日报》副主编吴道钧是中共地下党员，自己常常因为有一些进步的文稿，一些新体诗不敢在《火炬日报》上发表，丢掉也舍不得，于是找《工商报》的好朋友张衡武，希望能在《工商报》发表，衡武便找到主编张大荒，张大荒一看文章心里清楚，但不露声色，授意衡武负责，这些进步诗歌在《工商报》副刊陆续刊载出来。

6月24日，即农历五月十八日，九皋在《工商报》副刊亲自编辑一种不定期的专栏“陶塘”，专载旧诗文词曲，第一期为张于湖专号，因为这天是张于湖移祀赭山桧轩之日，亦有纪念芜湖先贤的微意。九皋在第一期作诗一首《陶塘歌》为开篇。

风景话陶塘，陶塘本姓张。归来堂没后，几度话沧桑。
昔为吟啸地，今成喜乐场。趋世迎纸醉，得势挥金狂。
残梦迷蝴蝶，昏饮羡螳螂。芙蕖存数朵，杨柳列双行。
留春春不住，消夏夏偏长。祠供仙翁葛，轩传山谷黄。
咏高摇健笔，才短搜枯肠。登楼纵远目，山水绿苍苍。

此后芜湖不少诗词爱好者，纷纷写诗作词寄到报社发表，造成芜湖从来未有的诗文词曲的浓厚氛围，形成一种芜湖地方文化现象。

因为《工商报》不论商业行情还是电讯新闻都以最快的时间告诉大众，副刊里的文学、小品和各种文体又适合了不同文化层次的需求，于是在众多的报刊中深得市民喜爱。到了1948年初，《工商报》发行数量已经达到四千份，为芜湖自从有报纸以来最高的数字。就在这个时候，南京国民党政府派来一个名叫刘启瑞的神秘官员，他最初洽谈是要收买工商报社，继而又谈要求《工商报》与国民党《大江日报》合并。九皋识破他的企图，当场拒绝，刘启瑞只好灰溜溜地离开。

当时社会正处于黎明前的黑暗，九皋先生对腐败政府的憎恨情绪，经常表现在其诗句之中。在记者节这天他写了几首诗，表达他对时局的关注以及作为报人对国家兴亡的责任感和对新时代到来的期盼。

《戊子记者节》
记者今年节，哀时泪双新。舟漏惭何补，轮扶志待伸。
重洋喷铁羽，大陆咽兵尘。万方多难日，孰善自由身。

《烟雨墩各界招待记者席上》
昔日包打听，今成无冕王。本空荣辱念，何分上下床。
去来四十载，辛酸梦几场。兴亡知有责，艰难道更长。

三、全家大团圆

自从抗战流亡开始，九皋全家老小亲戚各走东西，真可谓悲欢离合，颠沛流离，历经各种曲折磨难。唯一跟随九皋的是老母和高氏。儿子衡武自从进入大业盐公司之后，多在湘黔粤等地跑业务吃尽辛苦。三女儿衡文从湖南浦市绕道回了芜湖。五女儿衡美和龙吟外孙女在所里上初中后去了湖南乾城，后又随着八中学校来到芜湖。九皋的侄儿衡山和陶鸿文从四川来，华英的哥哥程明英一家从湖南回到芜湖将太平洋照相馆重新装潢，重整旗鼓开业，程荣英从镇江来芜湖，在太平洋照相馆的楼下开设了“建国书店”，这个书店曾在芜湖颇具名声。

1946年，九皋的老母已经八十一岁高寿了，虽然跟随大家经过了多年的流亡生活，但仍然精神矍铄。她一度因思乡心切而神经错乱，但回到南京乡下看到房子、家具、寿材、稻盒等都完好无损，心情大好。这年底，衡钟和丈夫王楚生带着两个孩子从巴东来到了芜湖，这是自1938年沅陵分别后，衡钟和阔别八年的家人们的第一次大团聚。

全家大团圆，这是九皋在抗战结束后最快乐的事情。而且这年年底儿媳华英又产下一子，大女儿衡钧、三女儿衡文在一个月中也各生了一子，家中添人进口皆大欢喜。

1947年清明前后，九皋得到乡里来信，老母精神大不如前，至农历七月三十日无疾而终，享年八十二岁。

同年，时局开始动荡，芜湖物价上涨，安徽学院以及中等学校学生冲破当局阻挠，举行“反饥饿、反内战、反迫害”的罢课运动。又有周皋乡民组织抢米队，到处抢米，芜湖河南（青弋江南岸）贫民掀起抢粮风潮。而此时解放军刘邓大军南下大别山，江北已经全部被南下解放军占领，引起了国民党恐慌，加紧对内镇压，逮捕地下党和民主人士三十余人，民怨载道。《工商报》常有揭露国民党腐败贪污等类新闻和小品文字。形势一天比一天紧张，芜湖上空飞机轰鸣，炮声隆隆。华英带了三个小孩到上海妹妹程富英家暂时躲避。九皋与高氏、衡武在报社留守。

1948年，九皋已将报社全权交给大女婿柏毓文负责。自从抗战胜利归来，他的感观发生了很大变化，心静如水，无论什么天气出外均步行，无论何种集会非必要绝不参加，清虚自守，恬淡自甘，除研究学术外，与社会几乎很少往来。

九皋在编辑副刊“陶塘”的时候，为征集诗词认识了安徽学院（今安徽师大）朱清华、丁洽明、宋志黄、葛康俞诸位教授先生，还与芜湖诗人时常往来。他搜集资料并亲自校对，直到1949年4月28日《工商报》停刊，“陶塘”共出107期。期间，九皋还花了两个月时间编辑了《奇人奇事》。在诸位教授的鼓励下，九皋对于传统文化的研究兴趣更浓。

九皋对于《干支新解》迟迟不敢着笔，因为鉴于资料太少，本想根据宋志黄先生介绍先到南京图书馆，去看一些参考书后再写，但是时局不容许，没有去成南京。徐海会战以后，国民党军败退江南，兵荒马乱而人民解放军尚在准备渡江之中。九皋对这方面的研究搁浅了。

安徽学院的丁治明教授对九皋关于“干支”的研究和独到见解有很大的兴趣，一再鼓励他根据目前自己掌握的资料先写出来。于是，九皋便改变计划，在除夕当天就动笔写起来，丁治明教授闻讯后非常高兴，并为九皋的文稿预作律诗一首：

最录箕畴述建中，圣神经制补天功。
微闻邹衍明终始，无那孙卿有异同。
综错阴阳三易奥，张皇谶纬两系工。
廻旋生尅何来去，索解人间值此翁。

1949年元旦后，九皋沉湎在自己《干支新解》一稿的写作之中，一天也没有间断，并于3月1日起，在副刊“陶塘”专栏中分期登载，之后即印成单行本小册子，于四月底印成分赠师友。

5月11日，九皋迁居狮子桥1号谢树德宅中。谢树德曾任张恒春药号经理数十余年，与九皋也算是药材旧同业。流亡湘西时候曾一再援助，对于谢树德的高情厚谊，九皋感激不已。

这年大水为灾，比较辛未年最高水位仅小二三寸，九皋经常撑着小船到藏书的朋友家里去借参考书。这段时日，大水导致出行不便，所以亲友之间很少往来。九皋安心在家，研究工作突飞猛进，又发现周易六十四卦分宫卦象次序，完全是开辟以来的历史，与十二干支配合起来，丝毫不错。九皋兴奋异常，一面参考有关资料继续研究，一面重写《中国宇宙史的研究》，到秋天完成初稿，约有十万言，并送请安徽学院教授丁治明等初步审定。

第五章　黄花香晚岁

一、芜湖解放乾坤转

1949年4月8日，人民解放军立阵北岸，开始发动全线总攻，中间因和平谈判，一度停战，至20日全线总攻，次日在荻港渡江，国民党军顷刻土崩瓦解。4月24日芜湖解放，《工商报》奉令停刊，5月8日由军管会接管，九皋安排柏毓文和衡武负责将报社印刷器材和排字工人名单交给了军管会代表刘乔和江化新，编辑部和经理部全部解散，人员各自回家。九皋此时如释重负，他对负责接收的军管会代表说："我办报30年，所办报的主旨就是为大众服务，所有器材从不视为私有财产，现在人民当家做主了，交给人民使用，我是很乐意的！"

当年负责接收的军管会代表刘乔对于九皋先生的决定和行动，颇为感动。多少年后，他提及此事时还说像九皋先生这样心怀坦荡、毫无私利的品格和境界，非常不易，实在令人钦佩。

经历过黑暗腐朽，经历过各种历史时期的变革和战乱，在迎接新的光明到来的时刻，九皋焕发出了新的精神，在研究中国古代宇宙史的过程中，激发出他对人生观的新认识，他说：我的人生观就是忘我。在出生六个月的时候，翻了一个身，就感觉有了一个"我"，不知道什么时候再翻一个身，才能真正地忘我？告别报人生涯转而开始研究中国古代思想，九皋很有感触地写下一首《枕上口占》：

大患有吾身，流光弹指快。去来无所知，分合何其怪？

理想自由区，真空极乐界。物我两相忘，金刚永不坏！

意犹未尽又赋《浑然》一首：

浑然一土块，来自虚空界。三态变无穷，相对何足怪？

芸芸有生中，进化有慢快。扰攘古及今，终须大崩坏！

衡武在交办完工商报社的器材等事宜之后，准备离开报社时，他的好友原《火炬日报》副编辑、地下党吴道钧兴冲冲跑来找到他，并给了他一封到干部学校去的介绍信，并告诉他可以一面工作一面学习新的东西。衡武到了干校被分配在总务科财务工作。开学那天非常隆重，新任的芜湖市市长李步新出席开学典礼并讲话。

1950年5月初，衡武到干校学习时间还没有结束，便接到军管会通知，报社的器材全部发还，不少一针一线，由柏毓文和衡武接收。市委宣传部领导、工商联负责人黄梦飞推荐农工民主党操竹友为新任社长，原有的排字印刷工人也陆续回来报社，安装印刷机，整理各号铅字上架。报社迁移到中二街原中苏友好协会地址隔壁，由工商联民主人士成立股份公司组织新工商报社。衡武仍然在经理部负责，翟慕颐担任总编辑。10月1日新《工商报》正式发刊，四开版面，报刊主要刊载解放芜湖的消息，以及解放战争的前线新闻，很受人们欢迎。当时纸张比较紧张，为保证报刊正常发行，衡武多次到上海与上海纸号联系。新《工商报》出版发行将近一年时间，市委宣传部通知停刊。自新《工商报》开始到结束，九皋都没有过问，一直在潜心研究中国传统文化思想。九皋和黄梦飞再次表明自己的态度，说新《工商报》是商界筹资复刊，所有印刷器材应该交与人民管理。衡武也结束了报业生涯，被安排到内河轮船公司财务科工作。

九皋自从安定下来就开始到朋友家借阅了许多资料书籍，让他感到无比充实。1953年夏，九皋听到安徽省成立了文史馆，他非常兴奋，认为这是自己今后余生最能发挥所长的地方。经过一番考虑，他认为自己所研究的这些哲学思想必须贡献给社会，以引起学术界足够的重视，于是他写了一篇有关古代史的论文，寄给了沈子修副主席，并请代转文史馆光明甫馆长，请求指导研究方向。此时，他想起了往日的老朋友李克农，1954年3月26日，九皋寄给李克农将军一封信，介绍了自己近况，并提出希望能够到安徽省文史馆从事文史研究工作的想法。一周后，4月2日，李克农将军回信给九皋先生，信中说：

“九皋先生：近两年我因经常离京远行，对许多老朋友的情况更加生疏，顷接三月廿六日来信，才知道你的近况。关于你想担任文史馆馆员事，我已将你的来信转交主管部门，并将我所了解的情形作了介绍，惟此事最后仍需由该主管部门根据条件审查后决定。”

安徽省文史馆对九皋的情况进行了审查了解后，认为他完全符合文史馆馆员的资格。5月，九皋先生被聘任为安徽省文史馆研究员。

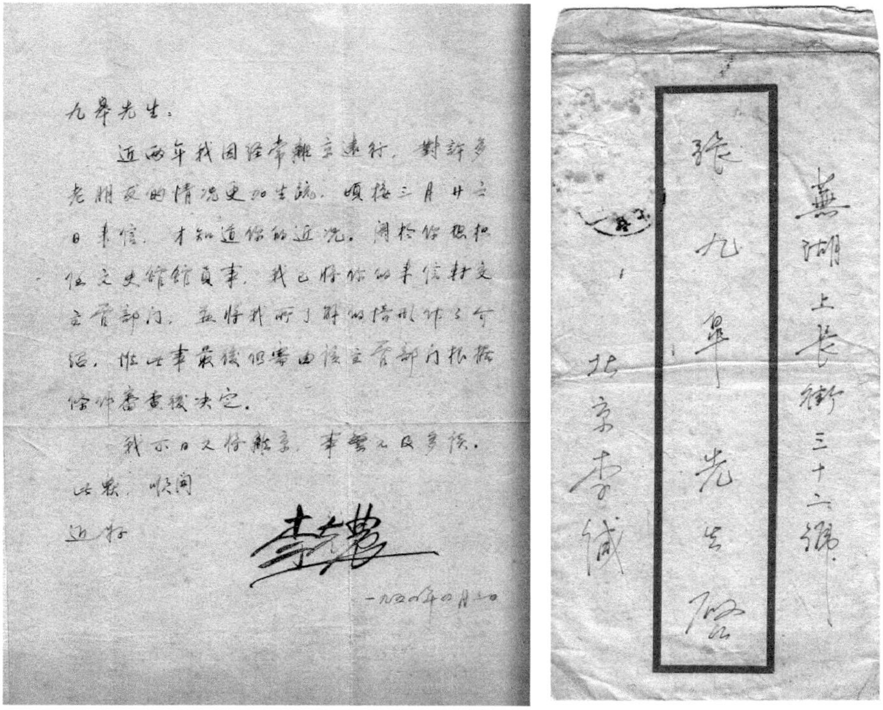

图5 李克农致张九皋信

此后，九皋将自己的毕生精力全部献给了文史研究工作，成为一名有着诸多研究成果的资深老馆员，为芜湖地方文化史料的整理和探究作出了积极的贡献。

二、经历芜湖大水

芜湖处于长江中下游，在历史上曾经多次遭受到长江洪水的侵害，每到汛期芜湖人民已经有对洪水的防范习惯。但是1954年的大水却超出芜湖人民的意料。九皋在日记中专门记录下了自己对整个洪水期间的观察，称之为甲午（1954年为甲午年）洪水日记，这对于一个热衷于五行干支研究的学者来说，是一个直观地对自然界的观察。日记记载："6月17日上午地震，市区低处淹水，因梅雨提前一月，雨量特多之故。"九皋此时住在租用的兴隆巷内，连日大雨，地处低洼的居所已经有水漫入室内，九皋不能自由行动。市政府召开防汛会议，部署沿江河筑长堤防水，并装吸虹管抽去积水。

7月10日晚，突然大雨倾盆、雷电交加，直至子夜一时止，雨势之大，连续不断，历六小时之久。九皋从未遇到过这么大雨，逐渐室中水与床齐，九皋一夜未睡，把藤椅架于桌上，坐至天明，惊心动魄。11日，天明后九皋立即夹着十年来的研究材料一皮包，迅速逃出大门，这时水已齐腰，摸水到长街，将皮包暂存朋友张姓处。再回兴隆巷22号，预备取衣被。这时，衡武已经将华英和子女提前迁移到安大农学院，特地赶来援救，入屋内取得一些衣物，经长街蹚水到西城内索面巷友人史济良家暂住，衡武又回原处取得被褥。午后九皋到浴室去泡澡驱寒，在史家睡了一觉后才稍有安定，回想一夜惊魂，不由作诗一首，记下了这一夜的遭遇。

地震摇房构，洪波损屋基。翻盆半夜雨，水与卧床齐。

桌上架藤椅，灯昏意识迷。微明逃户外，浮水达城西。

一望街头景，凄凉觉地低。史君情最热，得借一枝棲。

7月12日芜湖长江水位达11.86米，洪水已经浸入芜湖市区，芜湖市委召开紧急扩大会议，提出了“防风保堤，坚持生产”的中心任务，到了8月初，芜湖市郊区7万亩农田全部被淹没，市区受淹。到了8月中旬长江水位已经达到12.86米。全市仅有大砻坊长约6000米的护厂堤，拦住了高出地面2米的洪水，其余堤埂全部溃决。洪水续涨，晚间九皋与高氏、孙儿等仓皇进城，租借淳良里12号才稍作安定。连续疲劳奔波，在大水里来回，这时九皋血症（支气管出血）复发了，他立即赶到卫生所治疗。九皋在病中阅《河海昆仑录》探究海河之奥秘。在一周之内，又有一次大雨水势上涨，堂子巷、油坊巷、索面巷、米市街皆水。淳良里西段淹至12号。九皋查阅有关书籍，发现本年水势之大，超过记载的1931年（年末）约有一尺，为近百年未有之大洪水。江汉关有水文记录，至今九十年，今年水标为28.31米，乃最高纪录，这时上游的一波洪水经过武汉，人民已安全过关。

九皋想着自己在兴隆巷里的书籍资料，曾到住处探视取物，他看到自己的书橱最上一层亦浸水，屋内水深没顶。无法进行打捞，只得望洋兴叹，懊恼不已、悻悻而归。

儿子衡武住在单位，参加防汛值班，华英媳妇已有身孕，所以九皋负责照顾孙女孝霖。这日因孝霖学费缓交问题，九皋乘坐小划子先送其经过新芜路出城。这是九皋自（7月11日）避水进城后，初次出城。划船经上二街转至柳春园，由陶塘通过中山路，两旁房屋低者水已封门，楼房则以梯上下，又经过吉和街、北京路，将孝霖送达安大农学院宿舍后，即往广济寺会晤凤吉霆老先生，后又经一天门会晤丁洽明及章啸衡，再经陡岗北塘回住处，来回一天的奔波不觉疲劳，九皋深感走路实为老年人之一种运动。

九皋整天在阅读有关历史洪涝灾害方面的图书资料，他在《芜湖旧志·俪事志祥》查阅：明嘉靖卅六年大水，群蛟齐发，江涨丈余，圩岸冲突，民居漂没，由当涂至芜湖，陆路无复存者，舟行屋上，禾木不收，民割草根树皮以食，此次大水属芜湖历来最大的一次，万历三十六年戊申亦大水。《芜湖新志·杂识祥异》：道光三年、十三年、廿八年均大水破圩，平地水深丈余，人由南门城头上船，米价腾贵，民多饿死。他又找到芜湖县志了解芜湖洪水灾害。一篇关于洪涝灾害的史料采集整理，已经在他头脑中酝酿成熟。

9月15日这一天上午晴空万里，天无片云，气象极佳，温凉适中，九皋先生感到自大水以来从没有过的舒畅。观察水位依然保持变化甚微，水位比较1931年洪水位仍高出一尺以上。九皋感觉自己担任的文史采集工作还很重，水位微降，他又赶到一天门访章啸衡谈采集文物问题，又渡水至营盘山访柏孟坚，辛亥前后之老友，今只剩凤吉霆老先生一人，他愈加有一种紧迫感。

到了9月中下旬，因气候干燥，水位降落较速，日降落有二三寸，据说最高峰降了二尺五六寸以上，月底城外长街、二街、中山路之水，大部分退去。芜湖人民与洪波斗争已获得决定性的胜利。有此经验，市政府对河堤建设更有把握，以保证市区不遭受洪水之侵害。10月21日，全市修路工程限五十天完成任务。市政府发出布告，修筑江河马路，消除芜湖市区洪水灾害，江堤规定宽24米左右，河堤宽18米，江河堤长度从弋矶山前太古码头经江口接管厂直到东门大砻坊，可能在明年雨季前完成任务。虽然洪水灾害胜利结束，但当时不论在室内室外，随处可见一人多高之水痕，令时人印象深刻，足以提高人民大众今后对洪水斗争之意志。

九皋回到住所兴隆巷，水已经退尽，午后在家晒书，清理发现十分之八已成纸浆。九皋回忆抗战前书报全付诸兵劫，新中国成立后之书报又全部付诸洪水之劫。如果不在此时间发病吐血，或能抢救一些，不至全部损失，唯有付之一叹。所幸的是，正在研究的相关资料都完整的随身带出了水窟。

在稍有安定之时，他迫不及待地自晨至晚将已经收集好的资料和手稿，写成自然灾害资料共计四千余字，分五节，一日写成。完毕，次日立即寄安徽省文史馆自然灾害研究组。

与此同时，九皋租定花津桥45号项姓房屋，但是租金太高，无可奈何，恐今年或明年仍需再迁，便和儿子衡武商量，继续寻找安身之地，不可继续折腾。一岁五迁，劳心费神，损失至巨。

尽管如此，他始终怀着非常乐观的精神，继续自己的学术研究。在11月中旬，九皋先生接受安徽省文史馆和博物馆章啸衡等同仁邀请，到了安徽省文史馆参加了专题学术报告，这是九皋第一次做学术讲座，他用了整整三个小时讲解了自己近日的学术研究成果《河图洛书新说明》，受到文史馆同仁们的好评，同仁们对九皋先生在古代五行干支上的研究新成果也表示了肯定和赞赏。

三、参观佛子岭水库

1954年11月，在战胜百年洪涝灾害之后，为鼓舞全市人民今后战胜自然灾害的信心，了解安徽在兴修水利工程所取得的重大成就，芜湖市政府组织了各团体代表赴安徽最大的水利工程建筑——佛子岭水库参观，市政府决定文史馆由张九皋和胡息求两人为代表，参观团共15人。这是九皋第一次参加这样的活动，时令已是晚秋。

佛子岭水库山清水秀，巍巍大坝矗立于万山耸翠之间，位于淮河支流淠河东源上游，坝址在安徽省霍山县城西南17公里处，漫水河、黄尾河径流入库。这是新中国成立初期中国自行设计具有当时国际先进水平的大型连拱坝水库，佛子岭水电站是淮河流域第一座水电站，以防洪为主，结合灌溉、发电、航运，系治淮委员会佛子岭水库工程指挥部设计。

佛子岭水库1952年1月动工，1954年11月建成，历时2年又10个月。佛子岭水库实际控制面积1270平方公里，总库容4.96亿立方米，相应洪水位130米，防洪标准为千年一遇。

佛子岭水库作为淮河治理工程的重要组成部分，拦蓄了淠河大量的洪水，不仅大大提高了淠河中下游的防洪标准，而且还起到了辅助淮河干流蓄洪的作用。随着淠河上游大中型水库工程的建成，淠河流域的灌溉事业也得到迅速发展，建成了小淠河灌区、淠河灌区、淠源渠灌区等一批灌溉工程。

11月28日参观团一行即登连拱坝参观。坝长一华里多，这时工人们正在拱内工作，仅有绳梯维系，水库已经基本建成，这是最后的收尾工程。观者不免惊心动魄，工人们的忘我劳动，给大家留下了深刻印象。九皋亲身体会到工人阶级的克服重重困难、不怕艰难无私的精神，真正体会到劳动创造世界，等于上了大课堂。

回到芜湖，九皋再次出席政协关于佛子岭水库参观后座谈会，并在最后作了发言。对于这次参观，九皋感触很深，他更加感到自己作为文史馆的研究员，需要结合时代的要求加紧做好一些重大课题的研究，在不同的战线上发挥自己的作用。

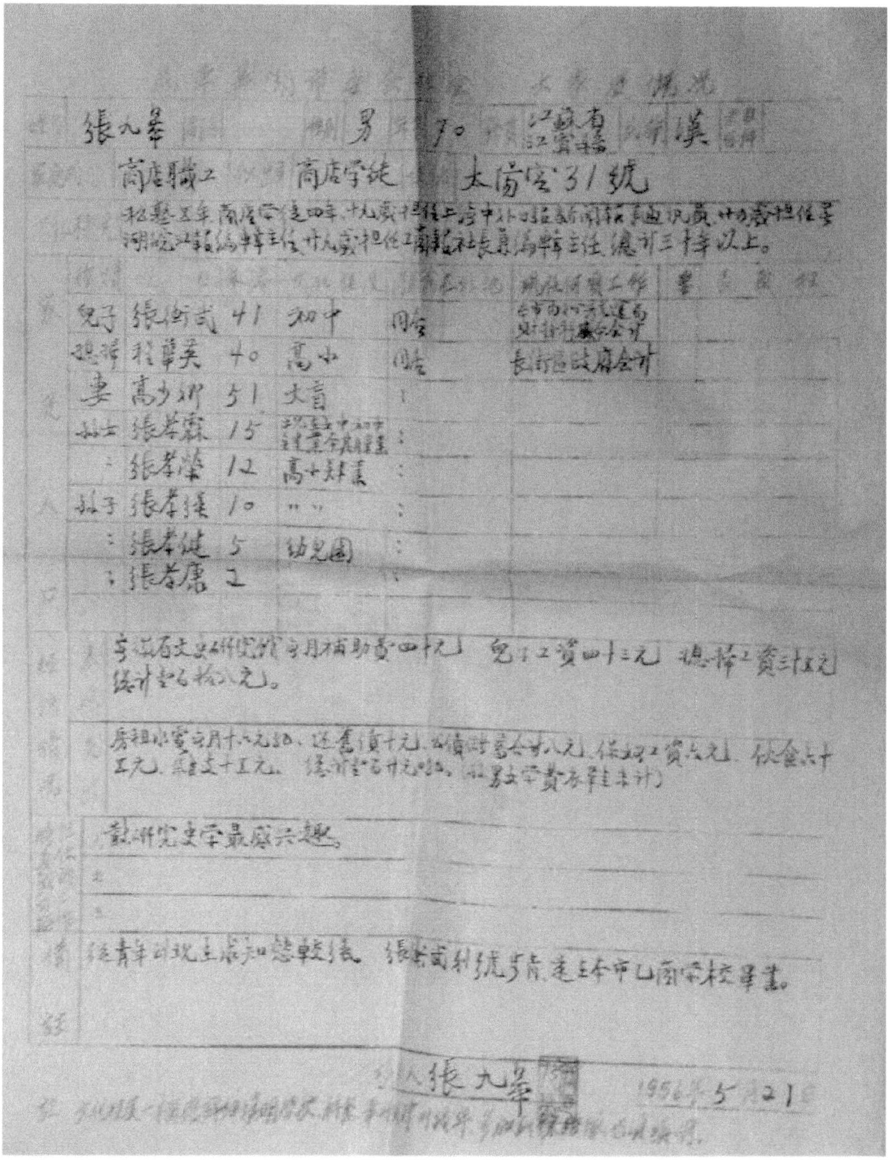

图6 张九皋家庭情况登记表

四、潜心学习研究

1955年初，九皋和全家又迁居花津桥82号张家，从花津桥81号迁回82号，一岁九迁，九皋深感损失劳神达到极点。家庭经济局促，决计要安定下来。至2月6日，终于找到了一个新的租住地，芜湖上二街太阳宫31号。这里原为国民党县党部书记李某私人住宅，是三进房屋，前院一进是二层楼房，吴子秀就住在楼上其中的二间，其余房屋均对外出租。三进后是一个客厅带左右厢房的平房，衡武全家就住在这个平房里。前院一楼左右两个房间，左边房间后连着楼梯仅有十平方米，九皋和高氏租住在这个房间里。一张床和一个既是书桌写作台又是餐桌的桌子，再就是书架和一个床头柜，里面摆满了各类有关文史资料书籍和文稿。此后，九皋在这个小房间里开始了他所钟情的古代文史研究，写下了大量关于芜湖的地方史料和学术文章，并在这里接待了学者、教授、学生、报社编辑记者以及朋友的来访。

新的一年，九皋加强了哲学的学习和研究，他连日阅读了胡绳的《辩证法唯物论》并摘要论点："研究的对象是自然界、社会一切事物。反映到人类思维的一般的运动发展的法则。必然性和偶然性；对象概念；运动与静止；运动是物质存在的方式，一切物质都在永恒的在运动的中间，宇宙观的基本原则：宇宙即物质，宇宙论、方法论、认识论三位一体。"他将这些观点运用到自己对中国古代先民的哲学思想的研究之中。

九皋认为，之所以要研究五行干支，因为它是中国哲学最原始的遗产，大胆地将它和辩证法唯物论结合起来，将辩证法唯物论"中国化"，就是反映五行干支构成的概念和认识，并加以阐明先民的哲学思想，这是很有意义的一件事。历史上任何一种哲学思想，都是建筑在一定的政治经济的基本上而抽芽开花的，并总适应着某一人群在斗争中的实践的。他认为，十干的构成，在字义的表形上完全是现实的斗争武器，它的内容是五行的物质，这一点是没有疑问的，这是古代自然的朴素的辩证法唯物论的宇宙观。九皋感到自己对于五行的认识又深化了一步。

芜湖市政协来人通知九皋先生，省文史馆馆长明甫来芜湖，约九皋面谈。九皋立即前去拜访了明老。明老对九皋寄的《河图洛书新说明》极表同意，并鼓励他继续深入研究。这极大增强了他继续深入研究下去的信心。

在九皋全心研究古代哲学思想史的过程中，1954年年底和他一起去参观佛子岭水库的胡息求突然中风不省人事，时隔两日便去世了，终年七十五岁。这对于九皋来说是一个信号，九皋愈加感到时间的紧迫，他觉得还有很多的研究题目没有完成。

1955年1月18日，芜湖大雪大寒，连续降雪九日，气温降至-11℃。降雪区域为江淮流域之下游，似与去年大洪水时相同。报载其已超过自有气象记录以来之程度。据九皋个人回忆，住芜几十余年亦未见此现象，此亦为自然灾害资料之一，九皋立即将这一现象记录下来，准备再查阅芜湖县志以供参考研究。九皋毫不懈怠，次日便到了广济寺借来《芜湖县志》阅读，以便写自然灾害补充资料。九皋查阅报纸发现汉口亦大雪温度下降至-15℃，湖南北及河南均大雪，其区域与洪水区域相同，一些老人均说从没有见过如此大雪严寒。九皋随时注意观察自然界的变化，

九皋与博物馆葛召棠、郑青士同往市政府文教局开座谈会，商谈设立文史收购站及组成收购历史文物委员会相关事宜，九皋负责地方文化遗产的收集工作，因为大水而耽搁，他马不停蹄接着又赶到文教局，看到收购的崔尘无家藏“梁启超字、姜颖生山水图、萧谦中山水、扇面四页”等国之瑰宝，都毫发无损地被国家收藏，九皋深感欣慰。

岁月更迭，已经是古稀之年的九皋先生，到了新的居住之地，相对安定下来，但他日夜伏案写作，对头痛脑热咳嗽等老毛病常置于脑后，经常简单吃点药就打发过去。1957年初，他接受了文史馆关于撰

写芜湖炼钢史料的任务，一贯严谨的九皋先生经过查阅各种资料进行考证后基本完成初稿，与此同时，《芜湖日报》约稿《黄善人》也正在写作之中。

1957年9月30日凌晨，九皋突然感觉非常不适，他知道自己发病了，这是脑梗、中风征兆，他不敢怠慢，立即通过徐少鳌延请印波和尚诊治，病势未发展，继续诊治，病情稍减。他坚持针灸，并开始每天静坐练气功，等印波和尚七次针灸告一段落，已能站立移步，单独行走，两周后便恢复正常。九皋这次如此迅速恢复健康的消息不胫而走，许多偏瘫、半身不遂的患者闻讯赶来，寻求秘方诀窍，九皋没有秘方，他告诉来访者要保持乐观心情，要有信心，并坚持针灸加静坐气功，他将手伸到背后，脚也抬起老高，做了一个太极动作，来访者无不惊叹。

病情好转后，九皋又全身心地投入到写作之中，他按照历史研究所要求修改补充炼钢史料。寄合肥历史研究室“芜湖炼钢业”文稿，芜钢稿件二次稿成。为了取证芜湖濮家钢坊的更准确的情况，以求真实起见，又专函侨居上海的濮文波（秋澄）老先生（濮万兴钢坊后人，清末甲辰科芜湖进士，时任上海文史馆馆员，年已达90高龄），当承复信加以证实。不久，上海濮秋澄复信谈炼钢事（复信原文见本书下篇《濮家与芜钢》一文），九皋欣喜若狂。九皋将濮老的回信立即补充到自己的文稿中，使得这篇文章更加准确、充实。年底中央历史博物馆专门派人来芜湖，找到九皋先生和他一起调查芜钢的史料。

1958年，九皋又开始撰写青铜钢铁第三稿。青铜钢铁稿件已经完成十之八九，在撰稿中，九皋发现活字版的毕昇还是一个锻铁工人。三天后寄出稿件共十二页。后又受邀写芜湖沿革概况。

从1957年9月患脑梗后半身不遂到1958年不觉一年过去，九皋完全恢复自己的活力，并投入文史研究、考古和文物鉴定收集等工作之中。他这种忘我的精神让朋友们感佩不已。

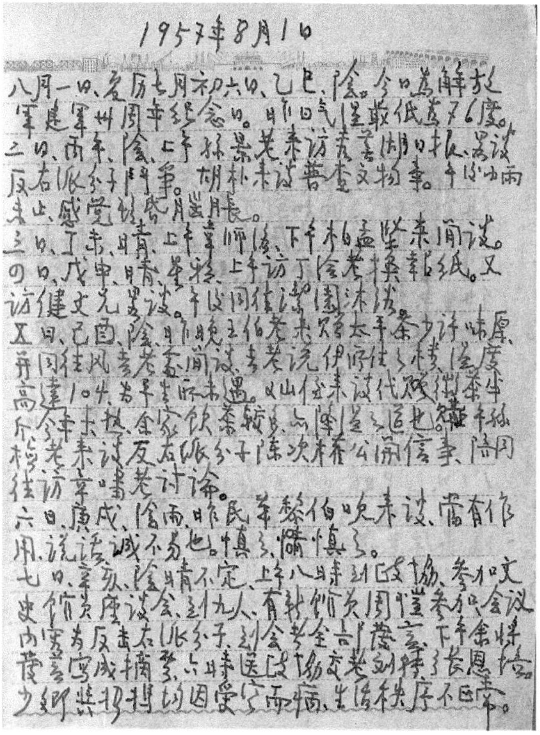
1957年8月1日
八月一日、农历七月初六日、乙巳、阴。今日为解放军建军卅周年纪念日。昨日气温最低为76度。
二日、丙午、阴。上午孙景老来访芜湖日报，写谈反右派分子斗争。胡朴来谈普查文物事。午后雨未止，感觉[illegible]脑胀。
三日、丁未、晴。上午章师[illegible]，下午杨[illegible]坚来闲谈。
四日、戊申、晴，[illegible]。上午访丁绘老换报纸。又访健文先生谈。午后同往[illegible]园沐浴。
五日、己酉、阴。昨晚王伯老来赠太平茶少许，味厚，并同往风吾老斋闲谈。吾老说伊[illegible]住之楼温度高达104，为平生所未遇。又山位来谈代[illegible]茶，今年未摘，余家饮茶较多，亦[illegible]之道也。[illegible]孙检老来谈反右派分子陈次[illegible]公开信事，同往访辛啸老讨论。
六日、庚戌、阴雨。昨民革黎伯吹来谈，当有作用。说话诚不易也。慎之，慎慎之。
七日、辛亥、阴晴不定。上午八时到政协，参加文史馆员座谈会，到九人，有新馆员周[illegible]参加。会议内容为反击右派分子，到会者全部发言。下午余将发言写成摘要，六时送政协交[illegible]转[illegible]。少卿[illegible]因受寒而病，生活秩序不正常。

图7 张九皋日记片段

以下是九皋生前1960年日记部分摘要，可见这段时间他的工作量之大略：

> 4月19日，省历史研究室张珊从合肥来谈提前写工商业通史。
>
> 4月28日，整日研究染色史，大有所得，至感兴趣。
>
> 4月29日，连日研究染色业余炼丹家和药业的关系逐步深入，极快！
>
> 5月3日，今发现芜湖锡铜工业在炼钢业以前。芜湖染色工业稿件已经完成。
>
> 5月19日，风俗调查会，昨已经完成第一节。
>
> 5月17日，安徽日报副刊稿博望镰刀稿件已于16日刊出。
>
> 5月24日，昨寄《安徽史学》编辑部经济侵略时期芜湖“轮运业”。

5月31日，今晨，骆振群来访，当将昨日写成之“辛亥革命芜湖方面史料第一册内容九节”字数万言，交给他带往政协，请大家审查有无错误和遗漏，余亦今日开始整写第二册内容约有四节，专写民元起芜湖社会活动情况，大概一周可写成。

1948年，九皋曾用张恨水的书名写成七绝一首：“啼笑秦淮一世家，烟沉玉紫感年华。春明双燕归来日，太平九九梦生花。”自从张恨水在抗战胜利路过芜湖，留宿工商报社与九皋一夜畅谈之后去了北京，他们便失去了联系。九皋多次迁居地址常常变更，张恨水也无从知道九皋具体情况。不久，九皋在合肥政协张东野处得到张恨水的详细地址非常高兴，便立即发信一封，要他代为打听自己寄往北京的《河图洛书新说明》书稿的情况。1956年1月，张恨水见到阔别多年的九皋先生来信，极为兴奋，立即回信：

九皋仁兄：日前得接手谕为之一快。去夏赴南，因东野兄在合肥，曾勾留十日。闻兄在文史馆，由东野电询，闻已去芜湖，而地址又不克祥告，只好作罢。顷得专示，真是十年之交又在目前也。弟自前六年，曾得脑充血症，四年尾，方始写作，然而为人过旧，所作文体自知太不合时，思想上非彻底改造不可！弟现被邀政协列席，会期约须十日。春节以后，又须下乡体验生活，是以亦无多少闲暇也，兄所嘱“河图洛书新说明”一稿，历史研究部方面探询，弟不作经理已经十年，该部方面，适无熟人，故无法打听，弟意兄何不直接修书该部，究径（竟）该书如何处置，或者该部有确实答复也。兄年已近古稀，弟亦年过六十，一念来日苦短之言，常通消息，亦人生故人略当常聚之乐乎！

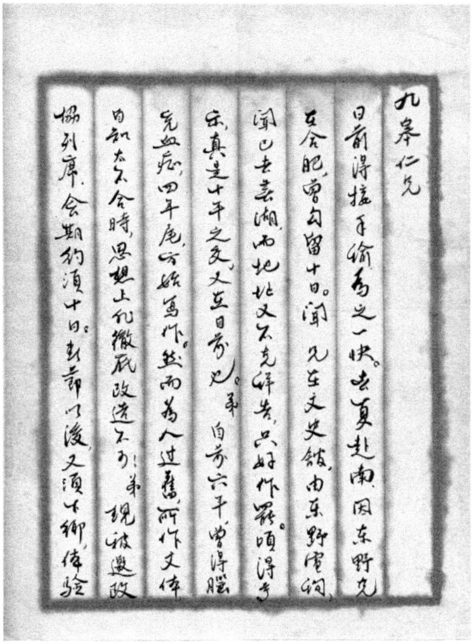

九皋仁兄
日前得接手翰，为之一快。去夏赴南，因东野兄
在合肥，曾勾留十日。闻 兄在文史馆，由东野电询，
闻已去皖湘两地北上，又不克辞去，只好作罢。顷得手
示，真是十年之久，又在目前也。弟 自前六年曾得脑
充血症，四年后方能写作。然而为人过旧，所作文体
自知太不合时，思想上非彻底改造不可！弟 现被邀政
协列席，会期约须十日。春节以后又须下乡，体验

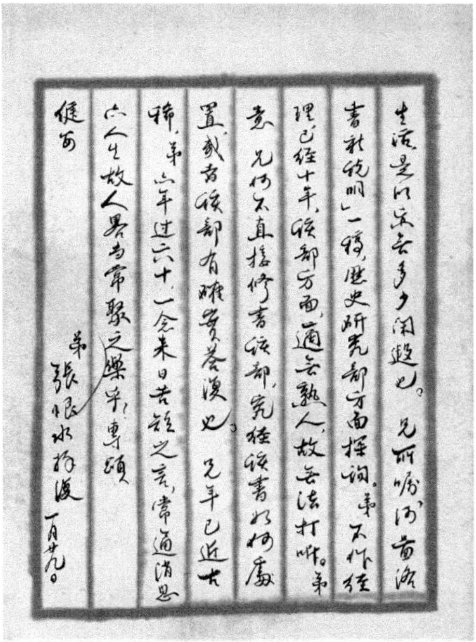

生活，是以家居多少闲暇也。兄所嘱河南
书社统明一稿，历史研究部方面探询。弟不作经
理已经十年，该部方面，通无熟人，故无法打听。弟
意 兄何不直接修书该部，究竟该书如何处
置，或者该部有难处答复也。 兄年已近七
稀，弟亦年过六十，一念来日无多之言，常通消息
以人生故人，虽为常聚之乐乎。专颂
健安
弟 张恨水 拜复
一月廿九

图8 张恨水给张九皋的回信

之后张恨水便与九皋常有书信往来。1958年，九皋和恨水之间又通了两次信。九皋看到，张恨水撰写的“记者看大样”一文，讲述张恨水当年在《皖江日报》校对看大样忙碌到深夜，与郝耕仁共事时的

一则趣事。2月5日日记中记载：“今日高兴致张恨水一信，因记者外传有看大样一段”，2月14日收到张恨水复信，那时张恨水已经六十四岁。

1956年5月，李克农将军来芜湖视察。从1927年被迫逃亡，这是他第三次到芜湖，前两次都是秘密而短暂。这次回到芜湖，回到他当年战斗过的地方，前后已经三十年过去了。这里是他开始走向革命的故乡，李克农对芜湖有着深厚的感情。曾经在一起经历过风风雨雨、结成深厚友谊的老朋友，他首先想到的是九皋先生，到芜湖不久即派专车接九皋和高氏一起到芜湖铁山宾馆相晤畅谈。见到九皋，李克农很高兴，回忆起当年在芜湖，常在报馆里开会、在报刊上发表充满战斗激情的文章等等情景，他非常感谢当年九皋对革命所给予的无私的支持，尤其为创办“民生中学”时在商界募集资金，担任学校董事会董事长以及掩护他们逃离国民党追捕的往事。九皋将自己现在进入安徽文史馆进行的研究工作等向李克农将军作了介绍。当晚，李克农和张九皋、胡善元、骆振群等老友在宾馆共进晚餐，餐后又一起到和平大戏院观看庐剧，九皋尽兴而归。

九皋这次见到李克农之后非常兴奋，回想往事思潮起伏，不由拿起笔来写了一封信寄给了李克农，并赋诗一首。

> 此次台旌莅芜，荣归小别三十年之故乡，从鸠江一隅言之，殊有不平凡之历史意义存在。解放以后六七年间，祖国面貌已焕然一新，人民大众在共产党和毛主席英明领导之下，对建设社会主义社会之劳动热情，实令人感奋无已，爰作小诗一律，另纸录呈，以表微忱，尚乞教正。

> 卅年一别乾坤转，江上相逢乐不支。
> 万里长征餐白雪，三韩制敌耀红旗。
> 异同共处消屏障，世界和平已奠基。
> 今日神州增壮丽，全民忘我更忘私！

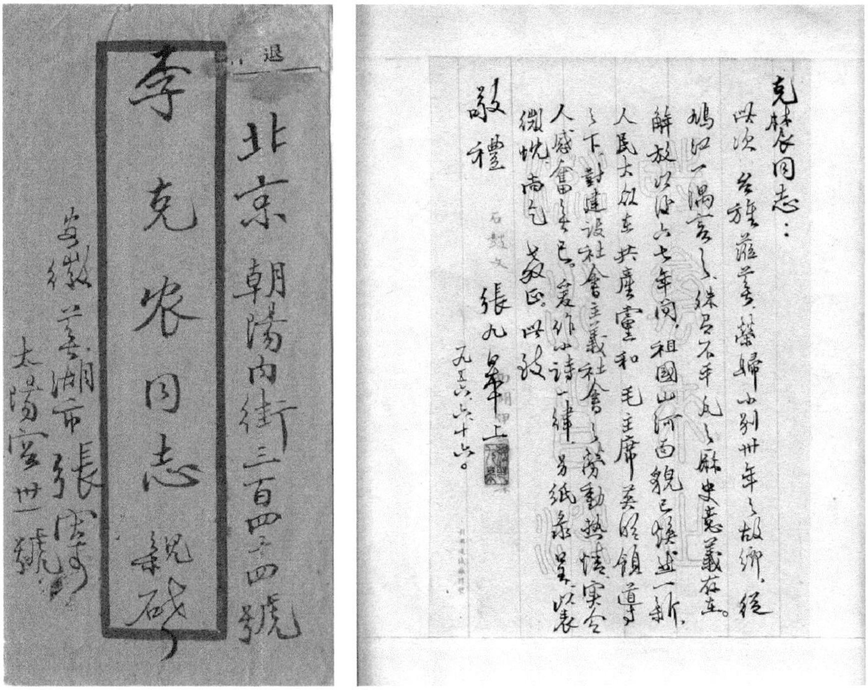

图9 张九皋致李克农信

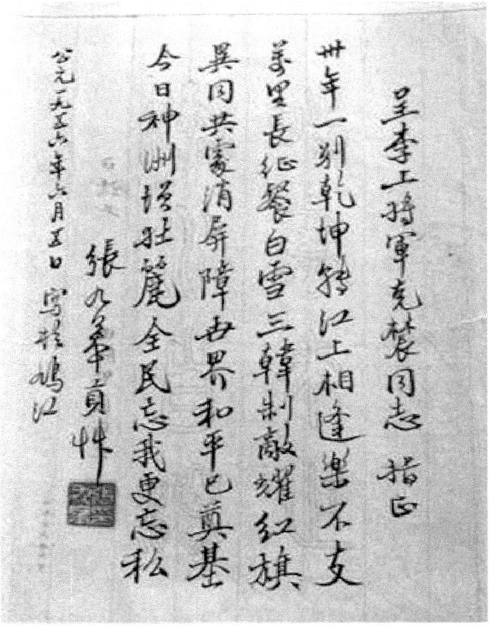

图10 张九皋致李克农信中附诗

1956年，在柏孟坚等人的介绍下，张九皋加入了芜湖民革，在被吸收民革成员时，给他的评价是“朝气蓬勃，认真学习，有进取心”。

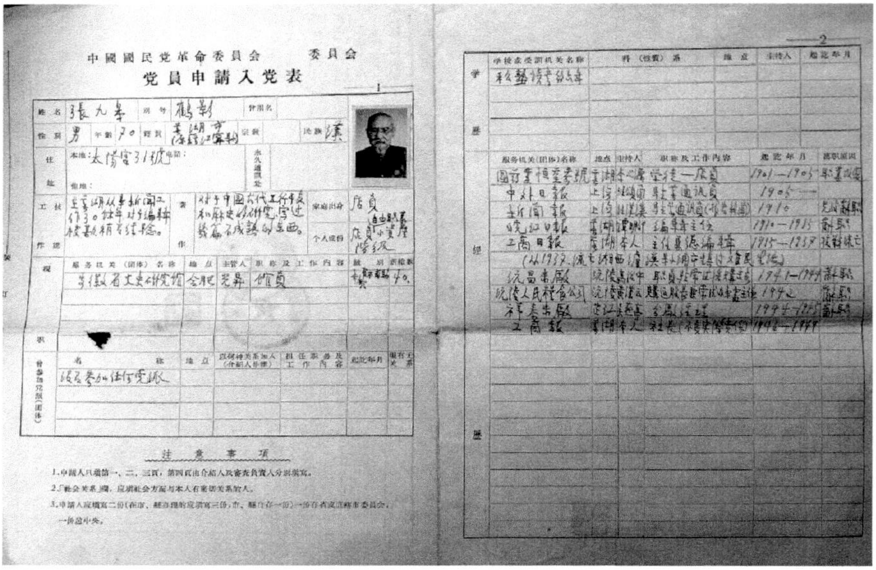

中國國民党革命委員会 委員会

党員申請入党表

图11 张九皋加入民革申请表正面

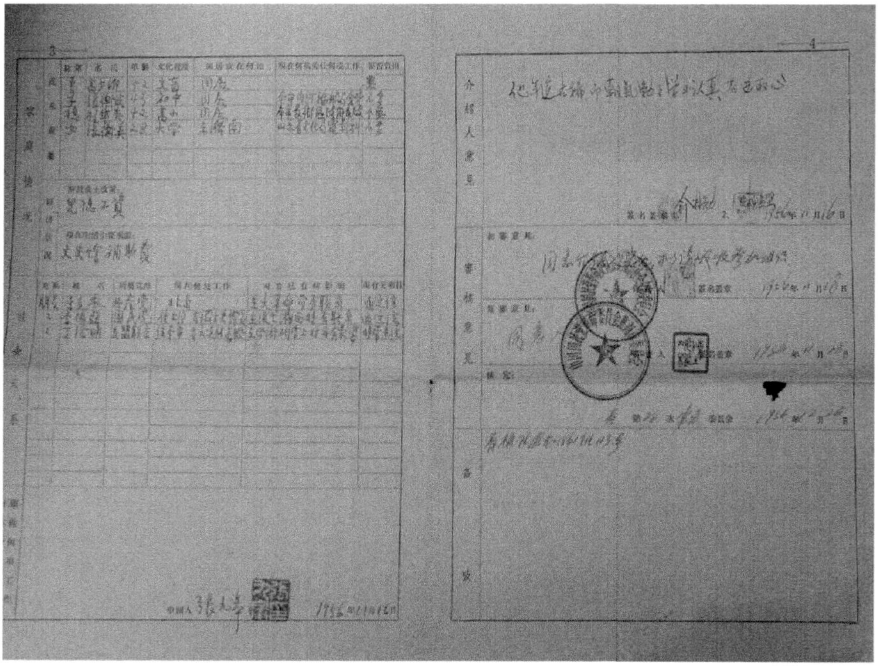

图12 张九皋加入民革申请表背面

1960年，九皋的老友谢善波来访，已经三年未见。其妻李氏1959年去世，年仅五十二岁，李氏乃九皋先生最后私塾师李复初先生小女。李师出“梅开岭”（十月先开岭上梅），九皋对“草长湖”（草长平湖白鹭飞），那时九皋才十四岁，转眼九皋在芜湖生活已花甲一周矣。“六十年前事，今犹记脑中。何时开五福，一笑飞长空。”九皋口占五言绝句一首，以记其事。九皋常常在想与芜湖地域是何因缘，竟然把自己的事业和理想全部都寄托在了这块土地上。

1962年2月11日，张大荒急急忙忙跑来告诉九皋，李克农将军9日在北京逝世。12日，胡善元及骆振群来和九皋商量，决定当日发一联名悼念电致李克农治丧委员会。九皋此时越发感到一种紧迫感，必须珍惜当下的每一天。

1962年9月26日，九皋又被政协邀为文史资料研究工作组成员。这时九皋的身体已经多次感到不适，开会期间感冒发烧、夜晚咳嗽气喘。但他并没有在家人和同事面前表现出来，他在开会发言时，声如洪钟，参加会议的人往往被他的发言激情所感染。

1962年12月10日午后，九皋先生突患黑尿（毒血）急病，但一贯对自己身体状况持乐观态度的九皋先生，此时并不知道他的内部脏器已经极度损坏。

1963年5月间，一天九皋先生正在伏案写作，他的手因颤抖很厉害而无法提笔，之后便卧床不起，一时清醒一时迷糊。郑青士等老朋友陆续来探望九皋，当年的最好朋友老中医谢树德前来探望他之后，很沉重地告诉衡武，九老恐怕很难度过此关了，尽量让他吃点自己喜欢的东西。这天，衡武从市场买来九皋最喜欢吃的鲥鱼，午饭时候，老伴将清蒸鲥鱼端到房间里，九皋忽然清醒起来，他招呼老伴扶他起床，边吃边说他很久没有吃过这样鲜美的鱼了，之后又和衡武说了他还有什么文稿没有结束，又说他很想回到南京乡下去……渐渐地语言模糊起来，老伴高氏扶着他躺下来。九皋先生又昏睡过去……

1963年6月9日中午，两个孙儿跪在床前，九皋张着嘴，却没有发出声音，他的眼睛慢慢地失去了那平时犀利而敏锐的光，九皋先生永远地离开了我们。

九皋逝世的消息传出，张大荒第一时间赶到，哭倒在九皋的灵堂前，他特地书写一副挽联，以示哀悼，其中下联是："四十年肝胆论交最钦佩，德福俱备，媲美黄花香晚岁！"

衡武按照传统的仪式，将九皋遗体入殓并根据九皋生前的遗愿，将棺木运送到南京郭村祖坟安葬。

九皋魂归故里，回到儿时的故土，回到了他的父母身边，回到祖辈那里。而他为之奋斗的新闻事业、对古代先民哲学思想研究和芜湖文史研究的成果永远留在了芜湖。

"创皖江工商报界巨子留青史，容道德文章天地云鹤凌霄汉"，竖立在九皋墓前石碑上的这幅挽联精当地评说了九皋先生的不平凡的一生。

下篇　张九皋文选

濮家与芜钢

1958年10月，我在芜湖市文化局召开的一次座谈会上，听到刘悟冈中医师讲述南宋初叶至清末时期濮家在芜湖炼钢制器的史话。我认为这是搜集芜钢史料中一条珍贵的线索，根据这条线索，对芜钢的历史进行了初步的调查和研究。现将调查所得的材料整理如下，以供大家对芜钢历史作进一步研究的参考。

事实是这样的，在北宋末期居住在山东曲阜的濮家兄弟七人，他们都是精于炼钢制器的铁工，因为金人南侵，濮家兄弟激于民族义愤，相约分别从军，从事修造武器，以与金人抗战，在分散以前，特制铁符一方，分作七块，弟兄各执一块，作为日后会见的符证。

弟兄七人分别随军转战南移，于南宋初期分别在七处安家立业。到芜湖安家的是最幼的老七，濮氏宗谱称之为南来始祖“其七公”。其余六兄弟分散在安徽凤阳、和州、当涂，江苏溧水、苏常，浙江的嘉兴等六处。

濮七到了芜湖以后，先住古城东南郊的濮家店镇，以便取用上游清水河的水，炼钢制器。濮家店原名百家店，后因濮家生产的铁器质量优良，业务发达，由群众自发地改称濮家店。

至南宋中期，濮七的孙子濮万伦，积累了丰富的炼钢经验，精于“听钢”的技术（即敲击钢的声音，就能鉴别钢质的优劣），这种技术一直流传到清代末期。它对芜湖炼钢事业的发展，曾起到一定的作用。

到了元代，统治者限制民间使用铁器，极为严格。江南地区相传

“十家共用一把菜刀”。濮家炼钢制器的事业，当然受到严重的打击。这时濮家的大部分子孙，就在濮家店镇附近的濮村埠从事农耕。同时对于炼钢制器的技术，仍旧秘密流传下来，没有中断。

在明代中叶，芜湖专业炼钢的钢坊，开始发展起来时，濮家的濮万兴钢坊先由濮家店迁移到古城西郊濮家院（即今市区明城以内，与铁石墩、铁锁巷又名铁作巷毗连。这时明城尚未建筑），以便取西湖池水淬钢。以后濮家家属亦西迁濮家院，地名即由此而起，今仍保留原名。

以后炼钢业逐渐发达，加之明城筑成后用水不便，所以濮万兴特在西城外七更点地方，另行购置地基，建筑总作坊（即今上二街永平里，面积甚大，地基至民初才售给当涂人王姓建筑永平里。南首平安里，为王时和钢坊旧址），以濮家院为东作坊。在乾隆、嘉庆最盛时期，又增设西作坊，并在石桥港西面（即今花津路）独建白石浴池，专供本作坊工人沐浴，可见工人人数之多。

濮万兴的钢铁制器行销七省之广，最远的为山西省。该坊总作坊设有客舍，招待各省顾客食宿。在营业最盛的时候，尤其是山西客商大量购运时，产品时有供不应求的现象发生。当时钢款的汇划和现银的解运，都由票号办理。芜湖最后一家山西人开的“三晋源”票号（在三圣坊兴隆巷内），于五十年前芜钢完全衰落时，才撤销这个机构回了山西。

为核对上述材料，以求真实起见，又专函侨寓上海的友人濮文波老先生（濮老是蒲万兴钢坊后人，清末甲辰科芜湖进士，现任上海文史研究馆馆员，今年已达90高龄），当承复信加以证实，濮老复信原文如下：

承询炼钢纪事，代远年湮。数典几忘其祖。幸先兄文彬修理宗谱，只载名称，未详技术，兹将庭训耳食之余，略为贡献，幸垂察马（焉）。祖居山东曲阜，避金寇举室南迁，昆仲

> 七支，分设浙江、苏常、溧水、凤阳、和州、当涂等处。最幼弟其七公居芜湖濮家店（原名百家店），后迁市区七更点，继续祖传炼钢业。因西湖池水最宜淬钢，家店合一。钢业大旺时，万兴商标推广至山西各省，同业八家，以吾家为首。极一时之盛。闻先君云：考炼钢有粗细之分，技术有搥钢、箝钢、淬钢、听钢。吾三世祖万伦，最精于听钢。清代太平天国时，毁于兵火，家业荡然，技术亦不传矣。今芜湖赵云生刀剪驰名，盖其一麟一爪耳。

除上述濮家钢坊以外，其他钢坊的大概情况，根据我调查的片断材料来说，最具有代表性的葛永泰、马万盛两家，也是最老最大的钢坊。这两家是从留都（南京）转移到芜湖来的。葛家在先，马家在后。

葛家钢坊开设于西湖池东面，即今太阳宫（古名北极阁）湖滨街附近，在用水淬钢方面，它占了最便利的地位，也是获利最早的一家。这影响了各地炼钢业者，逐渐集中到芜湖这个地区来。

马家钢坊最初开设在市区城内堂子巷中段，距离濮家院很近，后来也因为用水不便，迁到七更点地方。但是城内堂子巷的基础，直到清末才售给太平县崔姓。

据说马家钢坊的资力也很雄厚，因为在发展过程中，有徽州盐商经姓等投资，变为合资经营，但是在技术方面，仍旧由马家掌握。与濮家一样一直祖代流传。

这一点最近由凤吉霆老先生（77岁）加以证实。因为马家钢坊最后一代掌炉的技工马承惠，就是他的外祖父。

各地从事炼钢事业的人，为什么要集中到芜湖来而不在南京？据调查研究，共原因有三：一、炼钢的主要原料是生铁，芜湖邻境繁昌、当涂两县均产铁（宣城过去亦有产铁的迹象），从各地运来芜湖，比运往南京便利而省费。二、燃料木炭等产皖南山区，不但运输便利，市价亦较南京低廉。三、运销方面，芜钢和其他手工业商品，如运销江浙各地，无须长江风涛之险，可以从中江故道经过东坝（该地有过傤行，专办上坝到下坝搬运换船各事），水道处处可通，既便利又安全。过去江浙闽广的商品，亦由此道输入至皖南。

由于上述客观有利条件，各地炼钢家都来芜湖集中经营，这是必然的趋势，也是芜钢能够高度发展、行销天下的主要因素。何况南京改作留都后，市面低落，工商业者另找出路，转移到芜湖来，这也是必然的趋势。

关于钢坊技术工人的来源问题，经我长时间的调查，可以概括地说，除濮家以外，大多数来自留都，都是南京周围的江宁、句容、溧水、当涂人。（芜湖最后收歇的同春福钢坊技工，据74岁的锡工郭传义说，是当涂博望镇附近的人。这个镇市与溧水接界。）

在这里还可以提出旁证，明代嘉庆年间歙县巨商阮弼，在芜湖经营色纸业，所谓染人，也是来自留都，而且都是句容、溧水人。还有浆染业有大红坊、青蓝染色坊、印花坊三种分工，大概与色纸业同时在芜湖发展起来的。所有染工，皆属句、溧两县人，印花技工一部分，是溧水与高淳接界的人。

芜钢在发展过程中，可分两个阶段。第一阶段，是从明代中叶到清代初期，禁止开矿的前后，大钢坊发展到八家。第二阶段，从康熙间到嘉庆间，大钢坊已经发展到十八家，小型的还没有计算在内，单是陈姓钢坊一家，就增加到五家（陈奎泰、陈元泰、陈祥泰、陈京祥、陈茂源）。

我最初就怀疑，纂修嘉庆《芜湖志》的江宁举人陈春华与钢坊有关系。因为这时正是芜钢遭遇最大压力的时期，也可以说是芜钢走下坡路的开始。

事情是这样发生的，嘉庆六年江督皖抚在查办铁斤案内，议及“芜钢”。饬令芜湖关道宋镕，详定运销章程，责令各钢坊出具连环互结，公刊坊票，认明熟客，指定售卖地方，并将钢斤数目，商贾姓名，填写票内，具结，并就近呈送关道衙门，编号钤印，验明放行。

我们从表面上看，这个芜钢运销章程限制是很严格的，如果一家出事，全体钢坊就要连带负责，与以前各自经营、自由贩运的情况不同，这就发生了很大的变化。

各钢坊当时应付这样的局势，必然推举钢坊中最有才能的人为代表，周旋于道县之间，这个代表可能就是陈春华。同时正式组织钢坊公所，并在城内薪市街建筑公所房屋。专人办理章程中所规定的事项。公所建成后，又呈请给示勒石，俾垂久远，宋镕除准予将钢斤运销章程勒石外，并令县将檄文纂入新修的志书中。

我们研究檄文中的语句如“钢为芜邑土产，贩运百有余年，原无贻误”。“该铺户遵行已历数年，相安无异”。以及“将檄文纂入志书——以寓体商便民之意”。处处有维护钢坊的意味，这当然是陈春华的力量。

我们又看到纂修康熙《芜湖志》的葛天策，同时纂修《太平府志》（包括当芜繁三县）的葛天骅，可能与葛家钢坊有关系，因为他们的经济均极富裕。而且反映在封建社会里，富有资本的钢坊培养子弟读书，求取功名，来维护他们的事业。

到了咸丰以后，钢坊虽然尚存十四家，已入于衰亡时代。钢坊公所毁于兵火，亦无力复建，并将地基出租于人。

芜钢一般发展情况大致如此，其他钢坊，非但变迁复杂，也没有材料。只好略而不谈。但像濮家一系，经历宋、元、明、清四朝，七八百年之久，那是绝无而仅有。

原载《安徽史学通讯》1959年第3期

拙作发表后，不久《安徽日报》刊载，文物工作者说：“繁昌县境内，唐宋以来，炼铁遗址，星罗棋布，规模相当大。”清康熙间所修《太平府志》，对开矿炼铁未提一字，因此时禁止开矿，故讳莫如深。

芜湖手工炼钢业的片断史料

一、芜钢发生发展和消灭的时代

芜湖炼钢业究竟起于何时，这在清代嘉庆十年左右，芜湖关道宋镕关于“贩运钢斤章程”的檄文说得最清楚。他说：“钢为芜邑土产，贩运百有余年，原无贻误。嘉庆六年奉督抚二宪查办铁斤案内，议及‘芜钢’，饬令藩臬并安徽管关道，先后会同妥议详报，经本道饬县议详，会司酌定章程。责令铺户等出具连环互结，公刊坊票，认明熟客，指定售卖地方，并将钢斤数目，商贾姓名，填写票内，具结。就近呈送本道衙门编号钤印，验明放行。具文会详，奉批如详饬遵。年终将销售钢斤数目、造具册结，呈送核查在案。该铺户遵行已历数年，相安无异。”

由此可见，芜湖炼钢业在清代嘉庆以前的百有余年，即已存在。并有大量钢斤贩运出口，官文书中已经简称“芜钢”。

我们再从钢坊分布的地点、现在年老的人还能指出的区域来看。炼钢事业，在明代万历以前可能已经发生。因为整个钢坊业都围绕着“西湖池”和“石桥港”，这是对于炼钢用水的关系。明代万历三年建筑新城，将一部分钢坊圈入城内，城内钢坊用水，由此大感困难，除以后陆续迁出城外以外，如仍设城内必须远出西北两门取水，当时事实情况，确是如此。单从地理形势来看，是可以证明芜钢的历史是很久的了。

因此我们可以说芜钢发生于明代万历以前，发展于清代初期，在乾隆嘉庆年间为极盛时代，到了清末光绪十年以后，为衰亡时代。光绪二十年以后，为完全消灭时代。

二、钢坊分布地点和地理概况

根据多次调查访问的结果，在芜湖城内西北面之堂子巷、铁石墩（地名现已消灭，所谓铁石墩，即铁屎墩，乃堆铁渣之处）、铁锁巷、桑枣园一带，都开设过钢坊。这一部分钢坊，与城外“西湖池”及“石桥港”附近的钢坊，实际上只隔一道城墙（现在城墙早经拆除），距离都很近。据传北内城根有些低地，都是用铁渣所填。

城外钢坊大致分布于上二街、湖滨街、太阳宫、杨家巷、小营盘、七更点一带。西湖池边也有铁屎墩一座，形如小丘，月夜墩影映入水中，酷肖一只犀牛的头，由此发生“犀牛望月”的神话故事。可能是炼钢工人编造出来作为休息时间聊天的资料。

现在铁屎墩早已消灭，整个西湖池亦全部填平，上盖房屋，已无迹象可寻。据传太阳宫和宋先生祠一带都是用铁渣填平的。这一点已经证实，此处私家水井离地面一二尺许即发现铁渣，故井水极为清洁。1956年市建设局兴筑下水道，埋置水泥巨管，所挖掘出来的泥土，也发现铁渣和煤屑。同时石桥港亦全部填平。现在的地貌与百年前比较可以说是完全两样。

盖在百年以前，西湖池面积很大，且与附近之朱家塘、九莲塘、官塘等相通连，芜市东北诸山之水，大部汇集于此，经石桥港入青弋江大河。因此钢坊也聚集在这里。

芜钢有数种，以“寸钢”为最好，芜志载“寸钢以石桥港水浸独佳”。又说“银朱铅粉，亦以石桥港水漂炼”。芜湖老年人口头上也是这样说。但是无法说明这个道理在哪里。

三、钢坊业主和技术工人

芜湖炼钢业在清中叶乾嘉年间，可称黄金时代。大小钢坊多到几十家，较大的葛永泰、马万盛、程道盛、吴豫泰、程立泰、陈奎泰、程时金、邢怡泰、濮万兴、王时和、陈元泰、程顺兴、葛通顺、陈祥泰、吴源全、陈京祥、吴启发、陈茂源等十八家。

这些经营钢坊的坊主，据我所能知道的一部分，有芜湖人、泾县人、繁昌人，可以统名之为徽帮，还有南京、江宁、溧水、句容等地人，即秦淮流域人，可以统名之为京帮。因为当时经营工商业者，大多数为京、徽两帮人，口头上也是这样说的。

钢坊公所于嘉庆初年建筑，地址在城内薪市街，与药业公所“三皇宫”紧邻，前后相连（药业全部职工有百分之九十八是秦淮流域人）。同时钢坊葛永泰等又呈请芜关道宋镕，将贩运钢斤章程勒石，以便遵守。宋除绘示勒石外，并以“芜邑现在重修邑乘，特檄行芜湖县即将檄文纂入志书，俾垂久远，以寓体商便民之意”。（查嘉庆志为江宁县举人陈春华所修。陈侨寓芜湖达六十年之久，与钢坊颇有关系。）

又根据嘉庆志关于炼钢业有这样的记述：“惟铁工异于他县，居市廛冶钢业者数十家，每日须工作，不啻数百人。初锻熟铁于炉，徐以生镤下之，名曰餧铁，餧饱则镤不入也。于是渣滓尽去，然后再试火候，听声音，良者扑之皆寸寸断。授之客走天下不訾也。工以此食于主人倍其曹，而恒秘密其术。”

由此可见，炼钢技术一直掌握于工人阶级之手。但是资产阶级的坊主，也有极少数人从不断偷学中而得其术者，芜人口头上有此传说。

这些技术工人从哪里来的呢？我只能举一个特出的人物作为例子，来解答这个问题。就是在芜湖创造铁画的铁工汤天池。据芜志载，汤是溧水县人。也有说他是句容县人。经我最近在芜湖调查，汤天池是溧水“神巷”村人，距离句容县属“汤巷”村很近，汤的祖先是从

“汤巷”迁居“神巷”的，在籍贯上可说都对。

汤天池最初是一个精于炼钢的技术工人，绝不是普通的铁工。以后他创造铁画，工作时能够使铁随意屈伸，惟妙惟肖，绝不是出于偶然，是有他的炼钢技术作基础的。同时他又和芜湖当时名画家交游，得到帮助，必然经过一段较长的时间的辛勤劳动，结合很多人的智慧才能有此光辉的成就。更不是如芜湖故老相传汤天池遇着神仙摸了他的手以后才能打制铁画，这是一种神话。在事实上哪有这样简单。

不论炼钢技术或制作铁画一般都是保守秘密，不肯轻易传授。他们所带的徒弟都是子侄或亲戚，各自成帮，祖代流传。现在芜湖制作铁画的储炎庆是合肥人，据他亲口对我说，制造铁画的技术，是青年时钻通楼板偷学着而来的。

四、芜钢运销地点和数量

芜钢运销地点，现在已无法查考，但是可从芜钢基础上发展的“四刀”（剪刀、菜刀、剃刀、锉刀）来看芜钢运销的地点是极其广泛的（详见下节）。

还有颜料中的铜绿，与芜钢业务虽然不同，但是与芜钢盛衰和销行远近有些相同，也可引作旁证。据芜新志载：“铜绿亦旧化学物品，原料加紫铜、糯米、粗糠造成。嘉庆道光时业此者十八家，作工恒达百余人，销场以染纸为大宗。（按同时芜湖刷色纸坊亦最盛）行销外埠，远及关东。自洋绿入口，加以原料昂贵，此业遂一落千丈，今仅存三家，合并为一家。”此硕果仅存一家的铜绿坊，设于状元坊巷北口，于民国八年后消灭。据其后人（徽州）谈，铜绿销数最多的地方是苏州。

芜湖行销的数量，也无从查考。但是根据外运纳税的数字，也可略知其大概。当时芜关税收分户部与工部两关，户关每年额解铜斤脚价归正银一万八千四百二十三两七分五厘。工关额解铜斤脚价归正银一万四千六百一十五两三钱八分五厘。查芜关完纳铜斤脚价向以钢斤为大宗。所以这个数字不是准确的数字，解到部里去，中间还有中饱。咸丰时兵燹关毁，税亦停征。

光绪二年六月初一日，复行设立两关征税，重订税则，已经将铜斤与钢斤分开。钢每百斤收税银四钱二分，出口二钱四分，熟铁二钱，出口一钱二分。

我对这个税则，有点疑惑不解，因为芜钢的销路，有内销和外销两种，内销是供应本邑打制剪刀等所需用，外销是贩运到外埠去的，就是出口收税二钱四分，在关缴纳，自然没有疑问。还有四钱二分的税，这是什么税呢？是不是就坊征税类似出厂税呢？如果是的，那么就是内销税重，外销税轻。假使四钱二分的税，是缴的户关税，二钱四分是缴的工关税，而税则上并未注明，令人无从臆断。

五、从芜钢基础发展的“四刀”

1. 剪刀

芜湖剪刀，驰名全国，历史悠久。毫无疑问是从芜钢质量优越基础上发展起来的。最初芜湖下游各地的妇女们前往青阳九华山烧香，不论坐木船或走陆路，来回必须经过芜湖，都要购买剪刀一二套（每套大小五把），带回自用或赠亲友。因此，销路日益扩展。以后凡是前来芜湖的旅客，多数要买几把剪刀和菜刀带回应用，习以为常。当时芜湖与澛港（芜湖上游十五里与繁昌接界）两地制作剪刀、菜刀的工人达到几百人，可说盛极一时。

芜剪所以能够广泛行销，主要原因自然为芜钢质量优异。作坊制成剪刀菜刀后，再经门市商店检验加工。其特点为无论剪切软硬性的东西，刀口皆不至于损坏。尤其刀锋锐利，经久耐用，虽铲磨极薄，刀口不卷。

近百年出售剪刀、菜刀的店铺共有五六家，三家姓赵、两家姓童。以开设长街宁渊观口的赵云生最老，业务最佳。大概开设的时间已历百年，祖代相传，至第三代赵敬臣。这时芜钢已经消灭，改用进口洋钢，业务渐觉衰落。故对外表的形式，力求精进，于交叉处加饰龙眼，于握手处刻划图画。同时以精制剪刀四套参加宣统元年南京南洋劝业会，后又参加巴拿马博览会，均获奖状。这时赵家库存剪刀三万把至五万把。抗日战争后业务一落千丈，解放以前全市年产量已不及二十万把。

中华人民共和国成立后在人民政府大力支持下，剪刀工业始获新生。据调查，1955年经过合作化高潮后，生产技术和质量日益提高。1957年产量已达七十五万把。运销黑龙江齐齐哈尔。最近国家出口部门已向市剪刀生产合作社订购大批刻花剪刀，准备出口，打开国际市场的销路。

2.菜刀

菜刀又称薄刀，是附属于剪刀业的。惟销行不广，不及剪刀销路之远和数量之多，无甚叙述。

3.剃刀

剃刀亦为芜湖名产，最大最老的剃刀店为王福兴（湖北人），开设至今已历五十五年。前名王顺兴开设六十多年，合共一百廿年左右。其初剃刀是用芜钢最好的“寸钢”所制，因为钢性坚硬，从不卷口。行销长江以北地区，远到山东、河北、河南，约有十四个省份，最远的达到齐齐哈尔市。

北方各地挑运干果（如大枣、柿饼等）、水果来芜出售的，回程大部购剃刀带回。所以销路以这批肩挑北货的小贩为大宗。嗣后改用洋钢打制，销路遂逐渐减少。辛亥光复以后，理发业少数改用洋式剃刀和推剪等，由此销路更不如前。现在王福兴早已公私合营，所售刀剪等种类繁多，已呈现新的面貌。

4.锉刀

据七十余岁的木艺工人李自高谈："我十三四岁来芜学徒，有一天师傅叫我到西门城里颜正兴锉刀店拿两把锉刀，并叮嘱我要同春福钢坊本钢打的，不要洋钢打的。又说本钢好、经久耐用。洋钢性脆，容易损坏。"这几句话我记得很清楚。

李又说："同福春钢坊，大约在甲午年以后收歇的，坊址在西湖池南面，现在上二街人民法院对面。大家都说西湖池的水，炼钢最好。颜正兴锉刀店现仍存在，已经合作化了。以前皖南皖北都销。"

由此可见，芜钢著名的"三把刀"，其实有"四把刀"。因为锉刀的用途只限于一部分手工业者的工具，人们不甚注意的关系。

六、"芜钢"消灭的过程

芜湖钢坊在咸丰以后，尚存十四家。这时运销各地的数量已大为减少。因为资本主义的西方国家所产的机制洋钢，已逐步侵入我国和芜湖下游各地，芜钢运销区域逐渐减少。所以在城内薪市街的钢坊公所经兵火毁为平地后，即无力量重新建筑（东隔壁的药业公所于光绪初重建恢复旧观）。后来又将地皮租给他人，建筑市房。从这一点上看芜钢一蹶不振的景象，极为明显。

延至光绪初年，家数又逐渐减少。虽然改用从湖南宝庆蓝田运来的煤炭作炼钢的燃料，亦无济于事。光绪二年芜湖开辟为通商口岸，三年设立海关，洋钢大量输入，以低价压倒芜钢。因此钢坊无力支持，大部收歇。在光绪十年前后，所剩两三家合并为一家，牌名同春福。

这个最后一家的同春福钢坊，还能挣扎一个较短的时间。因为芜市尚有一部分剪刀业等坚持仍用芜钢打制的关系，但是同春福内部股东已几经改组，最后并给泾县人吕湛泉独资经营。

在光绪廿五六年间，这一家同春福钢坊还是趋于消灭，盛极一时的芜钢乃变成历史上的陈迹。我们根据上面的叙述，可以看到在一百多年以前，芜湖是一个炼钢业为中心的手工业最发达的生产城市。以后就逐渐变成以粮食业（米市）为中心的商业城市，也可以说是消费城市，从全国来说，是帝国主义在安徽的经济市场。

七、钢坊经营方式和剥削方法

芜湖钢坊的经营方式，是完全属于封建主义的经营方式，始终没有走上资本主义的道路。同时钢坊还是属于手工业的范畴，与其他冶坊、朱坊、色纸坊、染坊性质一样。这些行业在封建时代里很少有机会获取暴利。所以他们流传着一句口头语，说他们所得的利润，等于"针头削铁"。经济基础是薄弱的，与资本主义经营方式完全两样。

这些钢坊主对工人的剥削，也有差别。因为炼钢技术一直操于工人之手，是不敢过分的剥削和压迫的。他们用"一底一面"的方法来笼络工人。所谓"面"就是按月支取固定的工资。所谓"底"是暗中致送酬劳和分红等，有很大的伸缩性，与其他行业的剥削方法大致相同。总的说来，还是封建时代的老一套，所谓"无例不兴、有例不灭"。成了劳资双方发生矛盾、吃茶评理时，双方必须遵守的原则。但是也有些"例"是工人阶级对资本家从不断的斗争中建立起来的。

八、我对芜钢的分析和研究

芜钢的生产所以优越于它处，我认为可以分三个方面来研究：

1.技术方面

芜钢的冶炼技术，既然是秘密相传，自然无法作详尽的说明。但是可以举出两个特出的人物来作代表。一是较近的在芜湖创造铁画的汤天池。他的历史前面已经略为介绍，在这里无须多说。一个是最远的在芜湖造铁剑的干将。据芜志引图经载："县东北六里赤铸山，楚干将造剑之处，山有干将墓。又有火炉山两座，相传干将造剑设炉于此，因以为名。”又据《晏公类要》说：“干将之子，埋其父于宣春城北。”又据《舆地纪略》载：“宣春城在芜湖。”可见宣春为芜湖最古老之城名，今城东门即名宣春门。古城在今城之东数里，赤铸山正处城北。

又据《越绝书》载：“楚令风胡子之吴，见欧冶子干将使人作铁剑。欧冶子干将凿茨山，泄其谿、取铁英。作铁剑三枚，一曰龙渊、二曰太阿、三曰工布。”根据这个记录，好像楚国听到吴人干将善于造铁剑，就秘密派人到吴见干将，请他来楚境造剑（相传干将也到过庐江冶父山，山由此得名）。

由此可见，干将不但精于炼钢技术，而且还能开采铁矿。干将在芜湖造剑，自然是原料关系。芜湖附近在古代是产铁的地区，单以现在市区的赭山来说，也是产铁的，赭山之西，有一小山，即名铁山。

宋代黄山谷留芜时，所写的咏赭山诗云：“读书在赤铸，风雪弥青萝……古剑摩空宇，寒光启太阿。”大概也指的是干将造剑的故事。

不论造剑以及造铁画是有创造的，而且与冶铁炼钢的技术是分不开的。与芜湖地区是有着密切关系的。还有干将和汤天池，可以说都是钢铁工人和发明家创造者。所以我认为不是偶然的巧合，是有着源远流长的历史上的传统关系，只有在工人阶级领导下的新时代，才能看得见古代工人伟大的创造精神。

2. 用水方面

芜湖一致相传炼钢、制剪及制造金属颜料，都要用西湖池和石桥港的水为最好，但是始终说不出什么道理，民国八年修芜湖新志的鲍小斋，因为他的弟弟幼斋是留英学矿业的，对这个问题，曾经研究讨论过，但是在新志上没有说明。

我认为过去芜湖东北诸山之水，大部分汇集于西湖池，通过石桥港入大河，水中很可能含有利于炼钢的金属物质。

3. 铁质方面

芜湖上游繁昌桃冲铁矿（民初由芜湖商人霍守华、陈梅庭组织裕繁铁矿公司开采，与中日实业公司订约，售铁砂给日本），下游当涂、马鞍山铁矿（同时由芜商章朗西等组织宝兴铁矿公司，同时售铁砂给日本)。这两处的矿脉，是要通过芜湖诸山的，只有产量多少和矿层深浅的差别。最近报载勘查队勘查这个矿区（现在芜湖上下游的铁矿都属于马鞍山矿区），发现两种稀有金属物质，即天然合金原料，与铁矿同生于一处。这个喜讯（见1957年11月《人民日报》）我认为是可与过去“芜钢”联系起来看的。因为芜钢原料的来源，是从上下游运来的土铁，芜钢质量优异，是与铁质的优异分不开的。因此，芜钢在本质上可能含有天然合金的部分。

原载《安徽史学通讯》1958年第1期

芜湖染色手工业

一、色纸业

芜湖染色纸和染布手工业，都起于明代中叶嘉靖时期，这是善于经营商业的新安人使用秦淮流域精于染色的技术工人而发展起来的，从那时候起直到清末，芜湖加工染色的纸和布，运销各省，远近驰名。

1.新安商人与秦淮技工

明代嘉靖时期，徽州巨商阮弼，在芜湖经营纸业，以染色纸为大宗，阮先在南京（又称留都）收购从南昌运来的闽赣所产的纸张，交给刷色纸坊加工染色，然后运来芜湖，再分给有联系的客商。这样做虽然获利，但是转折太多，而耗费亦巨，因此，阮弼就改变方针，直接从南昌购运大批纸张来芜，同时在芜湖创立刷色纸坊，从南京招来所谓“染人”（即技术工人）开始染制，不但操纵裕如，而且获利更厚。

接着又发生一个主要问题，即染料问题。若只靠从南京购来，有时不能得心应手，因此又在芜湖创立炼制银朱的朱坊（色纸以红为主），这些染色炼朱的技工虽然来自南京，但是他们都是南京周围的句容、溧水人。还有制造青绿色染料的铜绿坊，以后也在芜湖创立起来。制造铜绿的技术工人，则来自和县。

徽商阮弼等在芜经营纸业具有规模大成本低的特点，他利用在商业上建立的分支机构和所联系的客商，将色纸运销江、浙、鄂、豫、鲁、冀各地，获利甚巨，这样，阮弼经营的色纸业除原料纸张不能自造外，已经形成一个产运销联合的大企业。

在阮弼以后，这个色纸业的变化，自然是复杂的。但总起来说，就是由集中逐渐到分散经营，业务也随之缩小，先有徽商掌握的，也逐步为由技工转化的京商（句溧帮）所掌握了。

举例来说，芜湖长街状元坊上首，有一家独一无二的最老的陈泰兴纸号和刷色纸坊，大概开设于清代乾隆时期，咸丰时毁于兵火，因窖藏未受损失，故能迅速恢复旧业，直到抗日战争以前，才趋于消灭，该号创始人为句容籍，而且是从刷色技工起家的。清末民初，徽商纸号和纸坊仅剩祥泰一家，开设于徽州码头上首。其余张成泰、王万盛均属京帮。

2. 染人团体与葛仙翁祠

染色纸工人在芜湖有悠久的历史，当然有团体存在，根据《芜湖县志》的记录："崇仙院在镜湖堤'南'，即古文昌宫，崇祀葛仙翁，康熙六十一年建，乾隆十年、十六年、二十八年节次重修，咸丰兵燹毁，光绪六年溧水纸业同人醵资重建，即在内设溧水会馆。"这段记录很多错误，据我所知，明代句、溧染纸技工在芜立足后，人数逐年增加，即在镜湖（即陶塘）堤东捐款建筑一座很简单的文昌宫，供祭祀葛玄。每年葛诞辰（重阳节）集会聚餐。实际是工人的团体，对福利方面，是不断与纸号坊东作斗争的，宫址方向在堤东，并不是"南"，清代康熙时重建，即改名为崇仙院，又称葛仙翁祠。到乾隆时，句、溧人在色纸业中，已跃居主要地位，经济富裕，三次重修，在原址上不断扩大建筑范围，并于院中增建演剧的万年台，每年葛诞演剧数日。光绪重建恢复旧观后，只演出过一次戏。该院规模壮丽，其他会馆所无出其右者，位置又为风景最佳的地区。清末又更改门额为"句溧纸张公所"。按其性质既非业务活动的公所（纸张业属于杂货公所）也不是同乡公馆，改名的原因与当时公共祠宇收归学产，改办学校有关。

我在民初曾经问过陈隆兴经理陈澍之刷色纸业是葛仙翁？陈说：古代相传，刷色纸是葛仙翁发明传授下来的。我对这样的说法，一直有点怀疑。最近我对这个问题进行调查研究，才知道染纸的颜色是最主要的朱红色，汉代“赫蹄”一语，三国时魏人孟康说是“赤色纸”，唐宋以来解释为染色的纸（《太函集》阮弼传，阮经营色纸，也说到“赫蹄”一语）。我们从“赫蹄”两个字意义上看，好像还含有赤色印痕的意味。

据多数人传说，最初染纸是用朱砂，又名丹砂（秦淮流域的茅山、赤山，过去曾产过朱砂和水银，以及植物红花，唯产量极为稀少）。以后改用铅炼的银朱，又称铅丹。这两种能染红色的金属矿物，也正是炼丹家烧炼的铅和汞，从这里可以看出色纸业为何崇祀葛翁的消息。

3. 银朱坊和铜绿坊

据《芜湖县志》载：“银朱坊为芜湖驰名物产，旧志称用石桥港水炼成，光绪初尚有朱坊一家，后遂绝迹”。

据我调查研究，朱坊是随着色纸坊而发生的，生产的银朱，首先供给染纸所需，多则运销外地。芜湖色纸中主要产品朱笺纸，又名“万年红”最为出色，其染色原料是银朱。至于朱坊在光绪初即趋消灭的原因，是由于为广州产品所代替。广州王三兴号制炼的银朱，名“三兴朱”，质优价廉，早由京广货店经营，药店也售，还有一种名“陶丹”，又名黄丹，也是铅炼的，红色微黄，为熬膏药所需，染纸和油漆业都需要。

次要染料为铜绿，又名糖青。据《芜湖县志》载：“铜绿亦旧化学药品，原料用紫铜、糯米、粗糠造成。嘉道时业此者十八家，销场以染纸为大宗，次则染沙鱼皮等，行销外埠，运及关东。自洋绿入口，遂一落千丈。”

据我调查，这个铜绿坊业，一直操在徽商手中，技术工人则来自和县白渡桥。只有张王两姓能造，其技术同样秘不外传。

在光绪初，铜绿坊尚存，益隆甡、詹永昌、源泰昌三家，其中詹姓坊主企图独占这个事业，特将他在巢县柘皋经营的布号结束，资金全部投入铜绿坊，产品按照成本出售（大多数为苏州客购去），结果其他两家虽被拖垮，但本身也陷于瘫痪，后经人调解，三家合并为一家，延至民国初年开始消灭，距离朱坊绝迹约推迟四十年。

4.红色染料与现代化学

五十年前，芜湖药业老年职工常谈到水银经烧能变成朱砂，朱砂又能变成水银。银朱是铅炼成的，银朱也能还原变成铅。不过如何变法那时没有说明。还说朱砂产湘西辰州最好，故药志辰砂。

现在要从化学方面来看这个问题，朱砂即硫化汞，为水银与硫黄天然化合物。用铅炼成的银朱，即四氧化三铅。再参考东晋葛洪在所著《抱朴子》中的叙述，这些炼丹家已经发现了化学反应的可逆性，他们是将红色硫化汞加热，分解出汞，汞与硫作用再生成硫化汞。从他们的言论中，也可以看到铅能变成红色的四氧化三铅，而且四氧化三铅又能再生成铅。

这些炼丹家对于“羽化飞升，长生不老”的幻想，固然不可能达到，但是将他们所得出的成果，应用到药物加工配制成药和染色手工业上来，并将烧制作的技术传给他们的后代和周围群众，世代流传，开辟了一条生产生活的道路，所以我认为这些炼丹家长期所用的劳力，一点也没有白费。

5.关于色纸的起源

芜湖的色纸业是在明代从南京移植过来而生根结果，炫耀一时。色纸业在南京发生和发展的时期，当在东晋南朝。据文献记录，东晋时，王羲之赠送谢安麻纸，纸上涂有药物，称黄麻纸。又陈代徐陵在《玉台新咏》序文里说“五色花笺，河北胶东之纸”，在这一段时间内，不但已有黄色的麻纸，而且有了五色的花笺纸，不过“河北胶东之纸”这句话还有点疑问。如果从染色纸的工序上说，首先必须通过“拖胶”，即将纸张从胶水中拖过，然后晾干，再涂上颜料，胶东是产胶的区域，是不是指的拖胶染色的纸呢？

总之，在东晋南朝时期，南京地区工商业是很发达，文化事业也在高度发展中。染色工业，必然也同时发展起来。关于染色纸的起源时期，可能在东晋以前或汉代的末期。虽然这是一种推测，但是必然是在各地大造纸张以后才会出现。这是可以断定的。

二、浆染业

1.从南京传到芜湖，开花结果

芜湖的浆染业要比色纸业早一些时候，就从南京传过来了。它同色纸业的发展和演变的过程有些相同，只有染纸和染布的不同，矿植物的染料不同，自然在技术方面也不一样。

浆染业在芜湖开花结果，也是徽商的资本起了促进的作用。我们知道浆染工业，就是徽商经营的布庄或布号的加工厂。他们首先注重的自然也是染料问题。因为植物染料在那时还不可能如金属矿物染料那样能够设坊自造，而必须远往四川、近到江西等红花和靛青的产区去大量采购，然后雇木船运来芜湖。在时间上那是不能够定期的。虽然客商从产地零星运来，不但价高，也不可能源源供应。因此徽商的资本对于这一点就发生了“多财善贾”的作用，他们采购的四川红花（与药用红花不同。在产地即制成浆质，装以木桶，与乐平靛一样），江西靛青，在数量上都是预先估计，足够一年左右的需要，他们这样做法，小染坊望尘莫及，只好关门大吉，转到大坊来作工。俗话说：“给你三分颜色，决不能开起染坊来”，但是后来这些劳动技工，积累少量的资金，从小到大，一部分也做了染坊的主人。

2.颜色鲜艳，光彩动人

明末江西人宋应星在所著《天工开物》一书中说：“织造尚松江，浆染尚芜湖”，指出织布和浆染，不但在江南地区以松江和芜湖为最好，从全国来说，也是数一数二的。这个道理究竟在什么地方呢？据我调查研究，自然是颜色和光彩相结合的问题。但是又不是单纯的染料和技术的问题。这些技术工人也是来自句、溧两县，同时在南京和其他地方做同样工作的人也很多，至于所用的染料也同样是靛青，芜湖何以能独好呢?

我们应该分两方面来说明这个问题，相传在芜湖的某家染坊，有一种酒类的东西，于偶然中泼入靛缸。当时认为废弃了这一缸靛很可惜，后来又用这缸靛搅匀试染，出乎意外，颜色竟非常鲜艳，以后即在染缸中加酒类若干，并托词“神仙点化”。这个秘密保持很久。所以颜色与各地不同，表现独优。

关于光彩的问题，是碾石与技术的问题。碾石的质料当然越细越好，但是也要与轧光的技术结合起来。碾石俗称元宝石，形式和银元宝相同，轧光时，技工两足踩于元宝石两端，两手扶于左右架空的横杠上，左右或前后滚动碾石，经过这样的压力轧光，不但布质紧密而且光彩动人。

3. 从综合、分散到根本变化

明代以后的变化情况，总的来说，就是大小互变，分合互变，技术工人可以积累少量的资金，扩散到较小的城镇去经营，只需置备碾石一两块和几只染缸，轻而易举，并不困难。

从芜湖来说，在工种方面，也逐渐由综合体分成大红坊、青蓝杂色坊、印花坊，各自独立经营，业务以青蓝杂色为最大，对于染料的购进已极为便利。清末时期，芜湖市共有坊行十余家，较大的染坊为徽商会馆下隔别“顺记”，乃徽帮与句、溧帮就老坊址合资经营的。“恒聚源”由源水丁姓独资经营。

至于大红坊的业务，据《芜湖县志》记载：“大红头绳为旧驰名物产，称为红坊，以所染红色为最佳，自洋绳入口，遂渐式微，今存五六家，均代织染纱带，不能专为一业矣。”据我所知，最后收歇的“复盛”红坊，开设长街状元坊口，为溧水王姓经营，历史也很悠久，所染红布也用碾石轧光。

关于印花染坊的技术，多来自高淳与溧水接界的地区，在技术上另有一套。清代末期，农村青年妇女多喜穿印花布，自花洋布大量进口，印花布的衣服与最后一家印花坊“裕顺昌”均逐渐趋于灭迹。

到了辛亥前后，合肥人在芜湖经营的织布机勃然而兴，他们利用舶来染料自行染纱织布和其他棉织品，同时又经营舶来颜料业。因此在染色方面，又起了与前不同的根本变化。

4.徽州商人与南京商人

浆染业本来是布业的加工厂，徽商既利用他们的资本购进大量的染料，自然同时也向苏松各地购运大批的棉布等来芜加工，然后运销各地，与色纸业的营运方式大致相同，虽然经过三四百年的变迁，但由于这个原因，徽州商人和南京商人，始终还是联系在一起。

总起来说，芜湖大多数染坊，已经变成句、溧人独立经营的事业，但是业务经理或司账，仍须聘请徽州人担任，原因有三：①芜湖大布号一直掌握在徽商手中，若求业务扩展，必须与布业紧密联系在一起，这是主要的。②坊主有些是染工出身，不论自己或用非徽州人接洽业务，在语言上（徽州土话外人不易懂）、感情上，都要感到格格不入。③流动资金问题，金融业大半操在徽州人手中，如用其他人任经理或司账，金融业因摸不清底，是不能放心贷款的。例如潮州人翁静初带来广东技术，在芜湖开设竹布坊，坊址设在现在的民生路，营业部设在长街井儿巷下，特聘休宁人汪绮老任经理。那时汪老年已古稀，须发全白，不但善于经营，而且擅长丹青花鸟，尤精古琴，为徽商中最特出的人物。

5.劳公祠与布、染业的分家

芜湖浆染业的工人都是句、溧人，他们团结很紧而且健壮有力，所以土豪地痞对他们都不敢相犯，并称他们为“青皮”，视如眼中钉。

相传有一次染工们路见不平，愤起相助，与这些坏人发生冲突，并予以痛击。由此涉讼不休，后经县令劳永嘉秉公判断始解，因此染工们于明代万历年间，特在赭山一天门捐款建筑劳公祠（劳令为浙江进士，旧志称其“通达庶务”）以留纪念，并作为集会疗养的场所。

到了清代的嘉庆年间，情势变迁，劳公祠即变为布商集会之地，就是工商业共同集会之处。光绪十七年劳公祠重建，即正式改为布商公所，染纺业即于光绪二十二年另在石桥港建立染业公所。事实很明显，本来布业与染业是联合的，到这时分了家。

6.染色手工业与炼丹家的关系

染料的发明和染色技术的传授，都与炼丹家有着密切关系，炼丹家分秦淮流域和淮河流域两大流派，汉代寿春人梅福是早期淮河流域的代表，葛玄是后期秦淮流域的代表，由此我们可以推论出，植物染料的发明和应用，当在金属矿物染料发明以前，浆染业的发生在色纸业以前。

东晋南朝是染色工业高度发展时期，秦淮流域的炼丹家，已将他们炼丹制药的成果，实际应用到染色工业上来。从技术方面说，也传给了他们的后代和周围群众好像一根绳索，从此紧握在一个地区的劳动群众手中，祖代相继地流传下来，并且由点到面，逐渐扩展到四方。这在我国工业史和科学史上是值得重视的。

如果我们单从“隐居”“神仙”的名称上来看这些炼丹家，他们当然是一群消极的幻想者，但是，我们再从生产发展和科学史上来看这些炼丹家，那就恰恰相反了。他们长期地躬行实践，体脑并用，将所获得的成果，应用到工业上来，从这点上说，应该承认他们是一群积极的先驱者。

（编者附记：张九皋原为安徽省文史馆馆员，现已去世。此文原为六十年代的《安徽史学》所采用，因故未发。现予刊出，以飨读者。）

原载《安徽史学》1986年第4期

申报与史量才之史料

史量才之家世

史量才（原名樑材）原籍为南京南乡江宁县属之杨板桥人，因其父史春藩在松江泗泾镇开设史太和药店，故其家亦住于泗泾。其原配庞明德，亦为江宁庞家桥人，明德之父庞品三在上海镇江开设参店厚生道生参店，品三之父庞春量，曾在扬州元昌药店任管事多年。总之，史量才之家世乃祖代传流、世守其业之药材商人。如果追溯其渊源，实起源于东晋南朝秦淮河流域的炼丹家又称“隐居”葛玄、葛洪，陶弘景等，由烧炼金石矿物，制成有效之外科丹药，治病救人，发展至唐代遂行成熟药店。所有药材加工炮制并按方配制成药以利病家。从事此业其制药技者大多数为葛、陶等之后裔和徒弟，扩散四方其制药技术流传千年而不绝。（相关制药史料见本文附）

史量才之发迹

史量才于十九岁时，冒娄县籍考取秀才，次年科举即停废，因有志于实业，乃决定投考苏州蚕桑学校，但是经济发生问题，其妻明德慨允以金饰相助。在学校毕业后，即充任元和县县视学。量才善于交际，此时已与未来之妾沈秋水结识，发生关系，一次史从苏坐火车至沪转泗泾，在车中遇实业家当涂人徐静仁，声气相投，接谈之下，徐认量才为将来实业界之奇才，自愿作书介绍往投南通张季直[①]之门。史回泗泾家中，已感床头金尽，与妻明德计算在苏数年共花去金饰十九两，亦无力再行资助。史又返苏向沈秋水商量，秋水立将积蓄数百元相助，以壮行色。史回到南通共住十日，与张季直长谈三次，张大为赏识，史至上海沪宁铁路管理处任职。等待时机，此时已临辛亥革命之前夕。

史量才与报业

辛亥武昌起义，各省响应后，张季直即致函江苏都督程德全荐史量才在都督府任职。旋又改派史量才接办江苏盐运事务，史遂在浑水中摸银十四万两。未久下台，将银票如数带往南通向老师请示，拟作为创办实业基金。

史回沪适探得《申报》席子佩无意继续经营，拟全部出盘（《申报》初为英商理查所办，历史悠久，后英人回国，乃盘给汇丰银行买办席子佩，席不善经营年有亏折）。史当即征得张之同意，决定接盘老《申报》。同时用《申报》名义，拉拢汤化龙、陈光远，程德全、张季直每人送干股一大股（每股银票万两）作为政治上之资本。

史量才接盘《申报》后，经过二三年时间，整理扩充在内容和发行数量上，已接近当时《新闻报》。而席子佩亦从会稽道尹下任归来，竟向史提出合办《申报》之要求，史坚决拒绝，因此涉讼。史志在必胜，故会审公堂开庭十二次，均聘中外著名律师出庭辩护，每次约需花银四千两左右，结果史虽获胜，而损失不资。加之望平街《申报》房屋，系席租地建筑，尚未满期，所以判决仍归席子佩所有，并限令

① 张季直为清末倡导实业救国最有力者，芜湖明远电厂创始人庞杏诚，裕中纱厂创始人陈维彦均受张之影响。庞陈均皖人，庞为江苏候补县，陈为江苏候补道。其实庞亦江宁人，与庞品三同族。其父在安徽霍邱县开设药店，因冒籍考秀才又改姓张。

《申报》在最短时期迁让。席子佩后在原址另办新《申报》，最后结果依然趋于消灭。

史量才趁机计划在山东路转角处（往平街口）建筑合于报社应用之新房屋。同时向国外订购最新式之套色印报纸机。其需银廿余万两，经实业界徐静仁等支助筹借分期抽还。由此《申报》兴，史之声势在设备上跃居全国报业之首位。

嗣后创办《新闻报》之美国人福开森回国，当将该报全部股权出售。先为史量才所知，遂捷足先登，购得全部股权，公开宣布后《新闻报》主持人王汉溪之二子王伯奇等极力反对，在报纸上大登广告，攻击史量才，经人调解，史被迫让出股权半数，由《新闻报》同人承受。史共得八十五股。此时史量才野心更大，又购得《时事新报》全部股权，而形成当时我国报业之托拉斯，在文化出版事业亦有巨额投资。

史量才与银行

南洋新加坡华侨黄亦柱回国创办中南银行，道经香港，经友介绍，黄到沪后即与史量才、胡笔江商谈决定中南股金双方各认半数，于最短时间筹备开业。未久史量才又拉拢北方金城、大陆、盐业三银行，在沪创组四行准备库，由中南一家发行钞票。以后遂有四大行（中中交农）与四小行（中大盐金）之称。大小之间，矛盾对立尤其表现于钞票挤兑之时。四行准备库卒能独立不倚，未被压倒。经济潜力之雄可想而知矣。

1934年秋，史量才在杭州偕沈秋水及子詠赓又邓祖荫（詠赓同学），乘自备小汽车循沪杭公路回沪，行至翁家埠遭暴徒袭击，史量才当被击毙。同死者有邓祖荫及司机黄锦文。史被杀后外间猜测纷纭、莫衷一是，或为杀之者故布疑阵，其实史接盘《申报》后，在上海实业界经营二十余年过程中，其事业发展之快，资金积累之多（史死后，其家人计算其掌握之资产，约值七千余万元），社会潜在势力之广，早已隐伏杀机矣！

附　戴建文提供的制药史料记录

庞家桥村人十家有八家从事药材业，近代庞邦义清末在苏州学徒，辛亥革命后，即在上海开设顺泰药材行，专做出口药材，例如“夏枯草”一物，收购数量多至数千担，经加工装制运销南洋热带地区。嗣后在天津、青岛等均设有分行，国外有机构。

庞家桥附近相距不及半里之绿杨头村之人，亦大多数从事药业，有高姓在汉口创设高粘除膏药店，其创设年代大概在二百年前，与汉口最著名之大药店业泰同时。（叶为溧水塔山渡人，鸦片战争时两广总督叶名琛，即叶开泰之后裔）以后在长沙、九江、芜湖、南京、镇江等地均设有分店，出品各种膏药，熬制极精，销行广泛，而冒牌亦甚多，例如老一除、膏粘除等。

流至武定门东关又分一条通过白鹭洲绕全城，从石头城入江。李白诗：二水中分白鹭洲。南京南乡之秦淮河，发源于大小茅山。古名句曲山以及赤山，又名摄山，天下有赤山湖。均属句容溧水两县，分成南、中、北三条河流，汇合于江宁县属于之西北村，经南京南门外长干桥入大江。秦淮主流为西流水，长达百余里，南河为北流之水，绕行江宁、句容、溧水三县境（即汉代丹阳郡秣陵、湖熟、句容三县），清代诗人王渔洋金陵怀古诗，千古秦淮水，东流绕旧京，不知因何错误了东西方向，故不得不辩证于此。所以合流之处，乃以“西北”名称。

因此余名葛玄、郑隐、葛洪、陶弘景等为秦淮河之炼丹家，乃符合实际及发展规律，毫无疑问者，根据葛洪所著《抱朴子》一书中所记录，单以郑隐一人所传弟子而论即多。据谈，摊开各家家谱，逐代追溯上去，大多数为半工半商从事药材生意者。如扩展至远方地区，加之交通不便。即在各地落籍，与家乡失去联系。例如元末明初浙江黄岩人著《辍耕录》之陶宗仪，即陶弘景后裔。而且坚持炼丹家共同信守隐居不仕之旨，远离祸害。余书至此，不禁有感于叶名琛、史量才辈，背弃祖先治病救人之德，厕身争名夺利之场，遭受屈辱残杀，因其宜矣。

湖南湘潭为古代药材集散地，南京人在该处经营药业者甚多。明代万历年间江宁下庄村人李姓开有李万全药店，所制眼药以及大红膏药，最有特效，畅销各地，历久不衰，直至清末仍由老四房分年执管，湖北恩施资邱镇为过去四川以及黔南湘西药材集散地，南京人在该地经营药材行号者多至数十家。其中有雍万祥专做川续拣选加工后运销各地全国推为第一。

此外，荆州王万泰并另设有药材行，武穴徐大豊，九江李万泰、陈恒春，亦均南京人所开，各有一二百年以上的历史，皆属著名之老店。

至于安徽方面与秦淮流域炼丹家关系，更为密切。如宣城孙家埠焦永泰开设于清代雍正时期，宣城焦春阳以及湾沚镇之焦广春时间较后。

亳州药材行店，南京人经营者亦多，因此过去为长江中下游与北方河南等省药材交流孔道、庙会交易数量最大。药王庙会会期为三月三、六月六、九月九。阜阳胡裕盛以及太和徐万生，均有二百多年之历史。凤阳亦有张姓所开年代久远，据传为明代之老药店。芜湖张恒春之始祖张鸣鹿，即于一百四五十年前，只身从凤阳南来，在当涂护驾墩镇从事外科医生，后开药店，经过较长时间发展至芜湖。不久又在皖北合肥以及柘皋镇（过去为北道药材交流集散地）创设分店春和义。同时又在当涂城及薛镇、小丹阳镇设立分支店，便利药业职工往来家乡有食宿之所。互通声气，盖此时轮轨尚未通也。此外柘皋王德生，合肥种德堂（陶徐合股），三河镇周春和，六安元吉昌，亦均南京人经营之老店。至于桐城孔城镇陶长春，无为马天来，运漕顾同松、戴庆芝，和县陈广和，均秦淮流域人。惟南陵县陈东来，青弋江德康、泾县马头寿康，乃当涂县属东部与江宁接壤地区之人所经营。

关于江苏本省药店和参店，包括上海、南京、无锡各地分布更加广泛。例如六合本乐寿、仪征太和堂，嘉定大有丰等，均为多年老店。

辛亥革命后，溧水人郑谦（鸣之）曾一度任江苏省长，其族多数做药店，少数做丝经纺织缎工业。据传南京缎多数起于东晋南朝，王谢子弟善着玄色缎，乃用药物五倍子所染，乌而发亮，乌衣巷即由此得名。

浙江方面乌程之、王德生药店历史亦甚悠久。吴兴等地均有南京人经营之药店和参店。芜湖方面药材职工据余所知有百分之九十多为秦淮流域人，以葛、陶、徐、李、王、谢、郑、张、许、庞等姓比较多。关于清末之参店恒益、裕昌等三家，民国十年以前即全部收歇，全兴族兄张洪渊均两家学徒，以后陶焕廷所开裕隆参店，自至抗战始消灭，安庆饮苏堂，其初虽属合肥人出资经营，但是职工均属南京人，以后又为职工接盘。

扬州李松寿和同松均江宁李姓创设于清初，虽属两个机构，乃一个系统，松寿重视饮片，同松以成药为主。镇江公济系丹徒人严石秋创设，职工为廿四人，全数为秦淮流域人，每年保持原人原额，决不轻易一人。最特别者，乃于除夕聚餐举行发誓仪式，誓词大意，即配制成药如不精选道地上等药材由此不能发生特效而如何如何。炮制时如不遵照古方偷工减料，粗心大意，如何如何。例如廿四制清麟丸，必须经过廿四道精密工序，博得大众之好评。南京张泰和，泰和森、德泰永、王存心，亦均多年老店，而职工绝大多数为秦淮流域人。

江苏高淳县与皖南宣城、当涂接壤，该县在清末共有药店九家（内有八家为秦淮流域人所经营），以存仁堂为首。该店初为樊履泰、庞品三、史春藩（即史量才之父）三人合股，以后合并与樊。樊，句容人，先在宣城焦春阳管事多年，在业务上有丰富经验。

焦家从宣城孙家埠焦永泰起，发展至县城及湾沚镇（在清末光绪初期芜湖未通轮运以前，湾沚为皖南商业集散地)，先有六家，业务甚盛，并且与芜湖张恒春订有口头协定，彼此均不侵入业务范围，始终信守。六家又因每年需用刷色纸张等，为数甚多，特在县城创设焦广春纸店，以及加工刷色纸坊。

药店所售汤剂之饮片，黄河以南大多数用切片，黄河以北则用刨片。秦淮流域之药业职工，对于原药加工切片最为精工，所用之切药刀，以浙江海宁产品最好，称为“海宁刀。”此与江南金制器历史大有关系，例如张恒春刀柜，共有八把刀，分头刀、二刀等，掌握头刀多年之葛恺臣，切片技术最优，所切之片整齐均匀，极为漂亮。葛自十三岁，来芜入恒春学徒，直至七十三岁去世，共计工作花甲一周，真正做到业精于专、熟能生巧之境界。

北京同仁堂为乐姓于清初康熙年间创设，至今已有二百九十余年之历史。据传乐等先在清宫御药房供职，故对药材拣选、炮制最为精工，先记概略于此，详情待参阅文史资料选辑。天津等地同仁堂之分号达仁堂，对于饮片切药方面于民初时即专门聘请精巧之南方刀工，以代替古老之刨片。

乐姓原籍浙江宁波府慈水镇人，其始祖原以串铃走方医为业，在明永乐年间移居北京。可能此时迁都北京，南京改称留都，北京方面突增医药缺乏，故随之而去者。此点值得重视，因合乎医药发展之趋势也。乐家第四代乐高育始任太医院吏目。第五代乐梧冈圆乃于康熙四十年（壬年）在正阳门外大栅栏正式开设“同仁堂”药铺。据其所撰药目叙言中说：至于这肘后，辩地产炮制虽繁必不敢省人工，品味虽贵必不敢减物力。其实在康熙七年即已创设同仁堂药室，制药济世，同时尚有万全堂药铺，与乐家亦有直接关系，其初均为合股经营。故以堂名，以后变为独资，故又称乐家老铺。

到了雍正年间又承接奉御药房业，并预领官银四万两，作为流动资金。此为同仁堂业务发展最高峰时代，但也养成了下一代骄奢淫逸，走上了最黑暗之阶段。在第六代乐礼经管时间，经济方面所欠官私债务，已无法支持，当都察院出示招商承办，因无人敢于接替，苟延残喘。不意乾隆十八年又遭火灾，焚毁殆尽。并传因错发药品，而有杀头之惨，趋于山穷水尽之境。经提督衙门二次出示招商承办。因各方预为洽商，始由乐家世交张世基接替（张为专管御药房业务者），以后陆续接受外股多至二十一人共约股银四万数千两。乐家保存一块空招牌，只每日取钱一千文（以后陆续加至五千文）作为租赁费维持全家生活。虽然如是安排，而经济依然困难。掌柜朱姓因窘于应付，竟一逃了事。

延至道光年间，乐家后人乐印川，自力更生利用机会乃恢复祖业，陆续收回外股，偿清官私债务。同时北方天汇等四家，最大药材行，以及河南杜胜兴麝香行均予以大力支持，货源充裕。而乐印川本人又兼两家钱铺掌柜，经济周转更无问题。

同仁堂至光绪初年由四大房共同管理，即开始竞争。而所有职工均非亲非故，亦各分派别。惟张世基一家，因专管御药房世代相传，不但与乐家未发展摩擦，而且互相支持。到了辛亥革命以后，四房竞争更烈，并在全国各大城市以乐家老铺名义开设分号多至三四十处。惟南京用同仁堂招牌，其余则用达仁、乐仁、宏仁、永仁、济仁等，而名其金。惟乐达仁一人经营之分号，多至十处，且在天津设立总管理处，采取资本主义经营方式。

过去全国最大药市，当推河北祁州每年四月廿八日药王庙会，盛极一时，凡属信誉卓著之药行药店，均能不付现金，先行取货至十月廿八归款。以后轮轨大通，药市即移至天津，并着重出口交易。

河南禹州药市，亦为庙会形式，主要药品当为麝香。以后药市移至郑州，一部分集中汉口。南宋时期南方药市以重阳日成都庙会最盛，因川陕等地所产药材最多也。

近百年间上海形成全国最大之药市，六十年前市场均集中于南市咸瓜街，药行参店望衡对宇，尤其参店装潢美丽、金碧辉煌。所有店东职工以宁波帮占多数，南京帮次之。宁帮行号，亦用京帮职工例如养真参号之正副管事窦惟一、张叶笙均为江宁人。因长江流域大小药店大多数为南京人所经营。以六神丸著名之苏州雷允上诵芬堂，创始于太平天国以前。后来从苏州迁上海，业务大为发达，六神丸远销日本，该堂职工亦为世代流传之南京人。雷氏之起家亦为挂布袋之游方郎中，行医卖药其形式等于北方之串铃走方医也。

杭州胡庆余堂，为胡雪岩所创，亦南方声势最大之药店。据传经过十年筹备，始正式开张。又药品中之阿胶，向以山东阿井水所熬制者为最佳，该堂特创阿胶厂，以取用西湖水熬制相号召。

在二十年前因运道阻滞，药材奇缺，药业职工谢启贤等联系集股组织慎昌药材行于上海。以后又于苏州、南京、芜湖三处设立分行。未久又发展至北方，交易药品，先后在汉口、亳州、天津、北京、济南设立分支机构。同时又因发展南方药物交流，设立分行于香港，其经营方式与庞邦义独资经营之顺泰药材行相等。惟慎昌人手集中，全部多至一百数十人，虽然百分之九十几为南京人，业务虽好，而意见不免分歧，最后遂趋于消灭。

秦淮流域人扩散至各城市，从事医药业者，为数甚多，因年代久远，即在各地落籍，成为土著，尤其安徽。举例来说：江宁人吴大桂，在和州从事医药事业，已历七代，至最近一代始改业，允已成为和州人。

论五行

一、绪 言

我们现在要来研究中国古代的辩证法的宇宙观，究竟要从哪里说起呢？这是一个先决的问题，我现在初步研究是假定从老子和驺衍所说的几句话说起。

老子说："有物混成，先天地生。"又说："一生二、二生三、三生万物"。《史记·孟子荀卿列传》曰："（衍）乃生观阴阳消息，而作……《终始》《大圣》之篇十余万言。其语宏大不经，必先验小物，推而大之，至于无垠。……推而远之，至天地未生，幻冥不可考而原也。"

过去梁任公对驺衍备极推崇，他说："衍所谓先验小物，推而大之。近世余端，达而大诸贤能，能开出弥天际之大学说者，皆持此说也。"又说"此其思想何等伟大，其推论何等渊微，虽其以阴阳为论根，未免失据。"任公最后所说的几句话是错误的。试问阴阳家不以阴阳五行为论根，那末始终之篇就无从说起。其实相对的阴阳，唯物的五行就是古代矛盾统一辩证法的宇宙观。

章太炎在所著《诸子系统说》中说："若阴阳家虽乏专书，而上古实崇其说。至子思孟轲造说五行以来，贾董亦通其道。汉时纬书即阴阳之支别，今与诸君讨论者略如太史六家之说而已。六家之名虽殊，然其系统则一。草昧初开，实惟阴阳家为其初祖者。”

章氏所说是对的，在上古只有阴阳家原始的唯物论。

郭沫若先生在所著《中国古代社会的研究》“洪范九畴”中说：“第一是五行，所谓水火金木土。这是自然界的五大原素，大约一切的万事万物，就是由这五大原素所演化出来的。”又说：“自然界中与人类社会中，有对立的原素相生相克逐渐发展——这是永远不能磨灭的真理，现代每一种科学都在证明这个真理。”又说：“这在中国的古代思想里，便是阴阳五行。精神虽然是把握着了，但是说明是过于幼稚，这也是辩证法的一个例证。”郭先生所说是正确的，而且对我所研究的东西发生很大的启发作用。

冯友兰先生在所著《中国哲学史》论阴阳家与科学中说：“盖阴阳家之主要的动机，在于一整个系统，以包罗宇宙之万象而解释之。其方法虽误，其知识虽疏，然其欲将宇宙间诸事物系统化，欲知宇宙间诸事物之所以，则因有科学之精神也。”冯友兰所说是对的，其所用的方法是值得讨论的问题。

毛主席在所著《矛盾论》中告诉我们：“辩证法的宇宙观，不论在中国、在欧洲，在古代就产生了。但是古代的辩证法带着自发的朴素的性质，根据当时的社会历史条件，还不可能有完备的理论，因而不能完全解释宇宙，后来就被形而上学所代替。”

毛主席所说的话是最正确的，是对我研究这篇东西最明确的指针。那么我所研究的对象究竟是什么东西呢？若单说“阴阳五行”那就太简单了太空洞，无论怎样配合起来，也没有方法可以作出全面的系统化的说明，因此我所研究的对象就是：“甲乙丙丁……”干支二十二支。这是古代系统化的辩证法的宇宙观的记录，是先民从思想实验构成的整套东西，也是遗传给我们的最宝贵的遗产。我们必须不怕困难来作深入的彻底的研究。

郭沫若先生根据殷墟甲骨文所写的《甲骨文字研究》释支干篇，是从文字学和天文学的观点来解释干支的，也是自古以来用科学的方法具体解释干支第一篇的文章。我所研究的对象也是自古以来用科学的方法，具体解释干支第一篇的文章。我所研究的对象和方法，与郭先生所研究的在原则上是一样的。所不同的是我从唯物五行的观点出发的。

我认为干支二十二干支，不但相对的阴阳物质的五行都包括在内，而且十个数目或九个数目字以及文字的根源都包括在内，还有历史性规律性存在，我现在所写的上篇，是先试说十干支的物质世界，天体的形成。下篇再说十二干支（十二辰）地球的发展史。本来干支是互相联系的，不可分割的东西，但是为说明便利起见，必须不嫌重复分开来说要比较清楚一点。

我这样大胆的创作，内容必然粗疏肤浅，在理论上和引证上距离成熟的里程也是很遥远的。我的志愿不过将我十多年来研究的极其微末的所得贡献人民，并希望中国科学院可能采取我的愚见，作综合的研究，构成中国古代自发的朴素的宇宙史观。

这个五行学说，到了周代可说是中断时代，也可说是停滞时代和分化时代，周代是封建制度的社会，以形而上学的八卦代替五行学说的。两种学说是不能相容的。所以阴阳无形的学说有关历史性质的部分和八卦学说吸收分化，其余的部分，则又分化到医卜、星、历的部门，虽到了汉代五行八卦合流，但是性质已变，面目全非。何况从周代直到清末，所有的学者大都集中心力研究周易。所著的书籍，真是汗牛充栋。对于五行学说只有医家和术数家的书籍，还有一点留存以外，专门研究五行学说的书籍可说一本都没有。

现在是从新民主主义社会进入社会主义社会的大时代，有完备的马列主义的新学说，有地下考古学不断地发展，各种科学飞跃进步。我们已有条件来综合研究上古先民的五行学说，加以阐扬，并结合古今来作初步的解释宇宙。

二、从数目研究十干

“甲乙丙丁戊己庚辛壬癸”十个天干，又名十母干或十日。我认为是起于“河图”的十个数目，或“洛书”的九个数目。与契刻条痕的数目：“｜‖川”的古号码也有相应的关系。同时或更早一点，也可能是结绳记事的结子数目。因此十干与数目有着相应的关系，所以十干也可以作为数目应用，作为数的符号。数字的形式不论纵横，都是起于一二的奇偶排列，不论长短（例如“一”为构成八卦的基础）也可作为阴阳的标识。一二两数就能包含十数或九数的全数，

由此可见，先民创造十干，必然首起甲乙，所谓甲①乙②也就是一二两数。殷墟甲骨文甲字作“｜”作“十”，从一到十，即可代表十数之全。乙字作“㇏”作“㇓”虽为曲形，干数排列为第二，但是与“｜”同意，声亦相同，也可作为一数（包含阴阳两性）从乙到九（九字从乙）即代表数之全。

老子说：“一生二、二生三、三生万物。”一二三是数，何以一二两数不能生万物，必须到了三数才能生万物呢？这是值得研究的问题。我认为一二两数只能相对的相生，必须到了三数才能发生万有的变化。数理是这样，物理也是这样。

我现在先将十个数目字试行作成历史性的假说，即（一）元（二）上（三）彡（四）目（五）吾（六）穴（七）切（八）分（九）究（十）全。并列表于后。

癸	壬	辛	庚	已	戊	丁	丙	乙	甲
水		金		土		火		木	
阴 ｜	阳	阴 ｜	阳	阴 ｜	阳	阴 ｜	阳	阴 ｜	阳
(	(	(	(	(	(	(	(	(	(
十 听	九	八 言	七	六 思	五	四 视	三	二 貌	一

〕	〕	〕	〕	〕	〕	〕	〕	〕	〕
全	究	分	切	穴	吾	目	彡	上	元
丨	丨	丨	丨	丨	丨	丨	丨	丨	丨
甲	癸	壬	辛	庚	已	戊	丁	丙	乙

一（元）指元始、原始、元素。二（上）指上空、空间、空气。（气从乙）素问，密命全形论“天地合气”（气者生之母也。）简单点说“上元”两字的合意，可能指上空物质混成的空气。老子说：“有物混成先天地生。”太乙经：“始于一终于十，成于木之象。”甲直乙曲，丨十字纵横皆直，丿㇏左右皆曲。“木”字的组成，就是甲乙，也可以说是一甲二乙。据此推论“木”字的构成，当在甲乙以后。

《洪范》：“曲直作酸”。酸性配木，木就是空气。希腊四种，古印度五种元素说，只有空气，空气就是我们五行说的木。所以我说甲乙为宇宙万物之母，又为中国文字之母。因为不论物质和文字都不可能脱离曲直的形态而存在的，也和数目的奇偶一样，数目是不可能脱离奇偶而存在的。还有我国人民大众在契约上画一个“十”字，或写一个“押”字，意义就是承认物数之全。可能是从上古流传下来的古风。

我写到这里，先插入一个有趣的故事。宋代熙宁七年（甲寅）有尚书都官员外郎武陵柳应辰，时任永州通判。特在浯溪江边大石壁上镌一盈丈的大“押”字并题一诗。有阆中陈思者跋云：“右柳都官欲以怪取名，所至留‘押’字盈丈，莫知其何为。押字，古人书名之草者，施于文记间，以自别识耳……”（见宋洪迈《容斋随笔》）

我根据这个故事加以分析研究，柳应辰是湘西武陵人，湘西苗族所应用的文字，为干支二十二文和十个数目字。完全与汉字相同。其余为苗族自己创造的文字。柳因环境关系，可能对于干支数目字有较深刻的研究，或者得到苗族语言相传的古义有所理解。不过当时社会条件不够，不可能作具体的说明。所以创此宇宙性的大谜，到处镌刻盈余丈的大“押”字，留传后人推索悟解。

三（彡）指太阳斜射的光线，太阳光线在极地为横（一）在纬度为斜（/）在赤道为纵（|），所以（彡）字很明显的是指太阳斜射的光线。三数的三字有横直斜三种形式，三是纵数表示多义。也可以说是“三生万物”，凡从（彡）发展的字，都与太阳光线有关系，例如“昜、易、物、曑、形、影、彩、彰、髟”等字。说文解释（彡、勿）两字为毛饰画纹，旗之展开皆属引申之义，而非朔义。试问，如果没有太阳光线，哪里还看到毛饰画纹和旗之展开以及万物的形影呢？单就一个昜字来说，不论从日从旦，太阳从地平线上升，只有斜射的光线是“勿”字正确的解释和意义。“丙”字是有光有焰的炎上火，在空间就是指的太阳。

由此可见，前人解说从（彡）发展的字，大都是指色觉，离开了光觉而独立，失去了古义，没有知道光觉可以独存，色觉是不能离开光觉的。

四（目）“四”字，我疑是“目”字。大概古代“四目”两字是分不开的。后来将“四”字用作数“目”字，就将人目的“目”字变作竖形，以为区别。从象形上说人目是横的不是直的，这是无可否认的事实。人目的“目”字，可横可纵，例如“道德”两字，即一纵一横。自然与书写便利，排列美观也有关系。

我们要说明“四目”两字的关系，必须和“丁”字配合起来，从唯物的五行观点来看就可能阐发古人思想的根源。郭沫若先生在释支干篇中解说“丁”字时认为，丁则当系睛之古字，丁睛古音同在耕部，后世犹有“目不识丁”之成语。这样就能将“丁四目”三个字联系起来了！

“丁”字甲骨文作，金文则实之，晚用彝器始渐伸其下作钉形，如，小篆作。我们根据这些字的形意来研究，就能体会到“丁”字是代表“热”意的，不论方口和扁口圆口，内在皆有热意，口外皆有冷意。冬令尤为明显，人体的器官，能够表现的就是眼睛。每个热

力充沛的青年人都能从目光中表现出来。所谓“神光炯炯”。光与金是有关系的，故“四目”两字古文均从八为金数。也可表示目光左右四射，《洪范五事》以“火”配“视”。易说“离为目”。《西游记》描述孙悟空的眼睛，为“火眼金睛”。我们不可能否认人类天然的两具摄影器睛瞳的组成，没有金属物质存在。五行家说金火是相反相成的，假使人类的眼睛瞳内在没有光和热，那末就不可能与外在的太阳光和人相结合，发生无穷无尽的作用。

我们再看从“四”发展的字，如“呬”息也。郭先生说“象张口呼吸之行”。不论口鼻，呼吸内在皆有热意。这样将三四两数和“丙丁”结合起来看那末“火光热”的意义就很明显了。

五（吾）字，是从古号马乂数发展的，上下各加一画，代表天地而成“五”字，由发展为“吾”，由吾发展的“语悟”。还有“觉学教”三字均与乂数有关系，爻即十数的全数。“吾”即我（数与戊己土相适应，口为丁字合组为吾，有热动意，丁戊是相生之广），“成”字即丁戊两字组成。从排列次序上看，是很合理的，而且富于哲学的意味。等于说一个人出世以后先要有视觉，而后才能发生我觉，假使人类都没有生眼睛，那末这个我觉就很难会发生。也可以这样说，宇宙万物是先人类而存在的，宇宙间必须先要有光亮才能照见宇宙万物的全貌。所以洪范五事以“木”配貌，人类出世天然长着一对眼睛，做视察宇宙万物的工具，有存在反映发生我觉，发生思维。所以洪范五事，以“土”配思。（思从心囟声说文，思者心神通于脑，故从囟。按即脑字。人类思想的“想”字，即以目对木，说明白些，就是从天空到地上的反映，发生思想和实验）接着发生语言，悟性学习教育才能对于一切的事物现象作比较深入的研究。人类在生存过程中的一切学识都是从劳动实践中得来的。人类既然知道了发生在土地之上，还盖着大自然的天空。那末为着生活的必需，就要觅取自然生长的果实，同时和兽类斗争。但是这些食物不是取之不尽的东西。进一步就必须利用土地考究种植逐渐形成了农业，这就是先民从劳动实践中结合思维所得的初步成果（洪范五行“稼穑土”。農字从辰，凡从辰的字都含“动”意。十二支又称十二辰，配黄道周天十二宫，就是指天体星辰的运动，也可说宇宙万物都是动的）。

甲骨文“六”字作𠆢或∧，与入字同形，近人疑为入字假借。篆文作[篆文六]，我疑似“穴”字，或为从八从宁省，宀乃盖骨的穴项，也可作为盖骨的天。八字可能为光尘的融合，人类居处土穴或崖穴中，日光斜射入穴，人目即能看到光线中的尘埃，同时还能看到尘埃上金属物质的放光，八数为金数所以从八，或为老子所说的“和光同尘”，穴字有入意，亦有内意。六字与大陆之“陆”声意相同，故六数亦可假借为陆。

人类从树上巢居到地下以后，必然就要挖掘人工的土穴，或寻觅天然的崖穴，解决居处问题，与在地上种植壳物、解决粮食问题同样重要。穴居自然在种植以前。先民发明用火时间是很早的周口店“北京人”以及“山顶洞人”可证。穴居以后逐渐形成“窝窟”，窝字从咼，这个 “咼”字可能是穴居先民最原始的锅炉或地炉，从这个“咼”上又发明烧制土器接着女娲氏族又在这个“咼”上烧炼有色的金属矿石。以后逐渐进步，用土制的“堝”发明冶金。我在这里只能作简单地叙述，预备在下篇十二支“酉”字阶段作较详的说明。

七八两数为金数，“七”字甲骨文作十似有纵横切开意，但是与甲字作十，混淆不清，故篆文作[篆文七]，“切”字从七，字亦作“沏”。“八”分也，别也。故亦假借作八数之“捌”字。字均从刀。《洪范五事》以金配“言”。言字与庚辛两字均从干，干为金属武器，金是有声有光的物质，同时也表示语言的发展，已到较高的阶段，与易卦“说言乎兑”历史性相同。

九十两数是水数，十数又作木数，也是数目的全数，《洪范五事》以水配“聽”。篆文作聽。说文以耳悳会意壬声聆也。这个字的组织极为复杂微妙。加以分析有“耳目心”三种器官，还有直十曲乚，以及

"至"字的人在土上。由此可以推想先民在土穴中或站在穴外的土地上，研究一个重大的问题。可能是天空降水的问题，联系农业灌溉的问题。因为在湿度、温度高的季节，穴顶会有水滴下来，这样就能研究感悟到穴中小空间和天空的大空间降水的意义是一样的，只有大小的不同。

我们从这些意义上，可以联想到"空"字从穴从工，"洞"字从水从同的初义。以及"穹穹"等字的来源。道家所称"洞天"的形容词，更可推到上古天文学的盖天说。

有人要问"空"字何以要从工呢？我认为"工"字就是最古的"水"的符号，从天降地，前后相续犹如各一线。凡从工的字，例如"虹、空、江、缸、鸿"等都和水有关系，甲骨文十干壬阳水的"壬"字作"工"，这是最有力的证明。以后"工"字变成"壬"字。"工"字用作工艺之"工"，并添造"水雨"等字。这样"工"与"水"就开始分家，逐渐将天工（自然）降水的意义，进步到人工治水的意义。但是许多从"工"发展的字，直接间接还是与水脱不了关系。在次序上说，发明农业以后，先民对水的研究（究字从九）那是必然的事。

九为水数，例如从九声的"鸠"字，鸠为水鸟的总称。杨树达先生说"从九声之字多含有高义"。又从佳声之字亦多含高声，流水声飞鸟声，都要运用听觉的。这个"聽"字的含义，也可说是从视觉反映，而发生思维，然后用语言讨论，得到五行物理的概念的总结。十数是水数，尤为"全"数，与一数的"元"数是相应的"完"字从元，"完全"两字说文互训。也可这样说，先民用十个数或九个数目作基础，相互联系创造物质的五行十干已经从"研究"达到"完全"成功的境界。

三、从文字研究十干

（一）十干文字

“甲乙丙丁”四个字，前面已经作成简略的说明，在这里只须概说十支文字的创造和发展。我认为干支二十二文是仓颉氏根据流传的语言和数目创造的字母。甲乙两字也可以说是字母中的字母，我是根据甲乙曲直的形态作论根的。因为不论中国的汉字和全世界各种的文字，从古到今是不能离开曲直的形态而存在的。

甲乙组成五行的“木”字，无须重说，凡是从“一”、从“十”、从“宀”、从“甲”发展的字，都与甲字有关系。一个甲字在数目上有奇有偶，在形象上也有曲有直，在物理上也包含着两种独立的物质。

“乙”字从最古的甲骨文到今天，在形象上始终是一条曲形，“⺄乙”但是曲能变直，所以又与“丨”同意。而且人们可以一望而知这个“⺄”字在十母干中是体质最轻的东西，笔画最简的文字，在意识上并有游离气象。所以“气”“乞”“失”“辰”等从乙的字，固然与“乙”有关系。此外凡从“屮、艸、禾、米”以及从“才、之、支、生、屯、后、乇、丂、也”等字，也与“乙”有关系。一切都和“甲”相互联系着结合着是不能分开的。

“丙”字甲骨文作冂，疑为倒垂火尖形，古文作灾。说文，火炎上从上省。丙指太阳以及一切星星之火和有焰的火，为光和热的来源。凡从“火、炎、灬、日、光”的字，都与丙火有关系。从“丙”发展的字，如“炳、柄、病、叓”，间接发展的字，如“票、尞、主、灾”等。

“丁”字，金文篆文则渐渐变钉形，凡从“▭ ●”发展的字均有热（温暖）意。例如“钉、顶、亭、午、成”等字，又“美、送、南

（男）粦（燐鄰）”等都和丁热有关系。从丙丁火发展的字有一个特异之点，例如与“疒”合组的“痰、疢”两个字，只有“火”一行。没有其他“木、土、金、水”四行。又“病、疔”两个字，只有“丙丁”两干，没有其他甲乙等八干。足证宇宙万物的灾病，最主要的就是火，是相对的有利有害的东西。

“戊”字从甲文到今天，在形象上没有多大的讹变。古人对这个字的解说很模糊，近人的解释为“戊”就是兵器的“钺戚”固然很对，但是取义较狭。我疑“戊”字可能为“厂戈”两字的组合，厂即山崖（籀文从干），干戈为金属武器，同时又用作农业工具。金生土中，意义极为明显。

从“厂”发展的字，最主要的为“石、原、厤”三个字，表示山岩水源农业都和阳“戊”土的山丘有关系。厂又发展为广（廣、廬）产（詹、危）等字，皆有高远的意义。

从“戊”直接发展的字如“戌（威、咸）成、戍（幾）戉”等，凡从戈的字，均与戊有关系。又间接发展的字，如“我、（饿、俄）戠（与我同意）戒”等。戊与矛字有关系，如“茅、柔、務”等。

这样我们就能看出一连串的历史关系，描述先民在山崖水岸，用金属工具（武器）种植壳物，并从山区扩拓到平原。同时又利用工具代武器戒备着其他部族前来掠夺收获的果实。还有历法和历史，也是从这个农业时代发展起来的。释名“戈，过也”。可能指出发明冶金制器的过程。

“己”字，从甲文到今文，没有多大的改变，“己”虽排列六数，但是遁甲即为五数，“己”字组成为三横二直，亦为五数。从“己”直接发展的字“纪、记、起”等。间接发展的字如“里、理、霾”等，一方面可能指农业定居的乡里，距离的里程和事物的道理，可以记忆纪录，一方面又指空间的尘埃，以及风雨的土、人和动物奔走时激起的尘灰。

“庚辛” 两字从甲文到今文变形甚多，但是两字从干，均没有改变。从“庚”直接发展的字，如“唐（糖）康（糠）庸（镛）赓”等。我认为似有乐意。从“辛”直接发展的字，如“辠、辜、辟、辣、辩”似有哀意。

干为干戈之干，干为长兵，戈为短兵。也可说“庚”为长兵，“辛”为短兵的刀类。郭先生解“庚”为“钲”（以声求之，当是有耳可摇之乐器），解“辛”为“剞劂”，都是金属物。所以我认为从干发展的字，都与庚辛金有关系，并有刚长和时间的意义。如“乾、幹、扞、竿、赶、旱、肝”等。又如“鄂、愕”，屰（逆、朔、搠），斥（诉、柝、坼），執（蟄）、睪（澤、驿）、音（暗）、童（撞）等。又与“金”同声的字如“今、陰、钦、琴”等亦与金有关系。金是有声音的。洪范：“从革金”可能指金属的乐器和革制鼓配合起来，就是“金鼓大震”。

我们根据上面这些字意来看，不须逐字解释，就能知道先民生活对于金属物哀和乐的两方面，以及引申发展的历史性。同时也可看到先民在发明利用金属物质以后对金属物性能的认识和研究。

“壬癸”两字，从五行观点上说，自然是水“壬”指阳水，即天空有形的降水，甲文“壬”字作“工”很明显的表示从天降水到地，这就是大自然造水的“天工”以后“人工”治水，最古的就是世居江淮的共工氏族，从地理关系上看那是必然的。所以从工发展的字很多，直接间接大多数与水有关系。最明显的如“虹、空、江、缸”等一望而知，造字虽有先后，但是出于自然，后来将工字改成工艺之“工”，因此小篆就改工为“壬”，在事实过程上也很明显。所以从“壬”发展的字很少，只有“任、妊、赁”等字。“工、壬”既完全分化到人事上，对于大自然的天空降水，好像脱离关系，因此将另一个象形的“雨”字代替天空降水和其他的现象。从雨发展为“雲雷電雪霜雾”等字。

“癸”小篆作，我疑这个字可能是根据斜形的十字，变成三种微

有不同的写法。“癸”字主要的物质意义，是阴性的水，从无形的水蒸气（湿气）变成有形的水云。当时先民要在形意上描绘一种适当的记号，那是非常困难的，只好用十“甲”的数目（癸亦为十数）为基准，作不同的描写。但是篆文已渐变弓矢从发省的“癸”字意义就完全变成躲箭。试问躲箭与天空无形的水气变成有形的水云，怎样能够联系起来呢？用现代话来解释，就是“速度最快”，因为古代实用的兵器运动最快的，只有弓箭。从上古到清代，在火器的枪炮没有发明和普遍用以前，弓箭还是主要的武器，杀伤的作用最快。所以从矢发展的字如“疾、知、矦”都是表示最快的意义，与现代追求一切事物的高速度的意义没有两样。这样就能和天空与云降水、地面流水的速度联系起来，何况“矢水”两字古音相同，吴音可证。

从“癸”发展的字，如“戣”（三锋矛、戟属。可以遥掷敌人者，与矢行空间意同），“揆”（度也，说文，冬时水土可揆度也，六书统，水王之盛也。六象水纵横于木根荄之形）。

（二）十干兵象

现在接着来说十干兵象，也可以说是先民整个战争的体系。广义的“甲”字，可说是宇宙万物自然生成的皮壳，唯一自卫的武器。地面上的空气层，也可以说是地球气体的甲壳。人工造成的革甲或金属甲，当然用作自卫其体的。现代车船装甲，意义也是一样。“乙”字像一条革制的鞭，也像金属的钩。“丙”字是火，从古到今，火总是主要的武器，不过配合的用法各有不同，无须多说“兵火”两字是相联着的。“丁”字是战斗的本体，热力充沛的青年壮士，所谓“丁口、壮丁”，大众皆知。

“戊”字象斧钺形，郭沫若先生解作“干戈戚扬”之“戚”，我疑为兵农两用，形式较佳的戈。“巳”字郭先生根据罗振玉说，解作“谁躲之缴”，既能躲鸟，亦可发石击敌，“庚”字我认为是金属长兵的￥，可以双手执之二刺击。“辛”字象短刀，可挂于身者，“壬”字郭先生解作“镶”字之初文。我认为“工”字既逐渐分化为工艺之“工”则工亦为战斗本体，与丁同意，即制造金属武器以及弓矢的技术工人。“癸”字为弓矢乃远距离杀伤最快的武器，无须再说。

写到这里又要插入一段故事。《淮南子·本经训》曰：“昔者仓颉作书，而天雨粟鬼夜哭。”这是古代相传的神话，淮南子甲乙收录，很有分析研究的价值。我认为这几句话，是先民假托神话，反对战争，爱好和平的呼声。同时又作为仓颉造字是造的干支二十二文一种旁证。

仓颉造字何以“天雨粟鬼夜哭”呢？因为仓颉所造的十干，除自然界五行物质以外，在人事上完全托于现实的兵象，整个的战斗体系。假使天能雨粟，那末一小部分不爱劳动生产、专好战争的统治阶级，就不需要拿着锐利的武器去侵略爱劳动的和平部族，掠夺食物，人类就能安居乐业。但是天是绝对不会雨粟的，人类必然要去攻略其他部族，发生战争，无辜死伤许多人，不幸战败的一方，男女老幼都变成奴隶。因此到了夜间，就有一片惨痛呜咽的哭声，与看守俘虏奴隶的狗叫声相应和，并不是真有鬼哭。

照这样说造字的仓颉岂不是变成了好战的分子吗？不是的。这正是仓颉爱好和平，对人类提出的警告。人们应该居安思危，不要麻痹大意。平时要有坚强自卫的力量，战斗的组织才能击败凶恶的侵略的敌人。就是不能使用弓矢的妇女儿童，也要用革鞭和掷石饵缴助战，抵抗敌人才能保卫家乡，保护自己的收获的果实。

（三）十干岁阳

最后要说一说《尔雅》和《史记》的十岁阳。我认为五岁阳岁名是语言时代的干支到了造字初期，仓颉氏才根据语言创造含有广泛意义的干支二十二文。也可说是象形图画字以外的一种字母，在当时是文化起源上一种最困难的工作，而且经过很长的时间，字形还不能固定，还在变化。以后文字发展到相当阶段才有将语言相传的干支，用音义双译的方法，构成文字的岁阳、岁名等。

《史记》与《尔雅》微有不同，可能是方言发音的不同。同时也可证明语言相传的干支，在汉代还没有完全消灭，今将十岁阳的立表于下，并试作说明。

	（尔雅）	（史记）
甲	阏逢	焉逢
乙	疆国	瑞蒙
丙	柔兆	游兆
丁	疆围	强梧
戊	著雍	徒雍
已	屠维	祝犁
庚	上章	商横
辛	重光	昭阳
壬	元黓	横艾
癸	昭阳	商章

甲乙是紧密结合着的气体物质并指空间的一切的现象与癸是相适应的，各字的意义引证于后。（阏）遮也，古书雍遏字，多作阏，义同字异有阳气推万物而起意。“於”与“乌”同。今关西言“箊”山东言“蔫”，（焉）与“蔫”同，焉鸟也。风之象征。（逢）遇也见也，《方言》：逢，迎也。逢逢鼓声（按即木声）。《庄子》：逢逢焉起于北海。注，风貌。（旃）旗曲柄也，赤色有曲谨之意。（端）直也，正也。《墨子》：端，体之无序而最前者也。《礼记》：居天下之大端矣。《家语·礼运》：五行之端。注，始也。《孟子》：仁之端也。《淮南子》：运转而无端。《说文》：“耑”，物初生之题也。上象生形，下象其根，一者地也。“蒙”章蒙也，物之稀也。《广雅》：蒙蒙暗也，又盛貌物初之形。《释名》：蒙者，日光不明。《诗》：零雨其“濛”。《思元赋》：踰濛鸿于宕冥兮。注天之高气也。《孟子》：“逢蒙”学肤于羿（《淮南子》作

逢。《庄子》作逢蒙。《吕览》作"蠭蒙"。《史记·龟策传》，作蠭门。《汉书·艺文志》作逢门。其意皆同。）"逢蒙"与"羿"皆古之善䠶者，能䠶空间飞鸟。

综合以上文字的意义来看，好像是指无处不逢迎，不遇见的空气，以及空间的物象和运动，并表示光觉色觉和曲直的形态，万物始发生的意义。

丙丁（火光热）

（柔），木曲直也。柔为刚之对，曲直之曰煣。似有木生火炼金意。（游）旌旗之流也。《庄子》：心有天游。又空中流星游尘也。《逍遥游》：大旱金石流。

（兆），灼龟坼也。《魏都赋》：兆朕振古。《庄子·天下》：兆于变化。又而游无朕。注，兆也兆朕同意。关即弅，火穜也，与灰同意。徵与朕同，徵为火音。以上似指火与光。

（疆）弓有力也。《尔雅》：暴也。《庄子》：天地之疆阳气也。注，犹运动也。（强）与疆迒健也，坚也。《老子》：守柔曰强。强为弱之对。

（圉）《左传》：亦聊以固吾圉也。又为圄。又男曰圉。《广雅》：圄为禦，实为御。（梧）魁梧其伟也，假借为牾，"吾"我也，假借为御，犹禦也。以上的解释，似指天地的运动，为强热的力量。人类的运动即强热的青年男子，足以抵御自然的认为的一切灾害。

综合起来看，好像指出火光热运动的力量及其预见性。并有刚柔强弱的相对性。这个性能的来源，由于曲直木的燃烧而起的变化。

戊己（土地、农事）

（著）明也、思也。又作"箸"乐记，箸不息天也。以箸万物之理，又为"睹"。"陼"水中高地，也作"渚"。"赭"赤土也。"暑"煮也。（徒）步行也。又训众。《诗·十月之交》番维司徒笺司徒之职，掌天下土地之图。《周礼·大司徒》：辨十有二土之名。《列子》：天瑞，食于道徒者，又为度。

（雍）即壅，《周礼·雍氏》：隄防止水者也。以上似指土地、土壤，防水事。

（屠）刽也。即在屋下宰家猪以祀农神。从事剥裂而食，其味甘美也。亦有分裂离散意。

（维）系也。隅也。土居四维。或为雍之误字。《史记》：维者度也。念也。

（祝）所以垷神也。（犁）耕也。说文，人曰耕，牛曰犁。以上似指耕种时预祝丰收，丰收后屠猪祀神。

综合起来看，“著屠”两字均从者，古文旅字。朱骏声按，“与旅下古文不同未祥”。我疑“者”者与“考、老”同部首，均与农事有关系。可能为老农发掘野生植物或种子，考验试种，得到成功。故考老又释为“成”。“者”下从甘，与“旨、香”同意，恐非从日。相传神农氏（又称伊耆氏）师于悉诸，学于老农。采字从木从爪。悉诸可能是农业发明家，旨即经验丰富之老农。

庚辛（声、光）

（上）高也。《诗》：点点上下其音。《传》：飞而上曰上音。（章），乐竟为一章。《汉书》：五章以奉五色。

（商），金音也。《汉书》：商之为言章也。《礼记·乐记》：商者五帝之遗声也，商人识之，故谓之商。（横）即衡，《后汉书·冯异传》：横（光）被四表。《淮南子》：坠形，玉横维其西北之隅。注、光也。《水经·睢水注》：横亭世谓之光城。以上指金声和光，并表示声纵光横的意义。上章商横均叠韵连语。

（重）（光）重再也。光明也。《尚书中候》：荣光出河。（昭）（阳）昭日明也。阳高明也，《洪范》曰暘，郑注，金气也。

综合起来看，我疑重光似指日月星以外的金光。也可以说是放射性金属物的光，“荣光出河”是指河滩上被水冲露的五色金属矿石所放出的光。最值得注意的就是郑玄似已认识空间的金气，与太阳光的关系。这是古代科学上的重要发明。

壬癸（水蒸气、雨）

（元），黑也，幽远也。《释名》：天，又谓之玄。《淮南子》：合于元海。注，北方之海。

（黓）黑也北方谓之黑。解释名，黑、晦也。《素问》：气交变大论，黑气廼辱。注，水气也。弋“式”法也，“代”更也。以后继续前皆曰代。

以上解释可能形容天空降雨譬各人之传代，自高而下，以后续前，有一定法式，五行的黑色配水降雨即降水，雨羽同音。五行水配五声羽，霸，水声也。春秋元命苞，阴阳和而为两。《淮南子》：地之含气，和者为雨。易小过，密云不雨。注阳上薄阴，阴能阴之，然后蒸而为雨。这就说明地面水蒸气上升，遇冷空气凝结为雨。即以阳代表热空气（气温）阴代表冷空气。《素问》：“在天为寒，在地为水。在天为湿，在地为土。”是指空间湿度与尘埃的关系。

今年苏联科学家以飞机带细砂。通以阳电或阴电，试验造雨造晴。譬如鸟羽动则散也，散之反即为聚。聚则雨，散则晴。尘埃在空间有吸温性，与形成降水很有关系。

光亦同一为横也。（艾）冰台也，《博物志》：削冰令圆，举以向日，干艾于后承其景，则得火，故曰冰台。

综合起来看，水之声光色质已形容尽致。《史记》作“横艾”可能是补充“元黓”的意义，有未尽者，或为方言不同，而意义可以相通者。朱骏声说：“犹云三代时年曰称壬（按即工字、空式从工）上古时年称元黓。”可见岁阳岁名为上古的语言。

最后要解释“癸”（昭）（阳）（尔雅）（商）（章）（史记）最感困难。因为昭阳与史记辛昭阳，完全相同。商章与尔雅庚上章，仅有“上商”两字不同，而音则相同。音和错综，疑莫能明。

我认为古人金生水的说法后人解释都没有得到比较正确的答案。因此不论语言和文字，要想将金水间的关系很明确地表达出来，是很困难的。可能由此而发生错综性。

还有“癸”字在数目的排列上既能作十数，又可作九数。与“甲”作丨作+，“乙”作〳，又作〵作九。在性质上都不稳定。这样研究就发现物质性的甲乙木和癸水是一样的不稳定，并有循环性。从这一点上又可看到五行学说的哲学性，不是机械的唯物论，是变化前进的唯物论。再从物理上看水气在空间是最不稳定而且变化无常的。但是水气与其他物质相互依存，联系制约变化也有规律性存在。

大家都知道，最简单而明显的例子，水在大气中以水蒸气存在，然后又变为雨火雪下降到地面，经过江河流入海洋。而后又经过蒸发作用，回到大气中。因此我可以这样说，九十数的壬癸水，又回到一二数的甲乙木的大气中而存在。

本来古人要想描绘出无形水气的形态，是很困难的事。最后将“癸”字改成速度最快发矢的意义。这就表示空间与云降水速度最快。还有十干纪日，一旬的时间也是最快的，所谓“光阴似箭”的成语，形容得最恰当。

（昭）（阳）就是指的太阳。空间降水，太阳自然是主要的关系。从易发展的字如“扬”飞举也。“颺”风所飞扬也。《书·尧典》：汤汤洪水。（尚）（章）尚曾也，度几也。从八向声。八象气之分散。（八为金数）章，从音，从十数之终也。好像是说，大宇宙构造过程最后的一章。又好像说，晴明的空间，突然兴云降水，与冷（水）热（火）空气、风（木）微尘（土）以及（金）属气体物质，都会有关系，是一件最不简单的事，也是地球和生命的起源。

四、从物理研究十干

（一）甲乙配氢氧

我在前两章从数目文字说明十干，但是对于物理方面也要涉及，否则就无法说明。这一章是专从物理方面说明，并假设物质宇宙的形成。

我首先要说明的就是“甲乙”。这个甲乙本是先民创造的两种物质的代名词。这两种物质究竟是现代物理化学两种什么元素呢？这是先决的问题，也是我十多年来反复研究的问题。我现在是将“甲乙”配“氢氧”两种元素。虽然古今的名称不同，但是从甲乙和氢氧两种物质的性能上说，是很恰当的可以配合的。

《洪范》：曲直作酸。即指甲乙木，以木配青色，素。（包括绿蓝两色）味酸色青，是没有问题的。（青字从生从丹，即青能变赤。现代化学以青色试纸通过酸质，即变赤色可证。）

氢氧是什么性质呢？先从味上说，大家都知道，氧是酸素，氢为水素，凡酸类物质组成中，均含有氢的成分，称为氢根。盐基类组成中，均含有氢氧的原子团。称为氢氧根。酸类一般特征，溶液均呈酸味。与盐类基类作用，则生成盐类及水。（《洪范》：润下作咸）当酸类溶于水中，则电离为氢游子及酸根游子。盐基类溶于水中，则店里为金属，游子及氢氧游子。

次从色上说，氧从气体变成液体固体，都是淡青色。氧从气体变成液体或固体，都是淡青色制成臭氧，气体为淡蓝色，液体为深蓝色。氢氧化合成水，纯水浅时无色，过深则呈蓝色，制成过氧化氢，如液层深至一公尺，则现深蓝色。又空气为氧氨混合物，纯粹的液体空气为淡蓝色，所以我们称天空为青天或蓝天。单从色味上说，以甲配氧，以乙配氢。已非常适合。现在工业制造氢氧气，都用电解方法，就是将氢氧化钠溶液少许，滴在水里，再通过电流即见阳极的铂片上发生氧气，阴极上发生倍量的氢气。可见甲（氧）属阳，乙（氢）属阴，也是相合的。在数目上说，乙（氢）为二数，又为一数，甲（氧）为一数。氢氧化水，大家都知道是二个氢原子，一个氧原子，合成一个水分子。

大家知道氢能自燃，氧能助燃，太阳的燃烧现在已经知道是氢氧的作用。地面上的一切的燃烧，地层里的燃烧，同样不能和氢氧脱离关系。

甲乙木（包括柴草、木材、炭、油质，以及地下的煤炭、石油等）都是燃烧，只有气液固的形态不同。这样我们就可以说，从天空太阳的火到地面的火，以及地层内的火。从上古的火到现代的火，我们不可能否认燃烧的原料，不是甲乙木，不是氢氧气，更不可能将氢氧和甲乙燃烧的性能，分成毫无关系的两种物质。

还有一桩奇事，要在这里提出来说一说，现在科学家都知道太阳里存在着大量的氢和氦（创造“氦”字译名的是何思想，我不知道。但是我国五行家一致的说法，是甲木生于亥）。我国先民对于太阳最初创造的形象字是“日”，有篆文作“ʘ”。其中很像曲形的“⌇”字。温度的“温”字，其本字为“昷”从日从皿（从囚非）。篆文“日”作“ʘ”完全为“乙”字。这和太阳里存在的氢，也是一种巧合。

太阳的燃烧是赤色的火焰，古称日珥或日冕，在日全食时可以看到。赤色火焰的光，放射到地球上来。何以会变成白色呢？这也是值得研究的问题。现在工业上所用的氢氧火焰，光亮虽弱，但是温度极高，能熔化铂丝及燃烧铁丝。若将此焰射到生石灰上（氧化钙）就发生机枪的白光。由此，我们可以推想到先民对于金属物质性能的认识。

气候“乾旱”两字均从干，干为金属物质的代表，前面已经说过。气候干旱的时间光亮最强，大概是指日光通过空间气体金属物质，故发生强烈的日光，形成干旱的气候，因此五行以白色配金（商人尚白，商即金声，可能以金为德。再从卜辞、洪范上看，殷商已经用五行配五味、五声、五色、五方、五事。对五行的物质的认识和研究，已达相当的高度）。相反的现象，就是天空降水或发生雷电。（从申金）也和金属物质由关系。（先民金生水的说法可能由此而起。五行以水配黑色，其实水非色黑，当指降水时浓厚的黑云，金水配白黑两色，也可能是指光觉）证诸现代的科学，金能传光传热传声传电，传布光热即能增高气温蒸发温度亦为天工降水条件之一。

其余如干电池是用锌铅钨金属物质制造，能发生白光。暗室照相用镁光，物理是相同的。我现在讲甲乙配合氢氧，并作最简单的说明，也和先民配合的方法的一样的。因为不用这个方法，就无法以作成有系统的假说。

（二）五行生尅化合

相生图

阳 甲（一）（氧）

木

阴 乙（二）（氢）

阳 丙（三）

火

阴 丁（四）

阳 戊（五）

土

阴 己（六）

阳 庚（七）

金

阴 辛（八）

阳 壬（九）

水

阴 癸（十）

我现在接着将五行十干生尅化合作图以说明之。上图为顺序相生，即甲乙木生丙丁火生戊己土，戊己生庚辛金，庚辛金生癸水，如排成圆图即循环相生。甲丙戊庚壬五阳干，即五奇数代表有形象的物质。甲指盖头的天、空气。丙指太阳。戊在空间无形可象，即以地上的山丘高原为象。庚同样以地上发声发光的金属物为象。壬以空间降水为象。乙丁己辛癸五阴干，即五偶数 代表无形象的物质。乙代表宇宙万物之母，但是必须与甲结合，方能化生万物。乙的主要性能就是燃烧生出丙太阳，由太阳生丁热能。丙丁结合构成宇宙的原动力。同时扩散出结聚的大尘云，构造地球和行星，以戊为代表。己指空间分散的尘埃，人类肉眼也可从斜日光中看到。戊己结合就能生出重金属的庚子，轻金属的辛。（尘云中有放射性的重金属）金属物质传光热，就能使代表水蒸气的癸，与壬结合，与云降水。《素问》："在天为风、在地为木，在天为热，在地为火。在天为湿，在地为土。在天为燥，在地为金。在天为寒，在地为水。"风燥湿燥空气，都是降水的条件，与气候有关。人类生存中的气候病自然与医药学有关，都是不可分割的。

五行十干有生化，必有尅制，相尅又名相胜。白虎通以虚实刚柔众寡，专散说明之。依据上图，相尅又分顺逆或正反。上部隔五位相尅的，为逆尅反尅。下部隔三位相尅的，为顺尅正尅。阳尅阳。阴尅阴。例如甲隔五与庚相尅，为反尅，庚胜甲。以兵器论，庚即干，甲即甲盾。其余类推，完全相反相成，列入癸水尅丁热，冷热固尅相济。

合化图

甲(一)—— 己(六)　化土

乙(二)—— 庚(七)　化金

丙(三)—— 辛(八)　化水

丁(四)—— 壬(九)　化木

戊(五)—— 癸(十)　化火

合化图很简单就是将十天干重叠排起来，上下结合奇偶相生 变成错综化合的五行，与河图数排列相适应。即天一生水，地六成之。也可以从矛盾到统一质和量的互变。

"甲"（氧）经太阳（火）燃烧而化成"己"尘埃灰土或空间的大尘云。这个土是构成行星主要物质之一。没有土存在，就没有行星存在，所以"甲己"首先化土。有了土就能生金，金和土是相互依存的。"乙"（氢）与"甲"结合经燃烧化成放射性的重金属的"庚"存在于尘云中。所以其次即"乙庚"化金。金属物质同样是构成行星主要物质之一，也可以说是行星的钢骨或钢壳。氢元素虽为水素，但与其他非金属元素性质不同，为热电的良导体，且其游子为阳性，故化学性质为金属性。与“乙庚”化金说完全符合。“乙”为阴性，但又作“丨”，在数理方面说，亦为阳性。

其次是“丙辛”化水。“丙”火太阳的燃烧，通过空间轻金属物质的“辛”就可能传布光热发生电气和水蒸气，水自然也是构成行星主要物质之一，水与尘云中的土金结合起来，就可能逐渐变成一个钢壳泥水的大球，绕着太阳核心有规律的旋转，这就是我们的地球。

1951年苏联三百多科学家开了一个太阳系地球诞生的研究讨论会作出结论“地球原始是冷的”，这是很正确的理论。与我们古代原始的宇宙观，在次序上是相结合的。其他大小行星的诞生，可能也是这样。

1953年李四光先生主持的“中国大地构造学”是新发展的学科。李先生是用“泥浆”作实验的。我认为在物理方面也是相同的。

其次“丁壬”化木。“丁”是一点热能，“壬”是一滴水珠，相互结合就能产生万有生物，从微小到庞大，从低级到高级，从少数到多数。这样就演成地球上原始的生物史，为改造地球逐渐创造准备的条件，由冷的地球变成温暖的地球。

其次“戊癸”化火“戊”是厚土。“癸”是地下水。地层内“土金水”潜在的热能，相互结合，就可能逐渐发生高热而爆炸变成了“火”，所有物资化为溶液，达到相当程度就喷出地面，改造更好的山丘。同时植物埋藏在地下化为煤炭石油，为后世人类储藏燃料。经过燃烧变成的各种金属物质化为矿物，或深或浅的分布地层，供人类利用。

我们现在可以这样说，五行十干从顺序相生，矛盾统一到化合万物。从太阳系天体的形成到地球由冷变热，在次序上结合现代科学加以说明，好像很适合的。

这样老子所说的“有物混成，先天地生”，“一生二、二生三、三生万物”，就可以作解释。物与数是分不开的，先天地而存在的“甲(一)乙(二)”必须先燃烧成“丙(三)”火，才能生万物。

（三）先民实验方法的推测

我这样的说法，有人提出疑问，认为古代先民不可能构成这样科学性的原理。但是我们知道干支又作幹（榦）枝，推测先民可能会用一棵树来做实验的。即树幹和枝，总名为甲乙木，有曲直两种形态。将这棵树燃烧起来，不是变成了丙丁（光热）火吗？燃烧的结果，不是变成了戊己（炭块细灰）土吗？目力强的人，是可能会看到灰土中有发光的金属物微粒，不是土生金吗？（先民既然发明冶金制器，必然知道开矿）如果将陶罐类的东西，倒盖在灰土上，经过相当的时间，就能看到罐底凝结的水珠，也可以说是由金生水。这就可能是先民对五行十干相生之序，最简单的实验，我们知道人类生活的开始，主要就是从发明用火写起。

先民并且知道，一棵树是准备具五行物质的（人也是一样），树的本体是“木”生长在“土”地上。含有“水”分，这是很容易知道的。木里有“火”存在（钻木取火）也有金存在，上面说过在灰土里可以看得到。医经素问，将五行物质配人体的五脏道理是一样的。先民认为宇宙万物是不能离开五行而独立存在的。

先民同时也能初步知道，金属物中含有热能。这是认为金石是一类的东西，偶然敲击石块就能发出火来，所谓“电光石火”我们在没有使用火柴以前，不是用火刀火石敲击取火吗？这是很近的事实，等于一分钟以前的事情。古书上说“金隧取火”自然也是事实。

五行家思想研究实验的方法，就是先验小物推而大之，至于无垠之推而远之至天地为生。

写到这里我又要插入一段故事。唐代张遂（僧一行）可能已经知道五行物质的起源，只有甲乙木一行，所以他的释名称“一行”。他精于数理和五行物理。著有《大衍论》以及“天一”“太一”“太乙局遁甲经”。当时对于《大衍》等理论，懂的人很少。

《天宝历》云：“天之生育甲与戊。”这句话很难理解，如果与五味配合起来，就能试作科学的说明，甲木戊土是没有疑问的，甲为酸性，戊为甘性，也可以确定的。植物种子种的细胞液，就有甜味或酸味，假使没有这种细胞液，种子就可能不会生长发育。

还有人类在母体初结胚胞时，需要胃液脾液营养，才能发育，中医有此说。胃液就是胃酸，脾（包括现代所称的胰脏）液就是胰脏制造的糖分。母体的酸液糖分突被胚胞大量吸收，因此母体即发生一种消化不良的病态，如呕吐饭粒，四肢无力，或疲倦思卧，食酸性之物，病态即行消失。《素问》：“善言天者，必有验于人。”动植物在生理方面大概是一样的。

总之，古代物理五行说，是包罗宇宙万象的，我们是不可能完全说得了的。

五、结 论

我根据上面研究和说明大胆的试行作出结论。

我国阴阳五行干支和数目一整套的学说，是古代原始的数理和物理的科学，一切学说的根源，自发朴素的宇宙观的结晶。宇宙万物都与“木火土金水”脱离不了关系。五种物质都是由甲乙两种物质结合燃烧化土化金化水而成。说明白些，就是一二、阴阳、奇偶数结合物质的甲乙（氢氧）构成的宇宙万物。

古代所称的太“乙”，是具备阴阳两性的东西，可称万物之母。与现代的“氢”元素相同。科学家都知道，从九十几种元素到一百种元素都是同质异组织的东西，因为一切元素的原子核里的质子，都是氢元素的原子核。

总结起来说，宇宙万物同起于“乙”的一元，也可以说是一炁。但是必须与“甲”“氧”结合，才能发生万有的变化。尤须燃烧起来，构成永恒活火，作为万物变化的起点。

先民构成这样完整的东西，接着就用它来记录时间历史的过程，同时表达空间物质演化的现象，时空融合非常自然，绝不是随便创造毫无意义的标识。而且十个数目和五行物质，时间不论今古，是永远存在的，也是与人类生活一时一刻不能分离的。

现在从新民主主义社会过渡到社会主义社会的大时代，我们有马列主义完备的理论，并具备种种条件，可以来作初步的研究说明先民追求真理的伟大精神。

我认为中国的五行学说，是在发明农业并研究实验认识农业的重要性。同时发明冶金制器，并认识金属物的重要性以后，才具体构成的，比较西方的四元素说或五元素说，在时间上可能要早得多。

以后中国的一切学说，大都是从五行学说演化而来。不过到了周代就被形而上学的周易所代替，五行学说到了行将消灭的边缘。现在是我们可以研究发扬唯物的五行学说的大时代。我们从历史上看，应该更深入、更广泛的研究，只有这样中国从上古到现在的历史才能联系起来，谈希腊的时代已经过去了。

我写的这篇东西，是初步的，而且极其肤浅粗疏，是缺点很多的东西。我相信中国科学院一定能够重视古代先民遗传给我们的这份最宝贵的遗产。

1955 年 12 月 6 日

论干支

一、干支是什么

我们现在要来研究最古老而且最有系统的先民遗产，“甲乙丙丁……”的干支二十二文，我认为必须首先将“干支”这个名词和含义搞清楚，因为“干支”是二十二支的纲领，是不容忽视的。

“干支”究竟是一个什么东西呢？问题很简单，我认为就是一根带着枝叶的竹子。

先从文字方面说，“干”就是竹竿，“枝”就是竹支。以后引伸发展为树木的“幹枝”，幹又作榦、作簳，再发展为人体的骨干和四肢。最后发展为宇宙观的“天干地支”，也可以写作“天幹地枝”或称“母干子支”。这是古代先民所用的“先验小物，推而大之，至于无垠，……推而远之，至天地未生”。一种方法，并且将“人”和“天地”联系在一起来看这个宇宙的。

在这里还有一个问题要提出来加以解决,就是现在报纸杂志上有些论文，谈“五行”的不提“干支”。相反地解释“干支”的书籍，则不提“五行”。好像五行和干支是两种各自孤立、不相联系的东西。但是《黄帝内经》“五运行大论篇”，有“土主甲已，金主乙庚……”，很明显的是有联系的。

还有王充《论衡》物势篇：“寅木也，其禽虎也，戌土也，其禽犬也”，不但将五行和干支联系在一起，而且和十二禽也联系在一起。

因此，我认为五行和干支是一个体系，我们研究干支，如果孤立地局部地不联系五行和其他各方面，那么就无法说明先民创造的“干支”，是宇宙观的具体现象，客观事物反映的道理及其发展的规律性。

“干支”既然是实物的竹子，那么就有可能根据竹子，来分别说明人类社会和自然界发展的关系。

二、竹子与武器的关系

我们知道，先民在渔猎社会时代，所应用的武器和工具，是由粗到精、由旧到新的石器，如石刀、石斧等。不过我认为石刀石斧在应用上主要是生产工具，不可能完全用作渔猎的武器，如果用石刀的竹竿削成尖锐形的竹挺，那么不论捕鱼和猎兽，是很适用的，而且比较大棒在运用上轻巧便利，远距离的刺击，是极其有效的。例如汉代陈胜吴广的揭竿起义，在最近百年左右，也还有用长竿装上金属矛头作武器的事实。

在渔猎社会的同时，又发明更远距离的武器——弓箭，制造弓矢的主要材料是竹子。(有一种竹子名“簟”可作弩矢矛戟）一直应用到近百年代才消灭，这也是大众皆知，不容否认的事实。

以后从“干支”发展为金属武器的“干戈”，干是长兵，直的。戈是短兵，曲的。“干戈”均装有竹柄或木柄。“干”字篆文作“𢆉”，从反入，有刺入意。《说文》：“干，犯也。”《书·牧誓》：“比尔干。”《诗·公刘》：“干戈戚扬。”如果我们再将十干分析研究，好像一个“人和武器”合组的、完整的战斗体系。

由此可见，竹子是帮助过去先民在生存斗争中，一种重要的武器。与石器有着同等的作用。

三、竹子与文化的关系

古代先民对于文化的流传经过，好像有两种方式，一种是数图或文字篆刻在活龟的背甲上，听其自流，大概就是“河图洛书”。以后又将文字契刻在死的龟甲上，就是近代在安阳小屯出土的殷墟甲骨文。一种就是讲数目或文字契刻在竹木上，称为符契、符号、符节、符信。以后发展就将文字著于竹帛。如“篆、籀、简、策、篇、籍、笺、笏”等字，无须烦琐引说，都和竹子有关系。晋太康二年，汲县魏冢即有大批竹书出土，现在也有零星的竹简出土，直到现代我们还在应用的毛笔，也和竹子脱不了关系。所谓“董狐直笔”。还有算术，古人是用竹筹布算的，还有卜筮，卜用龟，筮用竹，《书》：“龟筮协从。”《左传》：“筮短龟长。”

由此可见，先民对于植物的“竹”，动物的“龟”，在性能上的认识和利用，好像在那个时代是将流传文化的任务完全寄托在这两种生物身上了。这也和古埃及人的文字写在纸草上，方式方法是一样的。

四、竹子与音乐的关系

文献上记载，相传女娲氏作笙竽，黄帝令伶伦如竹于嶰谿之谷作律吕。据此可知我们音乐的发明是很古的。

弦乐起于渔猎社会的弓弦，是很可能的事，管乐起于女娲氏族，也有线索可寻。相传女娲氏炼五色石，这个故事，可以和女娲氏作笙竽联系起来研究。

先民最初冶炼金属矿石的时候，当然还没有发明鼓风机，很可能是用竹筒吹火，使火力升高，以后发展为橐籥、风箱。现在乡区农民冶金，也是竹管两人对坐着吹烟火，使火力达到高温。

这样我们就可以从竹筒吹火的线索，推测到偶然的发明用竹管吹作乐器，是一件很可能的事，不论冶金作炊的吹火，吹笙竽，以后吹箫吹笛，都是吹的作用。以后发展又用丝竹合制作“筝筑”等乐器。

五、竹子与其他的关系

从古到今，竹子在建筑房舍方面，也有很大的关系。封建时代统治阶级享受的“竹宫、竹楼”姑且不谈。而人民大众在建筑方面的“竹篱茅舍”，同样是和竹子分不开的。现在建筑工程发明用竹筋代替钢筋，是最现实的例证。

还有古代先民在没有发明制造木船以前，可能是用竹筏渡水。造船以后，也要用篙、篷、篾缆做行船的工具。在陆地上还有用竹桥滑竿做交通工具的，这些都是事实。

还有人民大众在农业方面所用的竹篙，如箩筐等，在生活方面日用所需的竹器种类繁多，如篮、箕、碗、筷、床、椅、筵席等，现在还在广泛的应用。

至于竹编制或雕刻的艺术品也很多，例如古代的祭器“簋”“簠”等，竹茹、竹沥等。竹叶能制纸，制布。

六、竹子与地域的生产关系

竹子种类很多（晋人戴凯之著的《竹谱》收录多至七十余种）。产地也很广，在古代黄河流域和北方，产竹必然很盛，否则先民就不可能广泛地应用和深刻的研究。

据宋人沈括《梦溪笔谈》载：陕西延安附近永宁关，河岸崩陷，发现竹林化石这是有力的证明。

本年六月报载，印度考古学家在迈尔达地方，发现五六万年前，人类所用的器具，其中有装着空柄的器具，是值得注意的问题，这个空柄的质料，是不是竹类呢？报上没有说明。

七、从竹子联系到人体

我们知道任何植物，都没有竹子的形态正直，最刚劲而且是否虚能容物的。我们更知道任何动物，都不可能像人一样的直立行走，因此先民就将人体和竹子内在的联系起来。

人体的骨干是直“空”的，所以骨干的关节，也借用竹节的“节”，人体的经络，借用竹筋的“筋”。不论是竹筋人筋，都是最坚韧的东西，并有约束的意义。现在常用的名词，如“节约”好像与竹子也用着影响。

八、从竹子联系到宇宙观

我在前面说明“干支”是竹子，是二十二文的纲领，和“甲乙”是相应的。所以甲乙两字，在殷代甲骨文上，甲作“丨”作“+”，乙作“〳”作“〵”。无论纵横都是“直”的。不论左右，都是“曲”的。从表形上看，是最简单的可以互变的两种“曲直”的符号，象征宇宙万物“曲直”的形态。它的内容是五行物质运动发展的“天地相生之序”，是时间过程空间现象综合的记录。可以说是唯物的宇宙观，也可以说是上古的洪荒史。又是一种特出的简而不单的包罗万象的东西。

古代先民在悠长的时间、广阔的空间里创造这样系统化的东西，必然是从客观事物的反映、思维、研究、实验而完成的。问题自然很不简单，而且文字只是一种最简单的记录，它的内容含义，还必须依赖师承口耳相传，因此古义失传口用不知，所以后世能懂得“干支”道理的很少，能在原理原则上加以说明的，自然也不多，这样逐渐变成神秘的东西了。

先民对宇宙的看法是“人天”一理，因此我们从现代科学的观点来研究先民的思想，作初步的说明，是可以符合实际的，也是必需的。例如我们的历法，一岁有廿四节气，这个节也是借用竹节的，所谓

“天地节而四时成”，十干先民最初用以记日，而为一旬，故又称“十日”，十二支用以记星辰的运行，故又称“十二辰”（《书》：日月星辰）。这是指天体运动的“环节”。历法从此产生。

在人类卫生运动方面说，如起居有节，饮食有节，至于思想、语言，劳动等等，都和这个“节”脱不了关系。

大家知道竹子是能直不能弯曲的，但是经过人类劳动加工，就可以使它弯曲成弓，或编织其他的用具，人类和动物是能曲不能直的。但是经过人类本身的劳动加工，就逐渐地直立起来，而且因为骨干关节灵活的关系屈伸自如。这样就创造了人类对自然界劳动改造和利用的有利条件。诚如恩格斯所说：劳动创造了人类本身，劳动创造了世界。

《黄帝内经》：“善言天者，必有验于人；善言古者，必有合于今。”可见天（自然）人合古，总是分不开的，是息息相关的，也是先民学究“人天”和医学上理论的根据。

九、结 语

大家知道明代王阳明有一个“格竹”的故事。我想绝不是出于偶然，王阳明可能发现一个线索，才会这样做的。不过他的“格物致知”的工作，因为那时社会条件不够，所以失败了。

毛主席于1941年5月，在延安所写的《改造我们的学习》一文里指示我们：“不论是近百年的和古代的中国史，在许多党员的心目中还是漆黑一团。许多马克思列宁主义的学者也是言必称希腊，对于自己的祖宗，则对不住，忘记了。”

因此，我们应该在“向科学文化大进军”和“百花齐放、百家争鸣”的号召下，认真大胆系统地，创造而积极地，实事求是地来研究先民许多遗产，有关古代历史性的东西。

“干支”的问题，有人说至今还是一个“谜”。我这样从实物竹子说起，由简到繁，由小到大，说道宇宙物质运动，人类的社会发展的法则性和规律性。虽然“持之有故，言之成理”。但是对与不对，当然还是大有问题的，这就要看当代的学者专家们对这个问题怎样看，有没有研究讨论的价值，来决定古代先民创造的唯物阴阳（五行）学术的前途了。

1956 年 9 月 11 日

论中国古代神话

《中国古代神话》这是近人袁珂编著的一本书，中间有许多是我所需要的“古代史”的材料，本来古代相传的神话有些是和历史分不开的，从来没有人加以整理分析，所以搞的“人神”不分，直到现代，历史不成历史，神话也不成神话。《国语·楚语》：“古者民神不杂……及少昊之衰也，九黎乱德……家为巫史……民神同位。”可见上古人和神话是分开的。不过原始人类必然要经过一个很长的神话时代，这也是不可能例外的。下面是我分析研究的记录。

《淮南子·精神训》：“古未有天地之时，唯象无形、窈窈冥冥……有二神混生，经天营地……于是乃别为阴阳，离为八极”。高诱注：“二神，阴阳之神也。”从科学观点上看，二神就是两种物质，氧、氢，古代以甲乙为符号，分阴阳。与我们历史最有关系的人物要算女娲氏，她和伏羲原是两不相干的。但后世的传说，女娲欲做伏羲的妹妹，又说做了他的妻子，我们如今所看到的汉武梁祠石室画像里刻画的几幅伏羲和女娲的画像，腰身以上通作人形，穿袍子戴冠帽，背上生翅膀，脸对着脸，男的手拿曲尺，女的手据圆规，身以下通作蛇躯，尾巴亲密地互相交缠在一起，有的画像中间还夹着一个小孩双脚卷走，手拉两个人的衣袖。

据《淮南子·览冥训》高诱注：“女娲阴帝，佐伏羲治者也。”庚武梁祠画像考释：“第一段画二人右为伏羲冠上方下园，左手下举右手执物似矩，下身麟尾环绕，向左，左为女娲面、身同伏羲尾亦环绕与右相交，中间一小儿右向，手曳二人之袖，两脚卷走。”

女娲的名字最初出现在《楚辞·天问》里：“女娲有体，孰制匠之。”王逸注“女娲人头蛇身”。屈原何以发出这样的疑问呢？就是当时相传“女娲抟黄土”的神话。屈原的意思似乎说女娲作成了别人的身体，她自己的身体又是谁作成的呢？《淮南子·览冥训》：“往古之时，四极废，九州裂，天不兼覆地不同载，火滥炎而不灭，水浩洋而不息，猛兽食颛民，鸷鸟攫老弱，于是女娲炼五色石以补苍天，断鳌足以立四极，杀黑龙以济冀州，积芦灰以止滛水。”司马贞补三皇本纪：“当其（女娲）末年也，诸侯有共工氏，任智刑以强，霸而不王，以水乘木，乃与祝融战，不胜而怒，乃头触不周山崩，天柱折，地维缺。”袁说：“从历史推测神话本貌，共天与祝融之战，当是象征水火之争。又因其后累有共工传说，故云其未死。”

据我分析研究所得的假说，古代相传的所谓燧人、女娲、伏羲、祝融、共工、神农这些名字都是无名氏，这些名字都是后人代为创造，纪念他们重要的发明的。“燧”是古代取火的工具，就用这个“燧”来代表发明取火用火的人，并指明是“人”，不是神和怪，燧训岁，这个氏族可能发明了四时成岁的概念。

女娲的时代，是燧人发明用火以后，《说文》：“娲，古之神圣女，化万物者也。”女娲是女性，与燧人一样，没有什么疑问。不过这个“娲”字大有研究的价值，娲，从咼，我认为是炼石的工具，从咼发展的字，如“堝、锅、過、窝、祸”殊有线索可寻找，女娲炼五色石，自然就是有色金属矿石，为发明冶金的开始。

这个冶炼金属矿石的过程，按照发展的规律大概是这群女娲氏族，分布在山东，可能在平度一带，都住在土穴或者在山洞里，土穴里大都掘有地炉，用来烤食动物的肉，冬天也可取暖，有时熄灭了，就到他穴上行传火种。对于火种的保持，大家都是很注意的。他们在山里发现被水冲刷暴露在地面上的五颜六色的矿石，觉得很好玩，就捡些带回来，有一天这位女娲为好奇心所驱使，将几块矿石放进地炉去烧，火力不够她就用口吹火，使火力炽热起来，矿石中的金属物就变成液体，流出炉底，火力低了又凝结成块，完全是偶然中发明的。

从此以后，他们得到这条线索，又继续想办法克服困难，发明烧成最原始的土器锅，用来炼金，这是后世陶器、丸器的开端。同时又烧成了一对人形的土偶，作为玩具，这就是偶像的开始，所谓“始作俑者”。因此以讹传讹，传到远方，这位女性化育万物者的圣人，就变成了神，变成了造物主的“上帝”。西方的神话所谓上帝造了夏娃亚当，很可能起源于此。所谓谣言歌谣都有迹象可寻了。

但是冶金制品，条件不是这样的简单，最主要的困难就是火力不足，虽然大众可以帮助用嘴吹火，总觉得太费事，后来这件事传到距离女娲氏族所住不远的地方（大概在临沂都城一带）另外一个部落，后世所称祝融氏，其中就有发明制成了一个最原始的风箱，又制成一具进步的冶金锅炉。这融字从虫从鬲，虫是从風省，鬲是新型的锅炉形象，他们融金铸器的时候，并祝告天地，终于铸成了一柄金斧，比较所使用的石斧，自然锐利坚固轻便得多。

祝融氏族所分布的地方，距离后世所称共工氏部落所住的地方是很接近的，大概就是现在江淮间的区域。这个部落从事水上生活已久，所以对于水的经验比较丰富，“工”字是代表阳水的符号（甲骨文壬字作工），所以从工发展的字，如“江、空、虹、缸、矩”等字，都与水有关系。不知道为了什么事故，祝融氏部落和共工氏的部落起了冲突，打了一次空前的大战，结果共工氏打败了，可能是武器的关系。后世相传祝融氏成了火神，共工氏成了水神，又变成了水官、火官。都是有线索可寻的。

共工氏是世居江淮间的一个霸主，“以水乘木”，就是用独木舟和木筏形成的方舟，从事水上活动，捕捉水族动物。共工氏死了，一个霸主后人就说他成了水神，也和伍子胥死了成为潮神一样。“头触不周山崩”这句神话，可能当时有一座山名“不周”，被洪水冲崩，后人就附会说这是共工氏发怒，显示神通，再夸大些就说“天柱折、地维缺”，这样就需要女娲来补这个缺陷了。

女娲氏除炼石补天以外，又“断鳌足、立四极”，就是用力能载山的四只鳌足，砍断下来作为四只柱子将天再支撑起来，这自然是神话和奇想。但是这个神话的里面还是包藏着一段重要的文化起源。

近世学者将我国上古文化分成三个阶段，第一就是燧人时代的海岱文化，第二是伏羲时代的河洛文化，第三是神农时代的江汉文化。从方位上说，海岱就是东方文化，河洛是中原文化，江汉是南方文化。

我们的先民最初从西方到达山东大海的边缘，以后经营草创奠定了文化的基础。包括燧人发明的用火，到女娲烧石炼金，由新石器时代过渡到铜器时代，确实是划时代的灿烂光辉的文化。在山东并构成国家的雏形，时间是极其悠长的。在这个长时间里，又发明原始的数学，将十进制的数点，排成奇偶相生的“河图”契刻在海龟的背甲上，复纵之入水，流传后世，这就是伏羲时代发现的龙马“河图”。

因为近海的临淄附近，产生一种大海龟，足长似马，头高像龙，故称“龙马”，以后又名巨鳌、贔屭。现代的学名象龟。到了伏羲时代，契刻的“洛书”，通称龟书，是九九数。为就近用河南洛水流域渑池所产的水龟契刻的，并传有文字。神农时代好像也刻过龟书，直到殷代是将文字刻在死龟甲上的。所以我称“龟”是古代文化的桥梁，并于1953年6月写了一篇《河图洛书新说明》，寄安徽省文史馆，请求批判，说得比较详细，这里不再赘说。

我现在又将话说回来，这种海龟是有傲性的，所以我称“鼇”或“鳌”。不如水龟那样驯服，因此斫其头、断其足。这就是“断鼇足、立四极”的神话来源。同时又因煮食龟肉的关系，发明熬胶，现在滕州一带的人民还是擅长熬胶的技术。

以上所说都是指的东方海岱文化一个系统。在十二地支上是配“辰”的。在地域上好像连朝鲜也包括在内。所以朝鲜在古代国名“辰韩”，据日本人所著《朝鲜历史地理》说“辰韩在汉乐浪郡东南，于十二支为辰，故曰辰韩"，再配到天上去"辰星"，就是房星，《楚辞注》："东方之宿，苍龙之体。"《汉书·天文志》：水星，又名辰星。又配到周易八卦上去，就是"帝出乎震"。又如从辰发展的字如"晨""蜃"等都与东方有关系。还有印度古时称中国为"震旦"。《经译名义集》说："东方属震"，是日出之方，故云"震旦"。近人的解释，说是"震即秦，乃一声之转。旦、若所谓斯坦，于义为地，盖言秦地耳。"（《汉书》对"辰韩"说，亦谓秦民避役来此，故曰：秦韩。讹为辰韩。）

我对于上面的说法，是有一部分理由的，但是辰震与秦音虽相近。若从方位上说，辰震为东，秦为西，在我们（印度除外）看起来东和西何以能联系呢？自然其中还有一段微妙的关系存在着，我根据研究所得当在下段作可能的说明。

现在还有一个最近的事实附带的说明，就是"辰"与"龙"是有连属的关系的。从1950年至1952年，科学院主持会同山东大学在莱阳发掘于白垩纪的地层中，共获鸭嘴龙科庞大完整的恐龙骨骼两架，又有保存完好的龙蛋化石二十六枚，内中至少有三种不同种类的龙蛋。此种蛋化石除1923年蒙古国沙漠内曾经发现二十五枚（内中二枚已经破裂）以外，当以莱阳为第一次发现，亦为全世界蛋化石唯一的产地，按莱阳地处辽东半岛有河名五龙河，古代可能发现过龙类化石。我们根据这个事实有理由将"辰"和"龙"联系起来了。

接续燧人氏海岱文化的就是伏羲氏为代表的河洛文化。伏羲这个部族是起源西方秦岭山脉的"渭河流域的秦安"，发明了初步的农业。逐渐沿着渭河东下到达河南，这就是东西文化合流形成了中原文化。伏羲氏的历史书籍上已有记载在这里无须多所引证。我所要说明的为伏羲"制干戈"见"竹书纪年"，这是划时代的一个重要的关键。说明伏羲氏族吸取了女娲氏族炼金技术加以研究并改善工具，如圆规曲矩等，制成了新式武器铜兵的干戈。这就是伏羲氏建都陈州雄踞中原，征伐四方以天下的最主要条件。

我们再来看一看汉武梁祠石刻伏羲女娲的画像，上身的手执着规矩，下身的尾巴互相勾结起来，试问这样表示东西文化合流微妙的关系还不够明显吗？所以《淮南子》高诱注："女娲阴帝，佐伏羲治者也。"

另从十二地支方位上说。辰为东方，酉为西方。从矛盾统一上说，辰酉相合化金。《山海经·西山经》："泑山神蓐收居之。"郭璞注："亦金神也，人面、虎爪、白尾，执钺。"袁珂按："金神是刑神。"我们可以根据这些片段的材料，加以合理的推论，自从有了铜兵的干戈以后，自然战祸（祸字从呙最堪注意）连绵不断，战败的部落，人民变为俘虏，或者杀作人牲或者做了奴隶，这就是奴隶制度的开始。

在十二地支时间上说，燧人时代是"酉"的阶段发明养鸡（甲文鸣字从鸡），从鸡鸣发生时间观念。伏羲时代是"戌"的阶段，发明养犬，是先民游牧狩猎最好的帮助，这时又能担任看守俘虏的工作，形成了牢狱。我们只要注意一下这个"狱"字的构成，就能想象它的意义存在了。

再看伏羲的"伏"不是从犬吗？伏羲有称"戲"皇，戲字从䖒（古陶器）从戈，"羲"字从禾，从戈，从乃，故又称庖牺，教民熟食，伏羲制干戈、蓄犬，从这些字义上看，事实也是明显的。

十干"庚辛"金。庚为阳金，从干即"兵"字。辛为阴金，亦从干。辛字从味上说，就是辛辣，从字的发展上说，如"辠""辟"等字。可见金与刑是分不开的。"言"字从辛。"说言乎兑"言出法随，所以金人要缄其口了！

我写到这里有一个无法说明的困难的问题，必需加以解决，就是伏羲女娲人头蛇身的问题，袁珂说："《山海经》里，凡说人面蛇身的大都是神。"其实神就是人，是后人以讹传讹，加以神化的。既然是人，而且是人面有两只手，何以下部变成蛇呢？我假定的解说，是根据殷墟甲文的十二干支以及篆文的"子"字再配合世界上的十二属。多少我看一点根源，但是不能肯定。

十二属配十二支，用以纪年，最方便，也最容易记忆，我们中国，尽可能还有不认识干支的，但是可以断言，没有一个人是不知道十二属的。这样一个普遍的悠久的大众文化我们应该十二分的重视，从事深刻研究。不能再像搢绅先生文人学士那样轻视人民大众的文化了。

千古以来重视这个问题的只有一个东汉的王充，在他所著的《论衡》里面加以记录，以后宋代的理学大家朱熹在他的语录里说"不知始于何代，首见何书"。朱氏不过和朋友闲谈偶然提到这个可疑的问题，谈过就算了。若说朱氏没有看见过《论衡》那是说不通的吧？

近人郭沫若先生对于这个问题相当重视，在他所著《甲骨文字研究》（1952年修订版）余论第二段中说："以上十二肖兽之制不限于东方，印度、巴比伦、希腊、埃及均有之，而其制均不甚古，无出于西纪后百年以上者。意者此殆汉时西域诸国，仿巴比伦之十二宫而制定之，再向四周传播者也。"今抄录所列之于下：

中国：鼠、牛、虎、兔、龙、蛇、马、羊、猴、鸡、犬、豕；

印度：鼠、牛、狮、兔、龙、毒蛇、马、羊、（猕）猴、鸡、犬、猪；

希腊：牡牛、山羊、狮子、驴、蟹、蛇、犬、鼠、鳄、红鹤、猿、鹰；

埃及：牛、羊、狮子、驴、蟹、蛇、犬、猫、鳄、红鹤、猿、鹰。

我们可以看出十二属东西两方文化的分野，也可从这一点上进一步看出古代一切文化的分野。

中国和印度只有狮虎的不同，其他是完全相同的。希腊和埃及只有猫鼠的不同其他也是完全相同的。再将东西两方比较起来看，最奇的就是第六位的蛇，不但在物名方面完全相同，而且在次序上也是一致的。还有第三位的狮虎，物名虽然微异，而次序不乱，狮虎也可归纳为一类，第十位的鸡鹤也可以是一类，龙余鳄是一类，马与驴一类，是西方传来的。其余羊犬猴（猿与猴为一类）物名是相同的，但是在次序上则完全不同，东西两方只有蟹、猫、鹰三种东西无法相比，也无法归类。若说东方没有蟹、猫、鹰三种东西，我们还找不出证据，若说西方没有马、鸡、猪这三种东西，那是完全可以提出证据来的。

我们中国的十二属，是十二地支的附属物，配合起来是富有历史性的。再结合文字的发展的迹象，就可以说明历史的现象。起源必然很古。郭先生所说，是汉武通西域时十二肖兽始传来中国。我认为还待研究和将来地下发掘才能证明，现在是不能肯定下去的。

我因为研究古代神话的历史性，不得不插入有关系的十二属的问题，现在我要接着来说，神农时代南方的汉文化了。神农又名炎帝（白虎通炎帝者太阳也），又号烈山氏。这个部落起于秦岭东端的熊耳山，沿着汉水东下，扩展农业，开拓耕地，改进历法，以正农时，研究医药，为人治病，就这样创造了江汉文化。

关于神农氏的神话很少，没有什么人面蛇身的怪说，但是何以称炎帝号烈山呢？前炎帝为人类的太阳，是合理的。不过我认为还有别的问题。

在神农氏的时代，江汉流域有许多地区必然是很少人迹的禽兽世界，尤其是水禽的乐园，最初开辟草莱扩大耕地很可能是用火焚烧，驱除禽兽，所以造成了水鸟的“灾难”，我们只要想一想“灾难”两字的构成和意义，再和炎帝烈山结合起来，就可以看到这一幕的历史现象了！

我们再来看一看有关炎帝的神话吧。《山海经·北次三经》：“又北二百里曰发鸠之山，其上多柘木，有鸟焉其状如乌，文首、白喙、赤足，名曰‘精卫’其鸣自詨。是炎帝之少女名曰女娃，女娃游于东海，溺而不返，故为精卫，常衔西山之木石，以堙于东海”。《述异记》：“昔炎帝女溺死东海中，化为精卫。一名冤禽，又名志鸟，俗呼帝女雀”，这个故事和伏羲氏之女溺死洛水，事同而寓意不同。《楚辞·天问》注：“雒嫔，水神，谓宓妃也。”《洛神赋》注：“宓妃，伏羲氏之女，溺死洛水遂为河神。”试问同位帝女，同溺死于水，何以一成河神，一化为水鸟。精卫楼发鸠之山，鸠为水禽总称。其状如乌。乌虽鸟名，而字则从火，其色泽黑，且赤其足。这样描述，我总疑有深意存在。又名冤禽、誓鸟，那就更可疑了。

神农氏的时代配合地支是最末一个的“亥”字阶段。“亥”字有继往开来的意义，从亥发展的字，如“荄、核、孩，该、垓、陔”。亥属豕，先民从渔猎游牧的生活，进入定居成家，人人从事耕种劳动，家家养猪过着和平安乐的生活形成农业最古国家的开始。因此“家”字从豕，从家发展的字，如“稼”即稼穑。“嫁”即嫁女。明显地指出，从以母系为中心的宗法社会，再结合八卦分宫卦象次序，最末一个雷泽姊妹，历史的意义是一样的。

这是我们先民从发明用火直到农业定居，时间最悠久的上古史略，最后还要谈一谈人类起源和地理上的问题。

我认为人类从猿到人起源可能在舂山（即葱岭，现名帕米尔高原）周围，以后逐渐向四方扩散、伸展。我们的祖先大概是生长在昆仑山附近的，东移的迹象，似在秦岭山脉棲息最久。一部分则从新疆于阗沿黄河北岸，逐渐伸展到东海的边缘山东。这就是最古的燧人氏时代创造了海岱文化（从旧石器进入新石器的时代），以后伏羲氏族起于秦岭西端，神农氏族起于秦岭东端先后形成了河洛文化、江汉文化。从农业起源到农业扩展，石金并用的时代，这个时代也可以说是时间的历法和空间的历史。与农业社会是有着相互的关系，是分不开的。

我国文字从初文逐步拼合，孳乳相生，是富有历史性的。并且与阴阳、五行、干支、二十二文，好像脱不了干系，又好像是有一根绳索，贯穿着的。我们现在决不能再戴着有色的眼镜来看古代流传下来的自然的、朴素的唯物的辩证法的宇宙观。硬说阴阳五行是迷信、玄学、神话，干支二十二文是五本义的符号，甚至还说是从西方传来的，这是不能令人信而不疑的。我现在所要说的，就是今文“舂、秦、泰、奉、奏、春”六个字上部是相同的，下部是各有不同的，如果根据六个字来说明地理和历史的现象那是不可能的事。但是我们如将今文和古文结合起来，再加以分析并作深刻的研究，就可以了解一些历史地理的大象了。不过从前研究文字学的人，虽然明知“天地人”是三位一体的（天地指大自然的现象，人指人事的现象），但是他们说文解字，大多数是局限于“人事”的小象，忽视了“自然”的大象。是抽象的，不是具体的。是孤立的，不是相互联系的。所以使后人无法理解古人描述的大自然种种的历史的现象。

我现在说“午”字。“午”字是十二干支之一，它的本质本义是火和热，午是本字，杵是后起字。加木为杵，决不能倒因为果的，“臼”字象形，中为火焰形，并非米形，清人所著古籀补，即反对“中米”说。我认为臼是火焰形，乃原始的本象，以后穿木石制成舂米的工具，是后起的假象。因为古代掘地为臼后，必须先剪茅火煅之，令土坚实，才置壳其中，伐木为杵以舂之，此理至明。近代西南边远少数民族仍用此原始方式从事捣粟，可为证实。

我的推论“掘地为臼、断木为杵”是秦岭山区农业萌芽的时代所发生的现象。以后发明制造铜兵的干戈，经过一个战争时期，天下太平从事扩展农业，增加生产。他们就利用铜兵作工具，在山广水涯，以戈掘地，种植谷物（厂戈两字拼合即为十干之“戊”，戊之本象为凸起之山）。收获后，就用干捣去壳皮，过着和平康乐的生活。

我于1952年搜集许多从臼发展的字，写了一篇“从臼说起”的长文，接着又写了一篇“从缶说起”两篇合计有一二万言，感觉从臼发展的字很多都和火兴起有关系。如“餤”字亦作焰，很明显的是火餤。又“啗、脂”两字，又作“啖、腅”（王引之说，啖犹欿也，声近而字通）。又儿（童年）舅（中年）叟（老年）三字，也都有热意，舅即男，男南同声。在古代以母系为中心的氏族社会，对于男子，都称舅舅。“叟”字篆文作变，古文“灾”字为“丙”，（即十干之内）故偏旁“変”多误“変”。（更）朱骏声说“叟”即“掞”字之古文。从又持火。我认为是老人善于保持火种也。“缶”字是午山两字合组，午火山土烧而成缶，从“缶”发展的字，如“陶、匋”。又王念孙说：“凡从舀从缶之字多相通。”我在这里只能约略说一说，辨明“午”字的本义是火热，“不是杵”就足够了。

“午”字是从十干的“丁”字发展的，说文“从丁贯一”，一指大地，就是说从地下喷出强烈的火焰来形成了火山的现象。甲文“丁”字作“”都是表达其中的热意。凡是从口发展的字，都不能和热意脱离关系的，但是根据篆文“丁午”两字的发展的意义上来看，不论是大象小象都有火热的意义的。从本质上说还夹有灰土的意义。

由此可见,春山葱岭，就是先民指出帕米尔高原火山群过去喷火震动的情景，还有些像后世的烟囱，与春米时轻微的震动是相应的。与“雷出小过”卦，也完全相应的。雷即震卦，雷的现象有火有光有声，是大家皆知的。雷震过大时，住在山区的人，自然也感觉山的颤动了。关于“秦”，《说文》曰：从禾舂省，一曰秦禾名，籀文秦从秝。可见我们先民从舂山区域，东迁秦岭发明农业，为我国正式历法和历史的发源地。《说文》：秦，伯益之后所封国。即今甘肃之秦州，陕甘两省均称秦川（甘肃之甘，即稼樯之甘），西域诸国称中国为秦。

《圣经辞典》载：“亚细亚洲之西，有数种文字与希伯来文字大同小异。叠经学者考察研究，尚不知其字从何而来。”字之形式，以“二十二”字母凑合而成文，书则由右而至左，除字母以外，亦有别种数目字以作记数之用。又载“即合各国之时刻标准，亦为巴比伦人所规定，但与分数秒数，何必以‘六十’为度则不得考”。又载“亚细亚与欧洲之秤法咸由巴比伦传来”，为“十”进之数，其余西方有很多物事也与中国相同。

我们从数的方面来看，二十二个字母数，与中国二十二数的干支是相同的。时间分秒六十进位数，与中国六十甲子数是相同的。十进数与中国十干支数（十干与十数相应，亦可去甲作九数）是相同的。我认为这不是偶然的巧合。近人薛典曾所著“干支二十二文”考，对巴比伦六十进位数，亦引以为疑。因为世界上以六十进位的东西，只有中国六十甲子一种。没有看到第二种东西。还有罗马数字，若与中国的古号马相比较，也是大同而小异。我认为世界上古代的文化可能是同源的，在古代东西的文化可能是交流的。

由此可见，这个“秦”字是起源很古的。还有伏羲生于“成纪”，成纪是古地名，即今甘肃之秦安，天水。“成”字篆文为“戊、午”二字的组合，后改“戊 丁”为成。均为干支字。这个“成”字，即指《尔雅》“三成昆仑丘”。为上古最后一次造山运动告成的象征，也是现代地质学名词：火成岩、水成岩，成层火山的意义和影响。

我们先民对于这次地层的大变动，自然印象最深，语言流传必然绘影绘声，认为是最大的一桩故事。“纪”字从系，己即十干之己，很可能已用结绳的方法，记载下来。以后有了文字。也就可能记录在所谓“三坟”“九丘”的古书中，为《尔雅·释丘》的根据吧。

“成纪”包含十干“戊己”两字。戊己为土，土为稼穑，《尔雅》：岁阳，戊“著雍”，己“屠维”。《史记》：戊“徒雍”，己“祝犁”。这是语言流传，各地方言不同的关系。似觉与农业也有着联系和影响。

我们语言流传的语汇，还有“成功”的名词，“成”指造川成功。“功”，从工从力，工为阳水，即雨水川流。造山以后必然要有一段时间造川，这就是说明造山以后必然要有一段时间造川，这就说明造山是大自然火土的力量，造川是水土的力量。必须经过这样的过程，我们美丽的山河才算完全构造成功，同时引申到人事上，凡是有所成就的事都可以说是成功了！

我在本文前面已经说过，伏羲时代是配合地支“戌”字阶段的。《说文》：“戌”灭也，在大象上是指火山熄灭。在人事上是指消灭其他部族。邵雍所著《皇极经世》里，所表列的“元会运世”，是将“戌”配剥卦，又名为“闭物星”。山地剥卦与地山谦卦，是升降卦，有相互关系。“剥”即剥削，即剥削山地，从事农业的种植，也可引申到人事上，就是人剥削人。奴隶制度的开始“谦”字，从兼，乃持二禾，表现农事丰收。因为壳食丰富，大家就可能相互谦让，消灭了争夺的现象，具有“剥”极则“复”的意义。

“闭物星”的“闭”字也有研究的价值。“闭”字的意义为“阖”（似与开相对）以及闭门，闭塞、掩闭等，王右军写黄庭经，“闭”字三写从“闬”可见古时闭字从午作闬。右军是不会写错的。午字本质为火土，不是与火山自然封闬熄灭相同吗？

还有《尔雅》：岁名“戌”，阉茂。《史记》作淹茂，意相同。阉本作奄，《说文》：覆也。《方言》：奄息也。《长笛赋》：奄忽灭没。我认为“阉”字又灭阳意。闭藏意。诗奄有四方，在大象上是火山熄灭，引申到人事上，就是征讨四方，将所俘虏充作奴隶并将男性处以腐刑。这是历史上一连串的事实。

我现在再将这个“戌”阉茂，配合到天上去，确是一个极有趣的问题。也就是《汉书》上所说的“文史星历，近乎卜祝之间”，可见在“卜祝之间”必然也有些历史存在。

郭沫若先生所著《甲骨文字研究》中，见巴比伦黄道周天十二宫，与十二辰，十二岁阴，二十八宿配合，列成一表。我单将“戌”字一段引录于下：

（戌）阉茂 摩羯（宫名）牛（宿名）

再将中国占卜学“六任大全”中一张配合十二宫的说明表，引录一段于下：

（戌）河魁（又名天魁，斗魁第一星）（古之兵神，狱吏）白羊（宫名）

又引录“游艺录”中与十二次相配的一段于下：

（戌）白羊 降降娄（十二次名）河魁

我们再来看一看“戌”与二十八宿的配合，就可以更进一步的明了当时的历史迹象了。

奎（戌）白虎首宿。《孝经援神契》：“奎主文章”。《史记·天宫书》：“奎曰封豕”。

娄（戌）白虎第二宿。属白羊座，《史记·天宫书》：娄为聚众。《晋书·天文志》：娄三星为天狱，亦为兴兵聚众。

我们综合起来看，伏羲时代的自然现象，人事的现象，天人对照，已很清楚地表现出来，也无须画蛇添足加以说明了！“春秦”两字的历史现象已经约略说明。现在接说“泰”字，古文从水省大声，易序卦，泰者通也，《尔雅·释天》：西风谓之泰风。《广雅·释山》：岱宗谓之泰山。《尔雅·释山》：河东岱。《风俗通》：岱者始也，《后汉书·安帝纪》注：太山王者古代之处，为五岳之宗，故曰岱宗。

我们看这个泰字的意义，可能是指西来的大水（河）又指东方的大水（海）这个泰岱山脉是我们先民从春秦东来，经营创造第一期“海岱文化”的圣地。当时东西方是相通的，文化是交流的，因为渔猎游牧时代流动性很大，并不是老死不相往来，与农业定居时代的固定性适成反比例。

我现在所要研究的就是关于“羿”的神话。在《山海经》《淮南子》《楚辞·天问》注里有很多的记载。还有《荀子》正论：“羿蠭门（逢蒙）者，天下之善射者也”。《孟子》离娄下篇：“逢蒙学射于羿，尽羿之道”。“逢蒙思天下惟羿为愈己。”“逢蒙于是杀羿。”《左传·襄公四年》：“羿犹不俊，将归自田，家众杀而烹之”，《淮南子》诠言：“羿死于桃棓。”高诱注：“棓大杖以桃木为之。”这是属于历史部分的。关于神话部分，有《楚辞·天问》注：“羿仰射十日，其中九日，日中九鸟皆死，堕其羽翼。”《山海经·大荒南经》：“羲和者帝俊之妻，生十日”，《大荒西经》：“帝俊妻常羲（仪生月十二）。”羿不但射去九日，而且还杀死蛇身人面的窫窳（猰貐）以及凿齿。水火之怪的九婴，鸷鸟的大风（凤）又断修蛇于洞庭，擒封豨于桑林。这些话都见于《淮南子》《山海经》，不需要详为引证。

我之所以要研究这些古代人民大众口头相传的神话，因为对我研究五行干支的古代史，是一种有利的条件。只要将神话的外衣揭开，内容就是科学性、历史性的好东西了。

羿和逢蒙是古代天下无敌的射手，那是历史上的事实。那么他射杀空中的鸷鸟、大泽的巨蟒，生擒罕见的大野猪不算什么稀奇的事了！至于还杀死楔貐等，不是凶猛的野兽，就是一个部族里最凶悍的人。这些事也极其平常，没有了不起的研究价值，不过射落九个太阳，才是最有兴趣的问题。

据“世本”上说：“黄帝时代，羲和占日，常仪占月”，事实很明显，是说羲和用十干纪日，譬如今天是甲日，明天是乙日，十日一周为一旬。常仪造成十二个月为一岁，这是用干支数来记载时间，创造历法。但是《山海经》上竟将羲和常仪说成是帝俊之妻，一个产生了十个太阳，一个产生了十二个月亮。这和女娲变成伏羲的妻和妹，是同一类型。这是先民编造出来历史性的故事。

先民知道月亮里没有火热，和人类不发生重大的关系。太阳就大不相同了，它能发生亢热，造成旱灾。所以又和尧时七年的旱灾结合起来。《淮南子·本经训》：“尧之时十日竝出”。《楚辞·招魂》：“十日代出流金铄石。”就是说十个太阳，轮流值班。甚至一起跑出来，将它的火热天天朝着大地照射，使得地面上的金石都变成液体岩浆，人类只好躲在地洞里苟延残喘等待死亡了！

但是我们先民的意志是强毅的，是不甘屈服等待死亡的。所以就公请天下无敌的射手“羿”来对这些恶毒火热的太阳作决死而勇敢的斗争。羿自然接受人民大众的要求。立时对着太阳发射九支羽箭，射落九个恶毒的太阳，保存了一个和平而慈爱的太阳。有人要问有什么证据呢？就是上面所引的“日中九乌皆死堕其羽翼”，指出九个太阳里的三足乌都射死了，它们的羽翼也已经堕落到地下来了！这不算铁的证据吗？这个神话故事，我认为古代的思想家编得太妙了。乌是代表太阳的，乌是鸟名，但是其字从火。它的颜色是黑色的也表示火熄灭的象征。羿也是无名氏，这个“羿”的名，也是后人公赠的和“燧人”“女娲”一样。羿自然是人民大众的代表。同时又表现出人民大众的思想和力量是伟大的。并明确指出先民对自然现象不是迷信崇拜的，是可以克服和利用的。

我对“羿”字的构成认为有作深入研究的必要，因为它和唯物五行学、文字学，都有着不可分割的关系和影响。

以上是在六月廿四日以前所写，因为遭遇了大洪水才停止，现在已经是八月二日，虽然逃至高处，又遭水困，更遭病困，百无聊赖，所以再继续写下去完成这篇东西。这次长江中下游的大洪水，是百年所没有的，我现在写的也是水，可以说是偶然的巧合，也可以说是一件“不可思议的”“不可想象的”的事了。这个“羿”字从羽，篆文作“羽”，从象形方面解释：一为光线，二为下雨，三为羽毛之羽。从会意方面说，羽就是“水”，所以五行的水，配“五声”的羽，羽、雨同声。水的来源，自然是雨，这是不容怀疑和否定的。有人要问，既然羽是水，何以又与“光线”“羽毛”发生关系呢？不错，这个问题确实非常复杂，而且奥妙，所以才造成千古以来许多悬而未决的疑案。

我们应该知道上古的学术，只有阴阳五行一种，先民创造文字是根据这条总的线索而孳乳相生的。如果忽视了这条线索，那么对于文字的起源，就无从摸清它的根底，永远得不出结论。

文字的起源自然是先有形象图画，然后仓颉才根据语言流传的阴阳五行的定义辩证法的宇宙观，创造干支二十二文，成为正式的字母。这个阴阳五行的字母，是先有定义没有定形，也没有定声。我们只要一看殷墟，甲骨文字，就可知道殷代是象形图画与文字并用的时代。象形图画字皆动物，如羊、豕、犬、牛、马、龙等。一个“羊”字就有四十五种的变体，各有画法不同。文字最明显的就是二十二干支字和九个数目字，已经完完整整的并且将干支拼成六十个甲子，用作记载时间，同时表达空间历史的现象。这个干支字自然也有种种不同的写法。“工”字就代表阳水，从工发展的字如“江，虹、功、扛”等都与水有关系，从壬发展的字就单用在人道上，如“任妊”等，主要意义也是水。

癸字甲骨文与篆文的意义在形式上是指流动的水气变成水云，从无形变成有形的云雨。今文的癸字，是发矢就是射箭，这一变在形式上好像与水脱离了关系，难怪近人解释“癸”字，都说是兵器“戣”字了，单从形式上说是对的，若从本义上说，那就不同了。写到这里，有一个主要的关键，必须预先说明，癸的本义，就是行云流水，速度最快。配合人事就是骙箭速度最快。这样天地飞行，无线电的传音传形，机械化农业的生产，所追求就是高速度，我研究中国古代神话历史性以后作了两首七绝，抄录于后：

尧时十日语荒唐，烁石流金事可伤。
甲乙轮班传酷虐，羿雄抗旱躲骄阳。

移山逐日非神话，夸父愚公志已伸。
今日同求高速度，先民思想最天真。

可见时间不论今古，智慧的人类所追求的都是高速度，就是最快。思想是一样的，自由精粗深浅的不同罢了。古人编造羿能射落九日的神话，也含有水能制火、抵抗旱灾的意义。由此可见，先民对于大自然的灾害，并不是屈服的，听天由命的，是含有伟大的斗争性的。

现在对于神话部分作一结束，对于地理地质部分，必须加以补充。

据 1953 年《科技通讯报》载，李四光主持的“中国大地构造学”是新发展的一种学科，李氏是用“泥浆”作实验的，分成三个地带：北部称作阴山带，地质构成时间最老；中部为秦岭带，时间较新；南部名南岭带，时间更新。李氏的研究，与我所说历史性的文化起源，是有着相互关系的。相传中国最古的祖先是起源于昆仑主峰所在地，即今日新疆之于阗。称天皇氏，可能即燧人氏。与古代“纬书”现代“从猿到人”所说，有些暗合，大致是相同的。

我们祖先一部分是从发源地沿着黄河北岸，即地质最老的阴山带逐步东移扩散，到达山东，造成第一期海岱文化。“北京人”化石是相应的。以后另有一部分祖先从发源地东移到达渭水上游的秦岭带，再逐步沿渭水东下到达河南造成第二期河洛文化，以伏羲氏为代表，又称人皇氏。最后以神农氏为代表的一部分，是从秦岭东部沿汉水东下，到达长江流域停留在洞庭湖的四周，造成第三期的江汉文化。神农氏的发展扩散一部分向南到达南岭带，一部分向东沿江西下，到达巢湖四周，与由山东南下的燧人族会合，一部分向北在河南与伏羲族会合。

这是我们民族和文化扩散三大主流，与中国大地构造的先后是有着连带关系的。

《尔雅 · 释丘》：“一成为敦丘，再成为陶丘，三成为昆仑丘”（成字为戊午两字组成，后改为戊丁），这是中国大地三次造山运动，与现代地质学家所说大致相同。古代西方诸山浑称昆仑，或昆仑墟。以后有舂山、葱岭等名称。实包括帕米尔高原、喜马拉雅山。清末霍邱裴伯谦在所著《河海昆仑录》中有此说。《尔雅》岁名（子）困敦。（敦丘）所谓“混沌”“浑沦”“昆仑”等名词，皆是“困敦”声之转。

我在以前所写的宇宙史料中，关于五行之“声、食、味、嗅”已有粗浅可能的解释。但是对于五行之“性”，五行之“德”，五行之“业”的曲折木，炎炎上火、稼檣土，从革金，润下水（见《尚书 · 洪范》）还没有说明。

炎上润下的火与水，表达得很明白，善于生长草木的稼檣土，这是人所共知，无须解释的。但是从革金，就成了问题。我认为从革，就是兵革，从事革命，换句话说，就是战争。自从古代发明炼金制造铜兵干戈以后，时间不论今古，金属物总是战争必要的东西，杀人的利器。这是不可否认的。

曲直木的问题，那就格外复杂变化万千。木的范围并不是指植物或生物，它是构成宇宙万物的“公母”。五行的根本，只有甲乙木一行，其余火土金水四行，都是甲乙变化出来的。从现代科学的观点上来看，甲乙木，甲乙究竟是什么东西呢？甲就是“氧”元素，乙是“氢”元素。不过古今的名称不同，在性能上说是一样的。

从“味”“色”上说，甲乙分开来就是无味无色的东西，古人名之为“淡”，合起来就变成“酸”味、“青”色。《洪范》：曲直作酸，“青”字是“生丹”两字拼成，意义就是指出由青色能变成赤色，“赤”就是火之色。氢氧两种元素，分开来就是无色无味的东西，自然也可名之为“淡”。但是合将起来，就变成“酸”质的东西了，酸质里面都有氢氧的原子团。氧又名酸素，氢又名水素。用青色试纸，经过酸值的东西就会变成红色。我们比较一下，不是一般样的吗？在从变化上说，若是甲乙（阴阳）两种东西，就能构成宇宙万物，似觉得太简单，必须分化一下，就是五行家所说，“甲之甲乙，乙之甲乙”。从两个单位分成四个单位，这样就能无所不变，错综复杂起来了！也就是易经上所说：“两仪生四象”。反过来说就是：“万变不离其宗。”

从现代化学上看，分成四个单位是什么东西呢？就是“氢氯氮氧”四种主要的元素。氧氮是甲之甲乙，氢氯是乙之甲乙，科学家说：“空气的组成，五分之四是氮五分之一是氧。氢氯游离于空间的很少，与其他物质化合存在于地球上的很多。水就是一例。”木能生火，火能生土，这是人所共知的事情。我们烧炉子，不是用柴炭燃烧成火热变成灰土吗？这是有形质的物事，有形生于无形。一个小炉子和一个大炉子的太阳，意义是一样的。这就是中国阴阳家马衍所说的，从小验大，五德转移的原理。至于“乙庚化金”“乙癸同源”。这两个原理古今知道的人那就太少了。就是有人知道，也无法说明。因为始终没有人加以实验。而且阴阳五行家遗留下来的书籍太少，尤其邹衍的数十万言的始终篇，仅存留一百多字。周末的儒家排斥五行家，可说尽了全力。《荀子·非十二子》攻击子思、孟轲，“案往造旧说”可见一斑。《孟子》有一卷说阴阳的书（见《汉书·艺文志》）已一字不留。周代是始终排斥五行学，崇尚八卦学的。所以阴阳五行家掌握政权的人很少，学说的传体自然遭受打击迫害，或者焚其书。秦始皇的焚书，我想可能不是他的发明和创举，必然是有先例可援的罢。

我现在解释“乙庚化金”“乙癸同源”。先要解决一个问题，就是金和水由乙（氢）而化合成功，何以不是甲（氧）呢？难道说与甲没有关系吗？我们应该先要知道乙（氢）是阴，是主体。从数学方面说是全面。甲（氧）是阳，是客体。是点和线。五行家以“乙、丁、辛、癸”五阴为主体，阳生于阴，阴中有阳，无阳不能成变化。证诸现代化学，氢元素是非金属，但是它含有金属性，氢能化金，氢氧都能化金。“乙癸同源”义尤明显，就是乙（木）癸（水）两种东西，同出一源。从数理方面说：字从乙发展，遁甲即以乙为一数，证诸化学，氢为水素，两个氢原子一个氧原子合成一个水分子。由此可见氢是主体，氧是客体。在数理上说，一、二的奇偶合成三数。老子说："三生万物"，数是起源于一、二，不论数象，皆起源于一、二。然后发生无穷无尽的变化。由甲乙化成五行的物质，由一、二积成十个奇偶的全数，连甲就是十进制，遁甲就是九数。这不能说是偶然的巧合。

再从五行十干相生的次序上说，甲（氧）乙（氢）初步的变化，就是燃烧成丙（有光焰的阳火）丁（阴火热能）火。然后再化成戊己土、庚辛金、壬癸水。如果大宇宙间是冷冰冰的，那就不能变化，化学室里没有加温的炉子，也无从实验，氢能自燃，氧能助燃，这是大家知道的，由此可见，乙（氢）是主体，甲（氧）是客体。古人说："善言天（自然）者，必验于人。"我们只要想一想男女间的热爱，与大宇宙间变化的原理，都是一般样的。

综合起来说，乙是阴性，是从无到有是二数，（又作一数）是全面、是主体、是气体，以空中飞鸟为象征。化学元素是氢，氢从轻省，乙之字体最轻，物质同样最轻，这不能说是偶然的巧合。凡是在笔字都与甲有关系，曲笔字都与乙酉关系，不胜列举的。总结起来说：甲阳乙阴配合起来就是宇宙万物的起源，也是中国文字的源泉。无论是文字和一切文化，都是曲折纵横自然而然组织起来，构造成功的，是有系统的是一条线索可寻的。

殷墟甲骨文中的干支廿二文，是最完整最有系统的具体东西，是古代先民宇宙观所决定性的结晶，是万古不变的唯物的真理。先民又用干支配合成六十进位的甲子，记载"时间"的历程，一方面表达"空间"的历象，流传后世。

章太炎所著《诸子系统说》中说："若阴阳家虽乏专书，而上古实崇其说……六家之名虽殊，然其系统则一。草昧初开，实惟阴阳家为其初祖者。"又说："阴阳家牢守古义，不问是非，故与名家正为反对。"章氏所说是很对的，在周代以前，只有阴阳五行家的学术。不过章氏不知道干支二十二文，就是阴阳五行家原理的专著，一切文化的起源，没有是非的问题。因为这部专书就是宇宙间不可变动的真理。

郭沫若先生所著《甲骨文字研究》释支干篇，对于干支的解释很详。这是根据殷墟甲骨文字研究干支起源最新的一本书。

郭氏在弁言中说："《释支干》篇所谈到的十二支起源问题，在今天看来依然是一个谜。我把它解释为起源自巴比伦的十二宫，在今天虽然还是没有更好的直接物证，但也没有更坚实的反证。"又在余论中说："十干乃中国古代之次数，其起源甚古，别无何等神秘之意义，由次数应用为表示一旬之日次，故有十日之名。后因简单之十个文字，每旬循环，易于混淆，乃与十二支相配而成三旬制若六旬制之纪日法。干支遂紧相配合而成为时历上专用之文字，其神秘性亦因而逐渐获得。"

郭氏认为十干是中国的起源甚古。十二辰（即十二干支）文字本黄道上十二恒星之符号，与巴比伦古十二宫颇相一致。就是说十二支是从巴比伦输入的。我对于这一点不能同意。因为干支是有系统的，整个的东西。若照郭氏所说，好像十干是中国制造，十二支是巴比伦制造。未免支离割裂太甚。

郭氏解释十干认为甲乙丙丁是一个系统，均为鱼身之物，乃最古之象形文字。根据是《尔雅·释鱼》："鱼枕谓之丁鱼肠谓之乙、鱼尾谓之丙。"郭氏："枕在鱼头骨中形似篆书，丁字可作邱。"此以篆文本说，自非其朔。郭氏以为丁之古文既像目瞳子，丁当系"睛"之古字，丁睛古音同在耕部，后世犹有"目不识丁"之成语。此为郭氏之卓见，与我将十干配合数字以丁配四的说明，意义相同。郭氏又谓"甲亦鱼身之物也，鱼鳞谓之甲，此义于今犹活"。我认为《尔雅·释鱼》，当系根据甲骨文字象形，鱼枕谓之丁，鱼尾可谓之丙，鱼甏两字或从火，当系由此而起，惟甲字甲文作十，篆文作甲，均不像鱼鳞。术数家称"乙丙丁"为三奇，从前历书上均有记载。是何意义？不得而知。《尔雅·释鱼》，只有"乙丙丁"不及其他，此疑殊难索解。

郭氏又将“戊己庚辛壬癸”分成另一系统。认为六字均系器物之象形，且系武器。此说与我所写史料“十干兵象论”在原则上是完全相同的。

惟郭之解释“戊为戚已为𫓧缴，庚为钲辛为剞剧为削，壬为鑱，癸为戣”尚有商榷之处。郭氏又说：“阴辛壬外几于全部属戎器，而辛壬亦刃器之类也，故此兴专属鱼身之物之甲乙丙丁显然成为二类，更显然为二个时期之产物。甲乙丙丁当属于渔猎时代之文字，而钲戚戣削，则非金石并用之时代不能有。盖戚戣削之为金石虽不敢断言。而钲则决当为金器，由他项考古上之证明殷代确已有青铜器之钲，与此十干文字之后六字洽相合用知此字至少当为隐忍所补造。”郭氏为坚定其所说又用数字配合，以为“一 二 三 亖”与“甲乙丙丁”相应为一系，五以下又别为一系，五戊以下之数字观念发生以后，始由一时所创造，故六字取同性质之器物，以为比类也。十干与十个数是相应的，是不可移动的。先民必然先发生十个数的观念，由数生象，然后经过悠长的时间，发生相对的阴阳观念也可以说是最高的哲学性的观念，接着发生五行“金木水火土”的物理性的观念，然后又与十数相应，分阴分阳构成十干的意象，这个意象可能产生语言时代的结绳记事时代，接近象形图画时代。干支二十二文，究竟是什么时代创造的，是什么人创造的，自然是一个很大的迷。荀子说：“古来造字者多矣，何以仓颉独传。”荀子去古尚不过长远，已经发送这样的疑问，可见当时只知道仓颉造字，不知道仓颉造些什么字，以及独传的理由了。但是楚人鹖冠子对这个问题，恰有明确的答案，他说：“仓颉作法，书从甲子。”这个语气，好像是很肯定的。我们据此推论，仓颉所造的字，就是甲子，甲子也就是具体的干支二十二文，这个干支是有一定的法式和意义的，是不能加以改变的东西，如果加以改变就违背了自然的法则。所以一直流传到现在。虽然有各种不同的解释，但是结论还是一个谜。从古到今，也没有一个人能加以改变，这就是不容否认的事实。周代从文王起用阴阳二义，以一长爻代表阳，二短爻代表阴，再用这二种符号演成八个卦象，终周一代，造成一部易经，虽然另起炉灶，另立系统，但是八个卦名还是脱胎于五行的干支。乾坤震丁巽四卦，是改变“乙申辰己”四个字，坎离两卦字虽全改，水火的意义还是存在的，只改变了艮兑两卦。由此可见五行干支的学术不能继续发扬光大，而且古义消失，使后人疑莫能明。

有人要问仓颉造成干支二十二文，是否凭空创造的，那就太神秘了！不是的，他是根据很久流传的语言构成的法式和定义开始创造的。同时很可能还根据水中流传的活龟书上的数图和最原始的象形文字，河图洛书版载：“仓颉登阳虚之山，临于玄扈洛汭之水，灵龟负书，丹甲青文以授之。”这几句话我认为是有几分可靠性的。所谓灵龟，就是洛水流域渑池所产的大水龟，先民在活龟背上契刻数图或文字，并涂上以颜色，仍放诸河中，听其自然游行。这是古人将原始文化流传后世的最原始的方法。最令人惊异而不敢置信的事，就是那时已经发明在水中不褪色的颜料，所谓“丹甲青文”可以说是真实不虚的事。一种是甘肃由夹亚细亚、巴比伦出土的同一系统的彩陶。既是彩陶必有颜色。一种是殷墟出土的甲骨文，文字涂有朱色，及其他颜色。埋在土中，经过水分的溶蚀，至今没有褪色。最奇妙的就是水龟的甲数。水龟背甲中央一列曰脊甲，凡五枚，旁二列曰肋甲，凡八枚，又分列于四围者曰缘甲，凡二十二枚。腹甲共十二枚。可以说脊甲是五行数的起源，肋甲是八卦数的起源。缘甲是干支的起源。腹甲是地支的起源。没有十干数的原因，因为五行数就是阴阳相合的十干数。所以在上称为天干又称母干，就是造成十干由母生子，后造十二支。这不是我附会其说，在人对于龟的研究是最感兴趣的，而在实际应用方面，也十分重要，如龟卜是古人若求预知未来极普遍的法式，又用作货币又用作流传文化的桥梁，从河图洛书的活龟书到殷墟的死龟甲文，都与龟有关系。

河图洛书的中央数，都是五数，不论大海龟的“象龟”（即龙马），寻常大水龟，以及玳瑁、绿菌龟，背上脊甲都是五数。

十干的起源，是与十个数目或九个数目相应的。十干是从甲配（一）乙配（二）以丙配（二）以己配（五）以癸（九），这是九数配十干地支从子起，以辰配（五），从寅起以午配（五）。

我现在先说五数配干支的“戊己辰午”四个字的意义。五、午是同声字，五戊是一声之转。从五行物质方面说“戊己辰午”都是土，戊为阳土，己为阴土，辰为水土，午为火土。从五行方位说，就是中央土。最妙的就是“五戊己辰午”五个字，好像都含有“我”字的意义，分显隐两个方面说“五”字加口为吾，发展为领悟，“戊”字与“我”字在形象上很接近，“我”字可能从“戊”省变。“己”字就是自己之己，记忆、记言、纪事，主动在我。这是很明显的。“辰午”两字的我意，比较隐晦，如“我辰安在”“诞辰”“忌辰”均含有我意。“午”的我意似已转注到同声的“五”字上去了！

从这一点上看，先民的思想，好像是“有土才有生命”，假使没有土地或者地球，那么我们的生命就无寄托，虽有太阳的火光热以及蒸汽的水，也等于无用，就是先要有土地或地球的存在，才能利用水火构成生命，才有这个“我”的存在，由此可见先民的思想何等精微。这是说一个大地球上有生命的我（人），但是也可从大推到空间最渺小的一粒微尘上去。微尘也有最微小的有生命的“细菌”的小我存在，微尘里也有光热和水分，这个微小的我是可以生存的。微尘是土，如果没有这个微小的尘灰，也就没有小生命的细菌。所以佛家说“一粒微尘就是一个世界”，和我们寄托的世界是一般样的，只有大小的不同罢了。

宋人辛稼轩有一阙《南歌子》词：“玄入参同契，禅依不二门，细看斜日隙中尘，始觉人间何处不纷纷。”这几句话真是见道之言。地球的人世间，固然是纷纷扰扰，不断地为着生存而斗争，其他行星只要有生命存在自然也是一般样。就是微尘世界的小生命，也绝对不是静止不动的吧？

我在前面所说：仓颉构造干支二十二文，是有一定法式，一定的本义，所以字形虽然一再改变，但是法式和本义是不变的。所谓法式就是次数，不论十个数和九个数都是算术的起源，算术是有一定的公式的。汉代张苍是阴阳五行家大师，九章算术，即出其手。可见干支是与数理分不开的。

所谓本义就是最原始的物理，分为“木火土金水”五种类。干支就根据五行物理和数理创造的。所以在数理上有一定的法式，在物理上有一定本义的，是绝对不能改变的。因此以后一切的学术和发展都是根据这个法式和本义比类配合，错综变化向前发展的。

现在的科学已进步到原子时代，数目还是不能改变，虽然数字写法各有不同，数的法式总是一定不变的。水火金土的物象也是一定不变的。章太炎说：“古代阴阳五行家牢守古义不问是非。”这是很正确的。因为九数或十数和水火金土的物，没有是和非的问题，是悠久语言时代直到创造文字时代，一致公认的事实，没有一个人能够说成“非”的，况且上古只有阴阳一种学术，是统一没有矛盾就没有是非，虽然到了周代，它们创造一套八卦学术，但是我们在一部《易经》里，找不着一句话是否认五行干支的。只有荀子说：“案往旧造说谓之五行。”不错，这一套阴阳五行干支的学术，是古代先民经过很悠久的时间而创造成功的，是带着自然性的，不是凭空捏造出来的。到了周代当成了旧的东西，我们不可能说它是新的东西。荀子那时虽然反对五行，但是他不可能说出否定五行的理由，只能说是旧说。用“旧说”两个字来一笔抹杀等于现代少数人反对阴阳五行用“迷信”两个字来一笔抹杀一样。

我的推论，干支二十二文在语言时代创造的过程中，绝不是一下造成的，或者先造成五个，以后又补造五个，以后又造成十二个。也可能在仓颉以前还没有完全构成，直到仓颉才完全构成，并且由结绳的形态变成文字形态。仓颉可算是集中国上古宇宙哲学之大成。并构成有系统的具体化的一切文化之母的干支二十二文。有一定的法式，一定的本义，并不是某一种事物专用的名词或符号，含有广泛的性质，所以后人将它配时间（先纪日），配天文，又配五星、五味、五声、五事之十二属（即十二生肖）等。其至无所不配，总是觉得很适合，也很自然。因此五行干支也就在后人的思想中产生了神秘性，并且连带着文字也有些神秘性了！这些神秘性的产生，我认为有一个重要的关键，就是师承问题。在上古从河洛数构成五行干支二十二文以后，阴阳家的学说具体成立。最初文字很少，必然偏重语言，口耳相传，这就发生师承关系。凡是被一般人奉为大师的，他所知道的事情以及研究所得，不会在一个短时期中，全数告知他的学生，他的学生也有能迅速领会和不能悟解的差别。甚至还有到临终的时候才肯口授给学生的。

这样的师承关系，直到现代几十年前还是存在的。因此在这样悠长的过程，许多古义全失，或者仅谈一些狭义的枝节问题。广义性的根源，大家都不愿意去追求。认为五行干支以及后起的八卦都是不可解的神秘性的东西，让它神秘下去好了！虽然对于八卦研究注释的很多，因为它是儒家唯一的经典。但是没有从五行干支根本上去追求，还是摸不着头脑。最滑稽可笑的事，就是五行干支先则披上“神秘”的外衣，近来又被人给它戴上一顶“迷信”的帽子。

因为古代只有阴阳五行一家的学说，所以孩童“八岁入小学，先学习六甲五方书数之事”（欧阳修有此语）。事实很明显，古人在孩童时代，首先就要学习五行干支知识这一套东西。因此后来专家学者凡是研究文字学的，称之为“小学”。由此可见一切的学术都是从五行干支这个最基本的学说发展的。

“學习”“教育”两个词汇，大众皆知。若问“學”字“教”字，何以从爻，从子呢？那就知道的很少了！“爻”字是两个最古的“五”字，二五为十数，指五行十干，“子”是十二支的第一位，代表十二支。这不是我牵强附会，故意曲现在我们广泛应用的解，有很明显的事实摆在我们面前，而且叠字的意义也很自然朴素的。

还有“习育”两个字。“习”以羽从白，羽指飞鸟飞行速度很快。

又配水声，水主智，流水的速度自然是很快的。下雨（羽）的速度也是快的。就是要求学习的孩童能迅速明“白”这个五行干支的基本意义。“育”与“毓”同，就是要迅速孕育培养下一代，更要教育启发他们高速度的智慧，很快发展下去。我感觉到每一个方块汉字，从甲骨文演变到今文楷书，一贯的意义都和阴阳五行干支脱不了关系。

郭沫若先生在《甲骨文文字研究》释支干十日一篇中说："故此可断言甲乙实先于十日，甲乙本为十位数之名，有此次数，于十日传说发生以后，乃移之以名，彼十日、十日为一旬之历法规定当又在传说以后盖必先有彼，初步之自然解释而后移之以定历法，至以生日为名号，其事自当更在其后。”郭氏在次序方面所下的断言非常正确。我认为先民创造干支，最初的目的绝不是记载时间的，移用纪时是以后的事。可能到了黄帝时代的大挠才将仓颉所造的干支，配成六十进位的甲子，记载时间为历法。五行术数家有此说。

我现在来说一说数的起源和发展的过程，最初自然是“龙马”河图，属于哲学性的，是没有声音的，以后就发展“号马”是算术的起源，属于科学性的，是有声音的“号”字从虎，是先民从虎身一条斑纹发明的。“号”就是虎类吼叫的声音，相应着先民呼号数目的声音。这个号马的创造和组成，可以说是简无可简。它创造组成的时间，必然在创造文字的数字的以前。文字的数字，就是根据这个“号马”改造的，前半不可能改造，只能改造后一半。在算术的形式上，实际应用上，那就是完全没有改变。一直流传到现在，只是算术的工具发展改变罢了。

我推想近代考古学家，对于这种“古号马”，可能说是起于宋代，起源不古。也和十二属（即十二生肖）一样，见于王充的《论衡》必然起于汉代。或者汉武帝通西域时，从西方传来，其起源并不甚古。不过从这样的角度里来看古代历史性的问题，视线似觉有些偏，所看得见的范围，也觉得有些不广，我们现在应该从人民大众语言流传最普遍，实际应用最广泛的角度来看古代历史性的问题。

假使王充著作《论衡》的时候，认为流传极普遍的十二属没有记录的价值，不将它收入《论衡》里去，那么就要推迟到晋代或者隋代唐代，才会见于文献。现在再发掘出来的唐墓，不但石碑铜镜上都雕刻着十二属相，还有雕的兽首人身十二属相的器皿，也有是陶质的。我想考古学家可能会说十二属起于唐代，最早亦不过起于隋代或者晋代，更可能说是随着佛教从印度传到中国来的，中国没有狮子，所以将狮子改为老虎。这样的说法理由证据都是十分充足的。

所以古号马也可以作同样的解说，说它是从罗马传到中国来的。因为古号马和罗马的数字，在形意上很相近。并且现在人人都认识钟表上的数字，最令人惊异的，就是一昼一夜分成两个十二大时（即合廿四小时），每一个小时分成“六十”分（即六十进位制）。与古代巴比伦黄道周天十二宫，以及六十进位制相同。与中国的十二支（即十二辰）以及干支配合成六十个甲子。同样是六十进位制。

所以我对于这些问题不厌求祥地辩论一下，我首先要辩论的就是数学，必然先要有数的观念，然后才能观察天文创造历法进步到数算的观念。算的方式、方法，可能先用原子排列。这与河图洛书的安排是相应的，和结绳也是相应的。以后用一｜组成十数或九数的符号，这就是古号马。接着发展为筹算马的演进。所以以后进步到珠算的算盘上格一珠，代表五数，与古号马用一横画或一根横排的筹代表五数意义完全一样。我们现在还广泛应用的算盘最初上格是一珠，与日本人所用的算盘是一样的，后来才增加一珠，上格变为两珠。这是不容否认的一系列的事实。算盘之制，大概起于唐代或宋代，所以司马光才对古号马发生研究兴趣并在《潜虚》中加以著录。若以文献为证，我们从数算的方式上看，是没有外来的痕迹的。至于数算的方法，在古代是可能交流的。

甲乙干支是从十数而起由数生象，最初只有五数，就是木土金火水五行，也可以说是五类物质的元素或原质。以后再构成十干，分五行物质成为阴阳奇偶。

十干的“庚辛”为金，所以庚辛两字均从干，以实物金兵为代表。不但最新式最锐利的长兵器金干，在战斗时可以占优势。就是没有金属利器，用树干竹竿，也可获得胜利。陈胜吴广揭竿而起，抵抗锐利而优势的秦兵，即属明证。“研”字从干从石，“究”从穴从九。我们从“學教研究”字意上看，古人所追求的就是数学、物理学、兵器学，为生存而斗争，与现代比较本义完全相同，只有精粗的不同。由此可见十干（或称十天干、十母干，这是对十干的解释，十干的本义就格外明显）之名，是正确的。郭沫若先生称十干为十日，乃用十干纪日的关系。又与古代天有十日的神话，发生影响。而郭氏又断言甲乙实先于十日。可见十日之名乃以后假借附会，与十干本义丝毫不发生关系，譬如现代人写一篇长文，用一、二、三数字和甲乙丙丁与这篇文章的内容有什么关系呢？

据此可证，先民以一、二数发生阴阳观念，再从阴阳发展为五数的五行物象，构成十干。又由十干创造十二支，由此生子，从天到地，天指天空气体的物质，变化成地上有形的五行物质。从无到有，从简到繁，这是符合发展规律的。我们决不能说，中国古代创成五行十干以后就不可能再发展继续创造十二个地支，必须等待巴比伦发明的十二宫从西方传到我们才吸收这个新奇的十二宫，从西方传到我们才吸收这个新奇的十二宫，拼凑起来二十二个干支又将干支组合成为六十位的甲子。我认为这样的说法有些说不通。

郭沫若先生说十二宫起源于巴比伦，世界学者已成定论又说（寅）摄提格等于十二宫发音颇多相近。这是郭氏最重要的发现。我根据这一点才敢说，干支起源于言语时代，而閼逢（甲）困敦（子）是语言时代的干支，是仓颉根据语言而创造的。尔雅的岁阳、岁名（岁阴）同名，是同代文字发展到相当程度，根据语言的译文。这个干支二十二文，不论在语言时代以及文字时代，总是有本义的符号或标识，可以配天文学的十二宫，也可以配动物学的十二禽或十二兽，以及历法学的十二月音律学的十二律。干支起源于五行与五数相配的那就更多，最主要的五味、五声、五色、五方，这是肯定的，没有疑问的。不过配人身的五脏，还有疑问有争论，没有肯定下去，我在下文当有论列。但是五行相配主要的数种，是五行物质性能的解释。我们现在才能根据它来和现代物理化学相配合，作科学的说明。与干支可以移用作任何事物的符号，在性质上是不同的，这一点我们必须分别清楚，就是移用一配合，但是也不可能绝对的划分。

我现在对于这个五行需要作再进一步的研究。根据近人各箴考证的说法，认为五行就是“古代的原子概念”，这句话非常正确。他指出在公元前四世纪，希腊的亚里士多德集希腊哲学之大成，认出宇宙前的物质是由少数基本或简单的物质构成。所以假定“水、火、空气、土”四种元素，还有第五种要素存在。

又说：“在公元前三世纪，古印度也有五种元素说，就是：水、空气、以太、火。”从而发明了元素的概念。几乎同样的概念，在很早以前，就在中国产生了。公元前十二世纪手抄书经：“洪范”中五种元素为：“水火木金土。”以后欧洲的科学家对于物质的微粒不能再分就称为原子。

我们可以将东西两个方面的原素说来比较一下，从时间方面来看，中国在公元前一千二百年代就构成了五种完整性决定性的原素了，希腊在公元前四百年代还没有构成，只有四种，不过认为还有第五种存在，在古印度公元前三四百年代，才构成五种原素。从秩序方面看，中国、希腊、古印度总是将“水”排列在第一位，“土”排列在最后。从物质方面看，希腊、古印度的“空气”就是中国的“木”，在印度的“以太”就是中国的“金”。我们来研究一下。从时间方面说，中国是最早，而且是完整的。从定名方面说：中国的“木”，我个人认为是最适当的。这个“木”字并不是专指植物，也包含生物在内。我认为是宇宙万有的“生气”，就是“有机物质”的“本原”。希腊、古印度的“空气”可以说是“木”名。换句话说：“木”的最主要的意义，就是气体物质。不过也可以用有形的草木作代表、作实验。所以后来有

"十年树木，百年树人"的文辞。人是动物的代表，这是符合古人"天地人"三位一体和爻子究"人天"原理原则性的说法的。

我们中国五行生胜说，如木生火，火生土，土生金，金生水。木克土，土克水，水克火、火克金、金克木。相生相克、相反相成。这是大众周知的事情，而且是不可移动的定理。但是"金生水"这一点就大成疑问，找不着科学上的根据，也没有得到实验，自然没有方法可以说明"金"何以能生出水来？现在大家知道，水是氢氧两种元素化出来的。不过氢氧要怎样才能化成水，我还不知道。但是我可以作一种假说，"金"（以太）既然有传光、传热、传电的性能，那么它不论在空间在地层或地面，就能发生蒸发能媒的作用，使氢氧变成水气，遇冷就化成液体的水。这个上古的"原子概念"唯物的五行学说，从现代科学的角度里来看，简而不单。如上面所排列的次序，水居第一位，就是科学家说"有水才有生命"。有了生命，这个生命体内必须要有充足的热能（火）才能运动，更要有空气（木）才能生活，又要有能媒才能生长变化，不断发展进步。但是归根结底还有（土），土就是大地地球，如果没有土地，那末万有的生命就无处寄托。换句话说，就是"英雄无用武之地"，所以"人"是生命的总代表。吾（我）又是人类的总代表，我之自觉和自尊是起源于五数的"土"，因此"吾"从五从口，发展为领悟语。我在这里可以说一句科学的"玄妙"的话，上古的"吾"就是现在的"我"，反过来现在的"我"就是上古的"吾"。人是一样的，只有时间的差别。如果我们将时间缩短，那末也可以说今天的"我"就是昨天的"吾"了！

因此我们可以推想，上古的先民在土"穴"里，研究唯物的五行原理，用金属刀石刀在土地上画来画去，一有"悟"得，就和他人用"语言"商讨，很可能快乐得不知不觉地手舞足蹈起来。也和我在湘西初步发现五行奥意以后与科学配合左右逢源一样，乐得手舞足蹈起来，发生自悟自尊的心理，很可能是一般样的。

十干是根据五行创造的，也很简单，就是将五数加一倍成十数，为相对的奇偶阴阳连甲为十数，遁甲为九数。所以作丨（阳）作十（阴），乙作丨（阴）作九（阳），五行的排列与原始的不同，为“木、火、土、金、水”。我认为这个十干的创造，在数学、物理学的原理原则上，已经发展进步到了顶点。这个数次，木是一、二，火是三、四，土是五、六，金是七、八，水是九、十。土还是五数，与吾、我、己三字都有关系。相应的，三、四的变形字//四（即目）与火的光热有关系。七、八为切分，明指为金。九、十数的水是一二数的木所变化，意义也很明显。

我现在要说五行配五脏，这个问题，大有疑问。中国医学起源于五行，五行根本既没有构成科学上的理论，五行配五脏又没有决定，因此中国的医学在科学上就成了问题。

《今文尚书》与《医经素问》的配合，为脾木、肺火、心土、肝金、肾水。故说文引月令以心为土脏，或说以为火脏，汉代学者对此颇有争议，后世医家则以素问为标准。我认为大有疑问，必须加以研究讨论。两相比较，只有肾水是相同的。不同的为（今）肺金（古）肺火（今）心火（古）心土、（今）肝木（古）肝金（今）脾土（古）脾木。异同为与一之比。这个问题是绝对不能决定的。

我现在大胆地对这个问题，作成创造性的假说：根据五行次序和五脏的次序，以及名字的意义，加以研究和说明是有相当理由的。我的配合为肺（木）心（火）脾（土）肝（金）肾（水），这在次序上是完全符合的。从字义上看，“肺”字从木，说文，草木感市之然，市音泼或读费。肺音沛。有生气勃然沛然之意。从科学上看，肺脏为呼吸器官，乃人体内部呼吸空气，以清血液的要件，有动静两脉，通于心脏，以流动血液。论它的性质与“木”性相合，与“金”相反。“木”就是空气，肺脏就是服气的器官，不过服吸进去的空气经过变化，仍从上部的口鼻呼吐而出，与饮食水壳经过消化必须从下部排泄而出不同，这是有形与无形的不同。也可说无形的气态物质上升，有形的液态固态物质下降。这又有相对的“轻重”的关系，乃必然之理。由此可见，人类最主要的营养就是服气，其次才是水壳。所服的空气，主要的物质即有机碳水化合物的初步。

《医经素问》说："肺主皮毛"，我推想人体的外囊，以及体内的囊膜可能与肺液有主要关系。肺液的主要资源，就是空气，构成胶质的肺液以及蛋白质多种多样的东西，胶质里面含有微细的金粒子。古人以肺配金，可能是这个关系。我们从肺字的字义和肺的性质功能多方面看，古人最初可能是以肺配木，绝不是以肺配火配金的。不过肺与心（火）肝（金）是有直接关系的绝对不能分割的。与全体各部分也是绝对不能分割的，都有相当关系的，所以我们假说，是以肺配木，最为合理。

"心"字篆文是象形字，心脏是行血的总机关，与主要血管相通。心脏是热的，血液也是热的，心脏也可比拟称为氧化碳的活性炭，热是动，心脏也可以说是动力的总枢纽，脉搏的跳动自然与心脏有关系，所以心脏配火是合理的。

"脾"字从畀，畀从甲，有低意。古人以脾脏为消化器官，其实古人以胃脏为腑，胃为水壳之海。脾在胃底外侧。故有低意。

附之胃之近旁，且接近于脾，有辅助消化功能，并制造重要的营养料。现代称胃脏乃人体消化器能分泌一种酸汁，为胃液为助消化食物之用。脾脏是制造白血球的。我推想古人的用意，是将胰脏包括在脾脏以内的。

我现在作成假说，胃脾胰三脏，是一整套的消化壳食的机器，胃脏用胃液（酸汁）作初步的消化，脾胰是精细的加工，脾制造白血球，胰造营养料如糖等，均属人体必需的东西。（胃俗称为肚子，盖以脾胃配土，故肚子从土。）

古人将这一套消化壳食的机器，以脾胃代表并以脾配土，土是生长壳物的，是合理的。但是最初古人是将脾配木，故畀字从甲，甲亦可代表壳物，以后又将脾改配土的，所以今古文尚书，有两种不同的配合。

“肝”字从干，干是金属，干戈之干，古人最初以肝配金的。在五行次序上也应该配金，从肝脏的性能上说：它是从血液中酿出胆汁，输入胆囊，又能造一种糖料，补养身体。肝胆是相连的是另一种制造厂。中国称勇敢的人为大胆，《素问》称肝为“将军之官”，古希腊人称热性人为胆液质人。谓其人富于胆汁，忍耐敢为有进步。与中国所说相同。

我认为《古文尚书》，以胆配金，是合理的。《今文尚书》以肝配木是不合理的。因为在字义上，次序上、性能上、都无法说明。

以肾配水是没有疑问的，从“肾”字的形意上看，是从臣字发展的，臣字小篆作臣，说文象屈服之形。郭沫若先生根据甲骨文、古金文，以为均象一竖木之形。我疑臣字极象肾脏之形。许书象屈服之形，似会“折腰”之意，假借为君臣之臣。从臣发展之字，为“卧”休息假寐也，孟子“隐几而卧”。卧必为弯腰低头之形，如竖植立也，纵也。楞严经。“人天本竖，畜生本横。”童仆未冠者，称竖子，宫内小臣称竖官，病魔为二竖。我认为“竖”字有相反两义，一即竖起脊梁“坚贞不屈”，一即小臣童仆壮腰执畀贱之役。均与腰杆屈伸有关。尤其是“臧、藏、臓、贜”四字，均有度藏、库藏、隐藏意。与肾有内意相合，若谓臣为坚目形，则与藏臓意相背。

我们再从科学上看，人体最下部为肾脏，亦称为内肾，俗名腰子，为分析血中废料成尿液的器官，共两枚，在腹腔之背，对立于左右，内旁凹入，凹入处名肾门。与臣字象形相合，与目形不同。

内肾和外肾以及膀胱，是人体最后一组制造厂，不论精液、尿液都是水，所以古人用肾脏配五行的壬癸水。《本草》说：“肺为肾母”，即五行家所说：“乙癸同源”。人身呼出之水气，以及从汗腺蒸发之水气，遇冷即成水珠，均与肺有关系。下行液体之水，均须经过肾脏制造。有木化（甲乙合水）金生两义。古人有言，善言无自然者必验于人。也可以说善言古者，必验于今。人体既为小宇宙，那末人体所有的物质，就是大宇宙的物质，现代科学家说，地球上所有的物质意义是相同的。还有道家说：天地为炉，阴（乙氢）阳（甲氧）为火。人以身为炉，精（甲氧、酒精、醇、醚、石油等）炁（乙氢、热能）为火。大宇宙的太阳系有一座大原子炉，人身是一座具有原子能的小炉。才能、敬酒的活动变化，大小是一般样的。

所以，用五行配合人体的五脏、五味、五臭也是很自然的。我假定的说明。酸源起于肺（木）吸进氧（甲）气酝酿而成，作用于脾（土）"连胃胰两脏、下仿此，主消化水壳，其臭朽"。即"腐臭气"若源起于心（火）"即氧化碳"作用于肝（金）"连胆囊"，其臭焦（胆汁味苦）其性热，甘源起于脾（分化食物中的甜质）作用于肝造成一种糖料营养全体，其臭香。甘与苦是相反相成的。故甘草又名大苦。现代化学制成的糖精，有甘又大苦两味可证。辛源咸源，均起于肝，作用于肾（水），其一酝酿成精（醇醚又称以脱）乃会合各种必需的有机物构造而成，无论雄雌均称天癸。又为热能的起源或仓库，又称丹田，其臭腥。其一分泌成尿，其臭臊其性凉。水肿胀病为肝硬化，中医以柔肝养血剂治疗颇有效、忌食盐，与我的假说，似甚符合。

总起来说，物质以甲（氧）乙（氢）为主，味以酸为主，臭以朽为主，可见甲乙为宇宙万有的生气，所谓神奇化腐朽，朽腐又化为神奇。现代科学家将所有的物质元素，分为金属和非金属两类，这是相对的划分，不是绝对的划分。因为非金属元素中还是含有金属性的。相对才有变化，绝对就没有变化，在物理上说，是找不着绝对孤立的东西。

补充五行配五脏，我以木配肺，木就是空气。李东桓《用药法象》说："肺主气，肺气旺，脏腑之气皆旺、精自生，而形自盛。"《本草》曰："人参大补肺中元气"。这几句话，我认为非常正确。木配肺，肺主气，木和气是一样的的东西。不论从字义上、科学上、肺的性质功能上，医家实验上，肺是呼吸的器官。亦非配木是最合理的，古人以肺配火、配金在主题上是不甚符合的。

我以金配肝，《文子九守篇》："肝主目。"此说最正确。眼睛的构成固然很复杂，但是应以金为主。金的性能可以发光发电传电，所以称誉眼力强的人，为“目光炯炯”“目光如电”。肝就是发电机，又能发火，车灯就是眼睛，肺就是气缸、肾就是水箱。再从医药上说，患目盲的人，服羊肝丸、食生猪肝均能治愈目盲。

芜湖索面巷20号陈姓，双目失明十年患，时廿余岁，服羊肝丸，四五料，完全复明，已六十余岁。（羊肝丸羊肝四两，配当归、夜明砂、木贼草、蝉退各壹两，共八两以蜜制丸）此方见宋人笔记《夷坚志》。前芜湖徽州小学传达室某目患失明，有道人传一方，服生猪肝治愈。芜湖中医幼科韦耀华根据此方用煎药治愈幼童失明。

中医理论有“气有生血之功、血无益气之理”，又“血随气行气随血养”。总之“气血”是相辅而行的。心脏是行血的总机关，那末肺脏就是行气的总机关，心脏在肺脏之下。换句话说肺心两脏结合起来，就是气血运行的枢纽。发生温度，消化一切营养的资料，也可以说人身是一座化学制造工厂。

中国的十二属，是古人对动物的一种原始分类学，与地支配合，就能够知道一些历史性的东西与现代的地质学、古脊椎动物学结合起来，就能够说明古代的历史，古今也是分不开的，空间的历史和时间的过程，同样是分不开的。

天支的甲乙是构成宇宙的万物的因素，与十个数字相应，毫无疑问，甲为“一”“元”“奇”。乙为“二”“上”“偶”。元即元素，元字从二、从儿（人）二即上字，皆指上天、上空之气质。乙字作㇁、亦作一数，即所谓“太乙”。宋人所画之太极图，很可能从太乙发展㇁之形意即无极，画一圆圈，纳乙于圆圈内即成太极分阴阳、动静、刚柔、男女，加以说明。万数起于一、二，故数字哲学性历史性的演进，为一（元）二（上）三（光）四（目）五（吾）六（穴）七（切）八（分）九（究）十（全），全字与完字互训，故一数与十数同意，一数与二数同意。一、二数为木数，指上空之气，三、四数为火数，指空间之光线，三字斜画作乡，五、六为土数，不论顶天立地，或者居处土穴，自然就有了我们的直觉。七、八为金数，人类发明冶炼金制品，实为一件划时代的大事，有了金才能分析、切磋。逐渐演进。九、十为水数，似以水为首，作综合的研究，希望达到完全至善的境界。

北京大学老教授陈（介石）黻宸所写《读史总论》（见北大史学讲义）中有语云：“史者天下之公史，而非一人一家之私史也。史学者，凡事凡理之所从出也。一物之始，而必有其理焉。一人之交，而必有其事焉。即物穷理，因人考事，积理为因，积事为果，因果相成，而史乃出。是故史学者乃合一切科学而自为一科者也。”如按陈氏之说极正确，今之石史、地质史、古生物史，皆有人类以前之历史也。

中国五行干支，乃具体的系统的唯物的发展的宇宙史，即从宇宙未形成以前，直到形成以后，至农业萌芽时代为止。配合各种科学始能说明，干支用作记录时间之过程，同时亦表现空间之现象，时空相合成历史矣！

论中国古代宇宙观

现在报纸杂志上，尤其中医刊物上，时常看到中国古代阴阳五行学术起源的问题。因为中医的理论基础，是建筑在阴阳五行上面的，我认为这个问题是值得我们重视和深入研究的，而且必须从现代科学的观点来研究这个问题，加以发挥，并作为初步的说明，我想这样做可能会发现古代宇宙观的一些道理。

一、五行次序的规律性

五行又称五材五德，它的排列次序，我认为是研究五行物质运动的重要关键，因为生克制化和发展，都可在排列的次序上发现它的规律性和共同性。

夏代的五行次序，是“水、火、金、木、土”，乃循环相克。殷代甲骨文十干的五行次序，是“木、火、土、金、水”，乃循环相生。据此可见五行生克的说法，早在周代以前已经表现在排列不同的次序上。

《春秋繁露》认为：木、火、土、金、水，木始水终，土居五行之中，此天地相生之次序。这个次序与十干相生的次序完全相同。“次序”上的会义，我认为等于现代哲学名词的规律性或法则性。

《白虎通》五行所以相害者，“天地之性，众胜寡，故水胜火。精胜坚，故火胜金。刚胜柔，故金胜木。专胜散，故木胜土。实胜虚，故土胜水”。这是汉人对五行相克，进一步的解释。可见生克的沅生，并不是起于汉代。

《洪范》的五行次序，是“水、火、木、金、土”。乃循环生克以外，是一种矛盾统一的说法。即水火矛盾，木金矛盾也可以说是相反相成，而统一于土。人民大众口语相传的五行次序是“金、木、水、火、土”。同样是矛盾统一于土，所不同的是将“金”提升到第一位。最值得注意的，就是不论循环生克，矛盾统一，都是以“土”为中心的五数。我们单从这个系列的五行次序上看，就能发现先民从五行生克变化的作用上，已经认识到物质运动的规律性和相反相成的统一性。

二、宇宙相生的次序中和五行的关系

我们从五行相生的次序中，可以发现一个宇宙生成的问题。董仲舒在《春秋繁露》中说“以天地相生之次序”，这句话是有理由的。“天地”的名词与现代应用的“宇宙”和“自然”，在意义上是大致相同的。

如果我们根据现代最新的自然科学的知识，来说明宇宙生成的问题，我认为可以说成这样的假说：“木火土金水”就是构成宇宙万物的五种基本材料。在自然界空气中有两种“一阴一阳”的物质，一能自燃，一能助燃，强名之为空间无穷无尽的气体燃料（这是广义的“木”，所以古印度和希腊的五行，只有空气没有木）。在多种多样一定的条件下（主要的作用，可能是酸化），突然发生燃烧和爆炸，逐渐地构成了一团永恒的活火，气体的太阳。

这个太阳和不断地燃烧、不断地放射出大量的尘埃，结成尘云。因为燃烧的关系尘云中又逐渐积累大量放射性的金属物质，以及其他的金属物质，相互吸引，相互团结，就这样随着太阳旋转运动起来。同时空间客体的点线的热力，与主题的全面的冷力，相互接触，相互推动，又将能够燃烧的两种气体物质，由凝结的关系，化合而成水气，形成浓厚的水云，不断地和尘云相结合，相互生克制约，相互变化依存，逐渐地凝固起来，壮大起来。这些大大小小随着太阳旋转的东西，很显然就是“土金水”三种最主要的物质结合而成的行星，自然连我们的地球也在内。

由此可见，五行物质“木火土金水”相生的次序，和我从科学观点上演述的宇宙形成的次序，在概念上是完全符合的。

三、人类社会发展的次序和五行的关系

上面所说的指自然界五种物质相生的次序。在这里再说人类社会五种物质历史发展和利用的次序，我们知道，世界人类进化到相当的阶段，才发明用“火”，这是人类在生活史上划时代的大进步，“火”的燃料不论是哪一种东西，总的名称必然是属于狭义有形象的“木”。而且“火”的来源是从“木”中取得的，所谓“钻木取火”。木的形态“曲直”，性味是“酸”。火的形态是“炎上”，性味是“苦”。

人类在发明用火以后，经过悠长的时间又发明和利用土地试种野生的壳物，逐渐形成了初步的农业，同时又发明烧制土器的瓦陶，当然也是人类生活史上又一次划时代的大进步。这就很明显地表示“土”的作用是“稼穑”，性味是“甘”。我们从这一点上推论，可以意味到初民用火烤食兽肉等，其味是焦枯的，以后用土器瓦陶煮食壳物等，其味是甘香的。也可以说是先民在生活史上一段“苦尽甘来”的时代。

我们知道，在人类社会发展的过程中，所走的道路是崎岖曲折的，绝不是一帆风顺的。在发明种植壳物以后的新石器时代，又有一部分的人发明冶金制器。最初装成的器物，可能是武器的干戈，也能作为生产工具，开始的时候，数量自然很少。持有这种金属武器的人，是片刻不离身手的，而且认为是一种宝物，比自己的生命还要宝贵，这样下去就形成了自私的野蛮战争。表示“金”的现象是“从军”，性味是“辛”。例如汤武以干戈革命，革故鼎新，金与革有着不可分割的关系。

“从革”可能指已经发明皮革制鼓制甲，以助长战斗的声势。“辛”就是辣味，善良的人类是可以意味到战争的气氛是辛辣的、残酷的。

因此人类的社会就这样从原始公社制度，逐渐形成了奴隶制度。

随着农业耕地从山区扩展到平原，生产力集中，生产量加大，这时所感到的最大威胁就是洪水形成的自然灾害。在先民思想中一致提出的要求，自然就是治水。相传夏禹治水，在古代是规模最大、地域最广的一次治水，导流入海。在夏禹以前小规模的治水，次数必然很多，所以水的现象和作用是“润下”，性味是“咸”。因此阴阳家“五德转移，治各有宜”的说法，单从人类社会发展过程上看，也是有理由的。

这样说明人类社会发展过程中，对五行物质利用的次序，再结合上面自然界五行物质运动形成宇宙的次序，也是一致的，我想这不是偶然的巧合，自然是宇宙事物运动发展的客观规律。

四、我国经济建设和五行的结合

现在我们中国已经稳步进入社会主义社会。第一个发展国民经济建设的五年计划即将提前完成。这个计划大家知道是最伟大、最全面、史无前例的，现代科学化的整体建设。所有主要建设的材料，也可能和五行物质结合起来。我特地分析归纳，试列于后。

（木）燃料工业，煤矿、石油，木材工业、空中交通（飞机）

（火）火力发电站，水力发电站

（土）农业（合作化—机械化）工业原料，化学肥料工业，林业、陆地交通。（火车、汽车）

（金）钢铁工业、有色金属工业，机器制造工业，金属矿场。

（水）水利建设、水库、坝、闸、灌溉、水土保持，水上交通（轮船）

我们这样将五年重工业建设计划最基本的五种材料，和古代自然界的五行物质运动的次序，人类社会的五德转移结合起来看，好像是一个系统。人类利用先纵后横，也可以说是一个不可分割的而且有着共同性的整体。

这是社会主义国家人民的集体智慧高度发展，足以克服自然、控制自然、利用自然、改造自然的综合表现。在这里发现一个问题，假使这个五种物质缺少任何一种，那么宇宙形成和人类社会发展，必然无从说起。因此，我们古代先民创造这样原则性的阴阳五行学说，是足够耐人寻味并能引起我们研究的兴趣。我想这样的研究，在古代哲学和史学上，或多或少是有点好处的。

五、结 语

毛主席在《矛盾论》中告诉我们，“辩证法的宇宙观，不论在中国、在欧洲，在古代就产生了。但是古代的辩证法带着自发的朴素的性质，根据当时的社会历史条件，还不可能有完备的理论，因而不能完全解释宇宙，后来就被形而上学所代替。”

现在我国陆亿人民正朝着社会主义社会的光明而美丽的大道，迈步前进。有马列主义辩证唯物论和历史唯物论最完备的理论做我们的指导，最近中央和毛主席又及时地提出，在学术上，百家争鸣的方针，给予研究我国古代哲学和史学的人们巨大的鼓励，《黄帝内经》说：“善言天（自然）者，必有验于人，善言古者，必有合于今。”可见，先民早已掌握着研究唯物的宇宙观的方法。

因此，我就大胆地、创造地，根据自然科学最新的发现社会历史科学高度的进展种种有利的条件，缩短时间联系今古，来作初步的简单的肤浅而错误的，说明中国古代先民构成的唯物的五行生克的宇宙观。综合起来看，好像五行物质运动是一个息息相关共同的整体，一个范畴。只有广狭的不同，精粗繁简的不同，先后快慢的不同，也可说宇宙万物在本质上是大同小异，矛盾而统一的。在运动上是自始至终循环前进的。

1956 年 9 月 1 日

张九皋诗词选

大　患

大患有吾身，流光弹指快。
去来无所知，分合何其怪？
理想自由区，真空极乐界，
物我两相忘，金刚永不坏！

浑　然

浑然一土块，来自虚空界。
三态变无穷，相对何足怪？
芸芸有生中，进化有慢快。
扰攘古及今，终须大崩坏！

一帆风

流亡迹象未模糊，胜利归来仍故吾。
莫道人生无命定，一帆风顺下芜湖。

咏叹说卦

北坎南离战亿场，循环冷热辟天荒。
健行劳动终成胜，失败皆由货币狂。

宇　宙

宇宙疑团知未知，洪荒口耳自堪师。
思穷盘古交胎日，想见女娲炼石时。
鼎鼎百年科学盛，茫茫千古道基因。
各斯运会元何始，荄纽干支一理推。

肌瘦如鹤

近来肌瘦真如鹤，丹顶白须腰腿弱。
振翮飞时药店龙，山长水远昆仑落。
冷热相攻太虚中，金木交争点微化。
无穷分合去来烟，大气流行毋阻碍。
双丸运健久盘旋，鱼鸟象形作文字。
干支创始记流年，冻地冰天知鼠穿。
沾泥细草任牛眠，龙蛇血战湖海窟。
人兽蛮争昆仑巅，熔液喷冲变陵谷。
森林遍长构媒田，百川冲击金砂现。
四野欢腾冶铸传，蓄犬营村熄火库。
牧豕与农汲水泉，玉帛文明悲短促。
干戈暴乱悯长延，飞报弹两千都灭。
放射穿云万象捐，孰是孰非相对立。
谈同说异缘何事，例今证古定非玄。

龙　鱼

世事何纷如，人情付子虚。
日窘三辰粥，年穷二酉书。
大小均无极，阴阳发太初。
幕天与席地，随处化龙鱼。

万　古

万古兴亡在眼前，人生大事食如天。
蜂飞蚁走均同梦，犬吠鸡鸣孰计年。
藕孔藏身穷造化，橘中袖手识机先。
逍遥吐纳真空裹，历劫由来一念坚。

研究五行八卦唯物史观乐而赋此

三元宇宙史，万象自天申，
有物皆真理，无心即至人。
客观来众妙，主乐不忧贫。
穷稽千古变，全世一家春。

偶　感

五十年前一店徒，孤寒勤学识之无。
人间爱晚岚横岭，天意怜幽碧满湖。

病　鹤

天寒地复冻，气衰上下涌。
痰多喘如牛，血少脚跟肿。
蹒跚街衢间，石触心头悚。
何处不龟手，可医病鹤尰。
物老终无用，休说当年勇。

十　周

十周斗法竟成空，昨夜今宵冷热风。
江上玄黄余涕泪，无端哀乐道终穷。

狂　啸

飞机集院落，火车盘屋角。
仰看群魔翔，俯听众仙乐。
远近在眼前，大小随手捉。
狂啸响银河，奋拳碎地壳。

放　歌

放翁置心结绳前，我亦追回到史先。
有质阴阳在旷廓，石破天惊刹那间。
天荒地老成沙漠，坎劳乾战永无休。
万载千年今犹昨，伏羲燧人能祸人。
女娲炼石祸犹恶，现代发明原子能。
乾坤秘密从今凿，本来祸福两相依。
相残相享由人作，胜衰起伏自循环。
造化何能分厚薄，病弱百年贪昧因。
回生起死勤劳药，穷人那个不翻身。
巧者终须作茧缚，唯物求真建国家。
人人团结抗侵略，神州赤县好儿男。
海阔天空纵横搏，玄黄圣战海山头。
兵气消沉光霍霍，和平世界春复春。

寄　性

老去狂吟客，诗成寄性灵。
洗心思击钵，守口久如瓶。
鹤舞湖边影，莺鸣如外听。
桃源千日醉，江上写黄庭。

无　外

屋外与天外，无外杳难穷。
不图圈圈象，万有在樊笼。
纵横观大小，相对一般同。

风　帆

卅载新闻史，艰难愧后生。
眼经沧海变，金舞采龙轻。
报域尊盟主，文坛拜老成。
暇年真矍铄，物外寄诗情。

三一歌

戊年十一月一号，适为农历十月初一日，又值周一，且于今日解除限价之禁。戏作此歌。

三一三十一，九九还归一。
天道忌满盈，大衍虚其一。
乾动上为文，坤安下为质。
人苦其数繁，群望能其壹。
理应丁尅庚，谁知甲变乙。
鸡鸣作弦歌，涨风摇陋室。

秦淮旅

天印旧家山，秦淮九度湾。
龙伸淳化市，牛望秣陵关。
燕来惊语熟，鹤去转丹还。
同作出尘想，超空势莫攀。

命　定

余童年就读私塾，先师李复初先生，以“梅开岭”（十月先开岭上梅）三个字命诸生作对，余对“草长湖”（草长平湖白鹭飞）以为余初次作对，孰意三字之微，竟成谶语，初来芜湖在参店学徒三年（即参属于药业）以及即毕生从事报业于芜湖，虽中经抗战，原有基础摧残殆尽，仍能迅速复刊，可谓“野火烧不尽，春风吹又生”。抚今思昔，岂非命有前定耶？

命定老江湖，今吾犹故吾。
人天连腐草，生死两模糊。

凤凰台怀古

凤凰台上蝶蜂游，百里秦淮水逆流。
桃叶犹飘商女渡，乌衣似识帝王邱。
青龙娇娇飞三界，玄武粼粼合五洲。
试上凤凰台上望，太平遥指莫须愁。

戊寅流亡道中

西走流亡道，悲歌处处闻。
墙头题路引，山面识溪分。
堪续邮书命，思穷术数文。
桃园真作客，更幸未离群。

忆浦市

十年前事去如烟，一梦惊回研太玄。
清吉坪中新斗士，猫耳洞里活神仙。
摩空荒鹫魂将断，学步灵鹅眼独鲜。
人物苍云都是幻，无心谁识兆机先。

乙酉秋湘黔道上（抗战胜利）

万里关山鸟道通，流人征途走西东。
车尘曲迹迷黄野，机影横斜响碧空。
广岛长崎投辐射，雪峰洞口扫残戎。
八年苦难真堪记，一夜狂欢遍域中。

酬赠偕大荒登赭山滴翠轩访少云洽明志黄康俞赋此奉赠

滴翠千杆秀，驿人锦绣肠。
云烟生翰藻，与庆入宫商。
半玲晴岚赭，一江秋水苍。
茫茫功利热，此处独清凉。

寿　叟

年上文星合寿星，相生金水剑锋清。
太平心放书千卷，老子胸藏甲万兵。
黄狱云松飞几案，武溪泉石入碁枰。
满冲陶醉江春酒，谈笑浑忘岁月更。

陶塘即景

水浸塘边路，繁华节已空。
千钩沉碧浪，万里拂秋风。
迟暮悲商妇，忘机羡钓翁。
金飙随叶扫，还望变能通。

艺　苑

陶塘艺苑到长街，滚滚诗潮动地来。
宇宙洪荒歌一曲，狂吟飞度洞庭回。

排　队

排队习成风，满地一条龙。
层层食品细，渐渐柜橱空。
三六穷能变，八九限玄功。
无肠心羡蟹，纵目念哀鸿。
商妇眉如锁，黄牛臂似弓。
知机其神者，忍痛即圆通。

贪　蚁

贪蚁散热锅，巢内血痕罗。
冤禽沉海甸，猛兽出山阿。
四野烟尘满，三生劫难磨。
枝头惊梦鸟，默默立林柯。

长　街

长街十里景凄凉，秋雨秋风更断肠。
世事那堪回首望，荣枯总是梦黄粱。

米　珠

米珠薪佳菜灵芝，油似金浆淅玉炊。
未能辟壳升仙玄，先向杨姑学忍饥。

琴　声

琴声变徵更张之，手挥泪落五弦知。
黄梁未熟弹流水，焦尾为薪事最宜。

日　日

日日写新诗，非油非竹枝。
寄托在趣味，片语解人颐。
总总林林动，希希怪怪奇。
如观影与剧，反映文与辞。
试创新闻体，堪称歇后痴。
谁当幽默派，乐此可忘彼。

奉和乙亥叟乙丑感事原韵

平治无全策，艰难有报书。
人传风信恶，气馁血宜输。
协议须求实，中和自不虚。
我独谈邹衍，心宁且乐居。

三登赭山北广济寺礼佛并游桧轩访丁洽老

昔去武陵源，山人极乐园。
忘机化瘦鹤，避世伴哀猨。
访古藏书洞，桑幽滴翠轩。
龙华会上客，妙法是无言。

蚁　梦

一刹入南柯，惊闻子夜歌。
死生和足问，名利杀身多。
纵撒漫天网，横成匝地罗。
谁能游物外，只觉影婆娑。

戏改顾亭林老鹤诗

何来千岁鹤，忽下九皋音。
一自武陵去，思穷证古今。
临风时独舞，警露亦长吟。
乍识人民异，还悲岁月侵。
寒飆连北极，急景向西岑。
寂历依空谷，迂回失旧林。
三星天外冷，甲子世间深。
四海为家日，知同一寸心。

一剪梅

一片秋思没处寻，下搜气海，上锁眉心，与君赭岭共登临，度春绿暗，滴翠烟沈。　人生最好学仙禽，灵墟悟道，鸠水长吟。无虑无忧识古今，声传松谷，影映芜浔。

哭郝耕仁

君怀宁人、石牌人先后任皖江报编辑二十余年，与余相处最久，并为工商报写长篇小说，戊寅夏余由潜山步行至石牌访之，君已先半月西行入陇，乙卯客死凉州。

君去西凉我入湘，音书阻断探无方。
忽报故人亡绝塞，遥怜老友又报荒。
海上怒涛吞落日，陇头呜咽泣残阳。
廿年相处情如水，今日悲君泪几行。

1946年

自由言论亦堪哀，意外三遭打击来。
百折千磨还一笑，是何尤怨费疑猜。

丙戌二月六日，工商报复刊后一周，省方竟有不准复刊之令，至六月七日，又遭军官队有计划之彻底捣毁，重伤职工四人。停刊一天，丁亥四一八后遭警察捣毁，又有一次纵火未成，企图焚毁全社。

报人行

精穷小记者，心坚是报狂。
庚戌《皖江》出，辛亥露锋芒。
采访兼拼板，编校漏夜忙。
口讲犹弄笔，人讥嫁衣裳。
歧见争蜗角，拂袖叹羊亡。
友好起相助，独立创《工商》。
走沪购机字，虽简亦堂皇。
中途遭挫折，数月意彷徨。
奋斗拍魔障，提倡感贤良。
癸丑初筹备，乙卯始发行。
卷报依木柜，写稿据皮箱。
有纸糊墙缺，无油凿壁光。
解渴茶如水，充饥米带糠。
耐劳身转健，欲淡气能刚。
勤俭基层固，审慎心乃康。
记载求忠正，唯善尚播扬。
茫茫四十载，心酸味尽尝。
一幕独角剧，社长到茶房。
或问此为谁？鸣皋鹤影张。

烟雨墩各界招待记者席上

昔日包打听，今成无冕王。
本空荣辱念，何分上下床。
去来四十载，辛酸梦几场。
兴亡知有责，艰难道更长。

戊子记者节

记者今年节，哀时泪双新。
舟漏惭何补，轮扶志待伸。
重洋喷铁羽，大陆咽兵尘。
万方多难日，孰善自由身。

陶塘歌

戊子六月二十四日编工商报副刊《陶塘》第一期“张于湖专号”作。

风景话陶塘，陶塘本姓张。
归来堂没后，几度话沧桑。
昔为吟啸地，今成喜乐场。
趋世迎纸醉，得势挥金狂。
残梦迷蝴蝶，昏饮羡螳螂。
芙蕖存数朵，杨柳列双行。
留春春不住，消夏夏偏长。
祠供仙翁葛，轩传山谷黄。
咏高摇健笔，才短搜枯肠。
登楼纵远目，山水绿苍苍。

五化诗

一六逢生甲己心，应怜二七乙庚金。
知机进退英雄业，八识空传万古音。
一自中原万马奔，三年离乱又心惊。
踏破天罗翻地网，龙潜渊海狗骑鲸。
三八丙辛化水乳，漫天君火自然烧。
纵令兴云能作雨，寻常冷热勿相骄。
化木丁壬气是空，且从瑶岛待东风。
谁知瀛海鲛人泪，洒向蓬莱第九宫。
戊癸相交火自焚，魂摇魄裂走千军。
木公金母天花坠，再造烘炉运斧斤。

七 绝

啼笑秦淮一世家，烟沉玉紫感年华。
春明双燕归来日，太平九九梦生花。

自赠（己丑春“干支新解”初稿写成戏作）

干支新解破天荒，百岁年光那算长。
闻道先生睡一觉，不知人世几沧桑。
卯寅初期斗虎狼，千灾万难令人狂。
乾坤茫茫真如幻，原子飞时不散场。

万 古

万古兴亡在眼前，人生大事食如天。
蜂飞蚁走均同梦，犬吠鸡鸣孰计年。
藕孔藏身穷造化，局中袖手识机先。
逍遥吐纳真空里，历劫由来一念坚。

酷　热

癸巳夏秋气酷热室内温度高达百度，室外几近沸点，戏作一绝。

今年酷热太离奇，百度还升近代稀。
内外煎熬高血压，气炉火烈冷流低。

若冰索诗写此以实艺苑

富贵高楼安乐窝，韩娥此处舞婆娑。
卅年一觉莺花梦，短发佯狂发浩歌。

奉酬和赠诸大吟坛

引书抛砖日日上，气求声应古今同。
纸吟漫步环塘路，如画秋山夕照中。

赠陈干生

漂零黄草尾，愁对凤凰山。
沅流无日夜，地险有雄关。
逐客谋生计，相将集市阛。
我作粮食业，往来百溪湾。
君医推独步，著手抄人寰。
好景何须记，江乡梦里还。

赠孝荣孙女

童年已解舞婆娑，起点原从青草坡。
学艺江淮通乐理。能文能武更能歌。
武陵仙子剑锋刚，活水源头发酉阳。
金箔绕梁传电视，华年瑟柱总需防。

赠克农将军

卅年一别乾坤转，江上相逢乐不支。
万里长征餐白雪，三韩制敌耀红旗。
异同共处消屏障，世界和平已奠基。
今日神州增壮丽，全民忘我更忘私！

赠张澄庵

泾川有奇士，卜居来芜湖。
尘海识者稀，悬壶隐通衢。
融汇古今理，悟彻一兴无。
解易《述生化》，其源从河图。
三极变三态，六甲空六符。
我作干支论，初说似各殊。
热能和数术，同归于一途。
相见已恨晚，吾道欣不孤。
快谈落花雨，如药贬我愚。
酬诗得知已，切磋启灵枢。

赠葛召棠书家

腕底空灵百态生，鸾翔凤翥老龙横。
搜将宇宙无穷美，只籍纤毫一寄情。

有　赠

渡春堤上辗香尘，玉磬钟声意自亲。
诗人老去莺何在，谁念风流贺季真。

壬辰春写“说麻”一文有得跌坐云休乐占一绝

今岁春寒胜去年，堪怜风雨雪冰连。
老人龟缩穷天理，曆歷会易孰在先。

1954年大水

地震摇房构，洪波损屋基。
翻盆半夜雨，水与卧床齐。
桌上架藤椅，灯昏意识迷。
微明逃户外，浮水达城西。
一望街头景，凄凉觉地低。
史君情最热，得借一支棲。

附：友人赠张九皋诗十六首

其一（遁生）

寥落生涯笔最豪，卅年心事写江涛。
沧桑劫换羡归鹤，风雨犹闻啸九皋。

其二（冷泉）

九皋张先生，报界一巨子。
鸠江四十年，佴笔直如矢。
关心唯民疾，余力及文史。
兀兀穷岁月，妙语千支理。
阐发天人际，康节其与比。
高怀临霄汉，逸趣淡秋水。
白眼观俗尘，云鹤许知己。

其三（佛成）

报界鲁灵光，交推鹤影张。
短章珍艺苑，于事写陶塘。
老去心犹壮，诗成遒向盲。
平生新事业，卅载在工商。

其四（嘉宝）

泼以淋漓笔，写成血泪词。
香山多感咏，子美独哀时。
盘屈松遒节，孤芳菊傲枝。
粲花翻妙舌，语语挟恢奇。

其五（丁洽明）

最录萁畴述建中，圣神经制补天功。
微闻邹衍明始终，无那孙卿有异同。
综错阴阳三易奥，张皇谶纬两京工。
回旋生尅何来去，索解人间值此翁。

其六（志黄）

天留一老作诗人，管领江山万古春。
莫怪胸中有奇气，杜陵原是乱离身。
如此乾坤唤奈何，过江风雨夜来多。
遣愁奈有吟窗在，当作人间安乐窝。
下笔常有万马奔，一生得力仗天真。
周词马曲今何在，青眼终须出老人。
论交愧我竟忘年，喜有文章肯见怜。
小友寒山如昨日，南来又结老人缘。

其七（乙亥翁）

青天一鹤影，洒落出尘霾。
老趣自能领，卿言亦大佳。
兵戈饶世故，灯火伴生涯。
几负陶塘史，风流今古怀。

其八（士林）

利锁名缰日日忙，环塘垂柳尽轻狂。
羡翁独秉如椽笔，笔削同钦晚节香。

其九（洽明）

秋声何处雁南翔，苹末风生笑语凉。
零乱楸枰棋急劫，萧疏篱落菊舒黄。
于今耆旧能多少，相对须眉各老苍。
缩手荒江无箇事，消磨尘虑述陶塘。

其十（帆）

卅载新闻史，艰难愧后生。
眼经沧海变，笔舞采龙轻。
报域高盟主，文坛拜老成。
瑕年真矍铄，物外寄诗情。

其十一（桃花潭人）

走笔多为诗债忙，劫馀空賸一身狂。
风光指点环塘路，争说君家晚节香。

其十二（痴）

处士忌横议，先生精数书。
龙蛇殊自化，鹬蚌究谁输。
信矣悲天演，哑然笑子虚。
清怀绝尘俗，合让镜湖居。

其十三

干支剖解十分清，历史编前赖补成。
八卦阴阳有至理，五行变化无穷名。
天根妙手探玄密，月窟飞身摘蕴英。
一卷新书传海内，大扰虽死复如生。

其十四

干支意义贯三才，古往今来莫不赅。
痛惜时人轻国粹，偏疑绝学羡洋才。
笔花万丈光天地，墨水四流洗垢埃。
发掘精微引正确，大扰面目卷中开。

其十五（陈宗柳）

捧读干支理解篇，欢心不觉溢丹田。
推开云雾新明月，识破鸿蒙旧广渊。
汇合中西炉共铸，深穷堂奥笔咸宣。
光辉国学崇前哲，肯许他邦得占先。
廿二干支几亿年，三才万物网罗全。
当年世故经披露，此日人新识古天。
绝域书来争异巧，中华文物好精研。
发扬光大宏开继，责任端须赖后贤。

其十六（周孟文）

读老友张九皋所作《河图洛书新说明》诗以张之。

龟书文化古桥梁，河洛流传山水长。
莫道先民知识浅，此中真理待宣扬。
殷代龟藏足证明，夏时人统建寅春。
爻辞八卦兴周世，三易原来一易真。

附录　张九皋年谱

张九皋（1887年1月19日至1963年6月9日），谱名可铣，原名九皋，号鹤影。娶妻王翠瑛，高少卿。与王翠瑛生一子：张衡武；五女：张衡钧、张衡英、张衡文、张衡钟、张衡美。

1887年

1月19日（农历十二月廿日丑时）出生于江苏溧阳城内。

1890年

九皋承继给三祖父荫堂公做孙子。其父亲在溧阳西门外和沿街宁波人开的“久和杂货号”管内账。

1893年

全家从屏南堂迁移到溧阳水关洞附近梅家弄私塾读书，父亲筹措资金并借贷在溧阳西河沿街开了一片杂货糕饼店，招牌“彙康”。半年后倒闭，父亲离开溧阳，在外飘零二年另谋生计。

九皋随母亲到南京南乡郭村的外祖父家里居住，度过三年时光。

1897年

随母亲到上海和父亲团聚。其父亲进上海新开和久记杂货糖号，仍旧管内账，上海三年时间，在私塾里读书有一年多时间。

1899年

在上海由升平里搬到小东门城里彩衣街一家帽子店楼上居住。九皋父亲兼代溧阳久和号代驻申庄客的职务。

1900年

3月，九皋父亲因病去世，九皋随母亲将父亲棺木由内河运送回到南京南乡郭村安葬。并留在郭村上私塾读书。

1901年

母亲托人介绍九皋到东洋庄学徒，遭受虐待，九皋回到家中。

农历十二月十九日，母亲代九皋谋好芜湖恒益参号学生意。二十一日到达芜湖长街状元坊口，张恒春国药号对门。

1902年

学徒开始的第一年，比其他店清闲，九皋有机会看店里的报纸。印的《申报》。九皋将《申报》里的“上谕”“宫门抄”“论说”“各地新闻”“本埠新闻”，副刊里的“笔记”“小说”等等包括广告，都从头到尾看一遍。同时还看小说经常到深夜直至天明。

1903年

在店东李心源的影响下看书写字，得到指点。下半年上海新出一家时报，招请各地访员，九皋第一次写新闻稿投寄出去，尝试失败。

1905年

春夏间由学徒转为小店员。

母亲为九皋订婚，岳家是南京南乡永安村人，距离郭村仅三里路，岳父王树棠，在芜湖长街井儿巷上首元和广货店执批发。

上海新出一家《南方日报》，九皋被聘为驻芜访员。

1906年

九皋正月辞去店员职务，做了上海《新闻报》驻芜访员，兼代分销报纸。数月后又做了上海《中外日报》驻芜访员，化名张九皋。

认识芜湖维新人物谭明卿。

1907年

九皋积极从事新闻通讯工作。因九皋在上海《新闻报》上，登了一条新闻攻击芜湖总办的腐化行为，被请进警察总厅，经过辩论、周旋后化解。

与王萃瑛成婚，在南京南乡郭村租借外祖母的卧室为婚房。

1908年

长女张衡钧出生。

九皋外祖母和母亲举家迁至离郭村三里路之外的解溪镇居住。

九皋回芜与芜湖维新人士崔尘无、崔松谷、谭明卿、赵汉卿、程海鹏等发起组织体育会，认识了陈子范。

1909年

新闻事业遭遇严重打击。《中外日报》内容不堪入目，销量一落千丈，很快停刊。同时有姓张的假冒《新闻报》驻芜访员，九皋被误解，非常激愤，复函辩驳后辞去上海《新闻报》驻芜访员职务，以明心迹。

1910年

九皋在谭明卿的支持下全力筹备《皖江日报》，于农历十一月二十日（1910年12月21日）创刊。谭明卿为社长、九皋任总编。

皖江日报社地址在原《风月谭》办报的清和坊，后迁至大马路王金公祠对门。《皖江日报》是安徽历史最久的大报。

1911年

1911年10月11日晚，副刊编辑邹秋士得到武昌革命党起义成功占据武昌省，正向汉口汉阳进军的消息。九皋立即举行会议分任工作。12日上午编辑发出第一次具有历史性的“号外”，报社内外形成一股人潮，以后每天至多发过三次“号外”。

11月芜湖光复，革命党占领警察厅，组织芜湖军政府。九皋和谭明卿、李警众同进军政府参加会议。次日军政府各部任命。《皖江日报》停刊一天后复刊。

1912年

九皋与怀宁人郝耕仁认识。聘郝耕仁为《皖江日报》任主笔。

《皖江日报》刊登批评江亢虎的社会党，芜湖社会党人表示不满，先在《讽报》（赵誉船主编）上反攻，又集合社会党员武力骚扰皖江日报社，后在工人保护下相持很久，后商团团员赶来，社会党退去。

次女张衡英出生。全家人从大盛祥院搬到报社后面清和坊居住。

九皋与同乡张敬之、谈尹耕等组成江宁旅芜同乡会，后又与商界青年张祐卿、谈尹耕等组成人民自卫组织商团。团员有二百余人。

1913年

《皖江日报》蒸蒸日上。夏季时局突变、军阀混战，九皋和谭明卿先后跑到上海躲避。郝耕仁回石牌。商团被缴械，后发还。九皋写一篇短评，对顽固派开炮。次日，这篇短评被谭明卿抽去，九皋发现后大怒，提出辞职，与《皖江日报》脱离关系。全体同乡以及商团同志赞助九皋筹备组织《工商日报》。

1914年

前往上海购四开机一部，以及少许铅字材料，准备出刊《工商日报》。商会中的顽固派暗中阻挠。

谭明卿托朋友找九皋劝解，九皋重回皖江日报社工作。

儿子张衡武出生。

1915年

秋季江苏韩紫石（国钧）到安徽做巡按使，九皋写呈文说明自己创办报纸被阻碍的经过。大约一周，韩的批文下达，大意是：只要遵照报律，无须工会、商会认可。九皋立时写呈文到警厂第三天就获批准并送来一张保护的告示。

九皋继续担任《皖江日报》总编，并筹备出版《工商日报》。

10月20日，编出芜湖《工商日报》创刊号。

1916年

《工商日报》出版约亏百余元，全家于冬末迁移至陡门巷。到年底亏二百余元。报社编辑部聘请一位徽州黟县人汪履丞。印刷部增加了两个学徒，其中一个就是后来《工商日报》的总编辑许善源。

九皋每天下午将《工商日报》编好看过大样，即到皖江日报社，看过《皖江日报》大样后才回家休息，每逢周一休刊一天。

1917年

袁世凯死，报律取消，《工商日报》开始增载电讯、本埠新闻和副刊“工商余兴”等内容，发行数字增加，取消周一休刊，借贷购买旧对开印刷机和各号铅字。《工商日报》改出对开大报。

1918年

张恨水来到皖江日报社。

九皋为反对日本的二十一条，响应上海抵制日货的运动，在暗中策动并秘密散发传单。

年底九皋遭受病魔打击，几乎送命。

1919年

九皋坐木船回到家乡休养医治病患。经过中药调理，休养锻炼，好转回芜湖。

为响应五四运动，《皖江日报》副刊，改编为《皖江新潮》，九皋与商界章朗青、康汉臣也暗中策动全埠的大罢市成功。推翻旧商会，组建新商会。恢复商团，九皋被选举为副团长。

赴上海参加全国报界联合会，并参观商务印书馆及中华书局的印刷厂，以及《申报》《新闻报》两报社。

1920年

秋天九皋与谭明卿同往北京参加全国报界第二届联合会，认识安庆《新皖铎报》代表张耀宣。在北京与王畏三、张恨水天天见面。

1921年

三女张衡文出生。

《工商日报》聘请张恨水担任驻北京特派员；聘请江苏江宁人张香谷为外勤；聘请江苏镇江人张卓哉（张大荒）担任副刊编辑。

1925年

四女张衡钟出生。

上海发生五卅惨案，芜湖亦举行罢工罢市，游行大示威，开展抵制英货日货运动，九皋负责指挥并参加商团每次大游行。

1926年

九皋与章朗青关、李克农、宫乔岩等来往密切，支持他们的革命行动。

1927年

革命军到达芜湖，人心安定，商团店员都有自动支援前线的组织。

九皋将工商报社由陡门巷原址迁移到中二街中国银行隔壁。不久，李克农、宫乔岩、章朗青创办民生中学，九皋担任校董事会董事长。

10月20日，《工商日报》举行十二周年纪念活动。

1928年

五女张衡美出生。

1929年

王萃瑛去世。为纪念王萃瑛，九皋在《工商日报》编发特刊。

1930年

九皋续弦，与高少卿结婚。

年底《皖江日报》刊出共产党万岁事件，被国民党勒令停刊。

1931年

《工商日报》编辑外勤柏毓文等筹备组织《中江日报》，集股自备印刷器材。

《皖江日报》冬令复刊。

《中江日报》因为观点、计划、措施等犯严重错误，失败停刊。

1932年

九皋向安庆建设厂公路局申请取得了承租京芜路皖段（西段）长54公里的行车权，股东大会选举董事会后即推张九皋先生为经理，随即九皋先生即在安庆公路局签订合约。芜湖历史上第一个汽车公司成立，名为“京芜西段长途汽车公司”。

1933年

“京芜西段长途汽车公司”始告通车，为节省开支，九皋兼任会计股主任，王耀久兼车务股主任、王瑶如即为总稽核、崔尘无任文书兼法律顾问，柏毓文为总务股主任，公司设在新市口车站。

九皋先生再赴江苏公路局订立联合行车合同。

1934年

九皋与江苏建设厂公路局接洽承租东段，同时又与京沪铁路订约办理联运，沪芜两地发售联运车票，旅客尤感便利，经济实惠。

1936年

“京芜西段长途汽车公司”宣布解散。从此成为芜湖历史上的一个名词。

1937年

七七抗战事起，八一三沪战爆发，工商报社撤退。九皋雇一只大木船，22箱《工商日报》（22年分装22箱）及其他器材上船，于12月5日晨过江开运漕、巢县。

九皋与高氏及五名工人预备最后撤退。《皖江日报》与《大江日报》已经于12月5日停刊。九皋写“最后一页”短评排在12月6日的《工商日报》上。

1938年

九皋利用所携带铅字器材，出《工商日报（三河版）》，刊载前线广播抗战消息。

谭明卿在沅陵下游卅里九矶滩船上病故。

九皋突发感冒患重病，幸亏得到友人接济，度过旧年。获郝耕仁客死凉州消息，翟光炽寄来《新民晚报》上有张恨水悼念郝耕仁短文。

1939年

深入武陵居住，戒掉鸦片烟。

1941年

农历五月到沅陵在源昌公司上班，在厂里出售零米，后到常德滨湖接替沅昌米厂业务担任主管经理。

九皋写三份呈文，两份寄给重庆宣传内政两部，一份寄卫立煌皖省府，内容是报告撤退经过，为将来《工商日报》复刊做准备。

1943年

元旦清晨，辞去“稻香村糖果茶食号”经理一职。

1944年

受聘于芷江祥泰米厂，主要业务是代碾军粮、代发军粮。

张衡山在蜀中宜宾办了一张《芜湖晚报（宜宾版）》。

1945年

9月，分函衡武、衡山、毓文、善源，征询他们对回芜湖复刊《工商日报》的意见，以便着手准备。

9月10日晚，获得日本投降的消息，又接到毓文、衡武、衡山、善源的复函，毓文自告奋勇愿先行回芜湖，筹备复刊。写全权委托书，并将一切手续办好，与谭邦杰、谭焕章、舒氏国桢商讨，决定先出《皖江工商报联合版》。

12月6日，回到芜湖，暂时居住长街三圣坊祥和号衡和侄处。原工商报社已成璇宫饭店，璇宫饭店让出部分房间作为筹备处。

张恨水经过芜湖，在报社留宿。

1946年

2月6日《皖江工商报联合版》正式复刊，九皋任社长，柏毓文、谭邦杰任副社长。

复刊七日后，省党部突然令县党部转县政府大意为"《皖江工商》两报不准复刊"，是何理由并未说明。九皋一方面电渝宣传部抗议，一方面到南京向宣传部南京办事处申诉，报纸照常出版，结果宣传部连来两电，一为有线电报拍发，一电航空快递，文意相同，就是"准许复刊"。九皋将原电在报上揭露，方孝宏阴谋失败。

6月7日，第20军管总队中的特务，率领一百多暴徒突然来袭，逢人便打，遇物即毁，扬长而去。全市印刷工友前来帮忙整理印刷部，报纸只停刊一天，第二天出半张，第三天就恢复原来版面。

1947年

《皖江日报》复刊无望，《工商报》独立发刊。4月18日，又被警察打毁部分发行部器具。

九皋患上疟疾，医治痊愈。

1948年

6月24日在《工商报》亲自编副刊"陶塘"，专载旧诗文词曲，第一期为"张于湖专号"，因为这天是张于湖一百二十年前戊子五月十八日移祀赭山桧轩之日，亦有纪念芜湖先贤的微意。直到1949年4月《工商报》停刊，副刊"陶塘"共出刊107期。

1949年

3月1日起，著作《干支新解》在副刊"陶塘"逐期登载，3月底刊完，并拆下印单行本，分赠好友。

4月24日，《工商报》奉命停刊。

5月8日，军管会文教部接受报社全部器材。

1950年

5月，军管会文教部将器材全部发还，由毓文、衡武接受，迁居上二街。于6月1日起，以工商印刷厂招牌经营印刷，10月1日起由工商联民主人士组织股份公司发刊新《工商报》。

秋，完成《中国宇宙史的研究》初稿。

1954年

3月26日，九皋寄给李克农一封信，介绍自己近况。

4月2日，李克农回信。

7月17日，血症复发。

10月11日，写成自然灾害资料共计四千余字，寄安徽省文史馆自然灾害研究组。

11月，在安徽省文史馆作学术演讲。

1955年

迁居上二街太阳宫31号。

1957年

9月30日凌晨，九皋发病（脑梗），左手腿不灵（中风）。

12月10日，完成《芜湖炼钢业》文稿，寄合肥历史研究室。

1958年

1月23日，《芜湖手工炼钢业的片断史料》刊载于《安徽史学通讯》1958年第1期。

2月5日，寄给张恨水一封信。

1959年

1月4日，与安徽师院罗风、赵寿人教授谈中江问题、芜湖炼钢历史。

1962年

2月12日，胡善元、骆振群来访，决定当日发一联名悼念电致李克农治丧委员会。

2月18日，李振亚、郑青士来访，（三老年龄分别为74、75、76岁，都与辛亥革命有关系），在家同进午餐，谈诗论文，至足乐也。

12月10日，突患黑尿（毒血）急病。

1963年

6月9日，病逝于芜湖市上二街太阳宫31号租借房屋中。